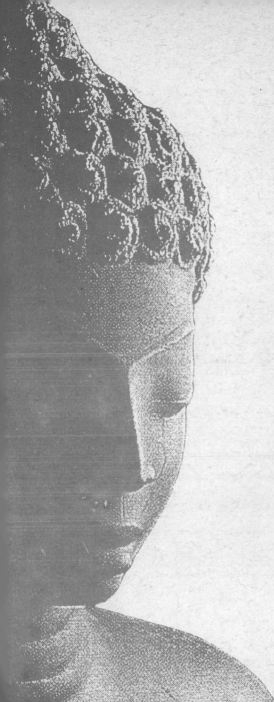

現代佛學叢書

佛學與當代自然觀

傅偉勳・楊惠南主編／

李日章 著

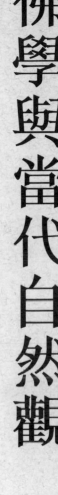

東大圖書公司

國家圖書館出版品預行編目資料

佛學與當代自然觀／李日章著 . -- 初
版 . -- 臺北市：東大，民87
　　面；　　公分 . -- (現代佛學叢書)
參考書目：面
ISBN 957-19-2197-1 (精裝)
ISBN 957-19-2193-X (平裝)

1.佛教　2.宗教與科學

220.16　　　　　　　　　　87000698

網際網路位址　http://sanmin.com.tw

Ⓒ 佛學與當代自然觀

著作人　李日章
發行人　劉仲文
著作財
產權人　東大圖書股份有限公司
　　　　臺北市復興北路三八六號
發行所　東大圖書股份有限公司
　　　　地　址／臺北市復興北路三八六號
　　　　電　話／二五〇〇六六〇〇
　　　　郵　撥／〇一〇七一七五──〇號
印刷所　東大圖書股份有限公司
總經銷　三民書局股份有限公司
門市部　復北店／臺北市復興北路三八六號
　　　　重南店／臺北市重慶南路一段六十一號
初　版　中華民國八十七年五月

編　號　E 22055

基本定價　肆元捌角

行政院新聞局登記證局版臺業字第〇一九七號

有著作權，不准侵害

ISBN 957-19-2198-X (平裝)

《現代佛學叢書》總序

　　本叢書因東大圖書公司董事長劉振強先生授意，由偉勳與惠南共同主編，負責策劃、邀稿與審訂。我們的籌劃旨趣，是在現代化佛教啟蒙教育的推進、佛教知識的普及化，以及現代化佛學研究水平的逐步提高。本叢書所收各書，可供一般讀者、佛教信徒、大小寺院、佛教研究所，以及各地學術機構與圖書館兼具可讀性與啟蒙性的基本佛學閱讀材料。

　　本叢書分為兩大類。第一類包括佛經入門、佛教常識、現代佛教、古今重要佛教人物等項，乃係專為一般讀者與佛教信徒設計的普及性啟蒙用書，內容力求平易而有風趣，並以淺顯通順的現代白話文體表達。第二類較具學術性分量，除一般讀者之外亦可提供各地學術機構或佛教研究所適宜有益的現代式佛學教材。計畫中的第二類用書，包括(1) 經論研究或現代譯注，(2)專題、專論、專科研究，(3)佛教語文研究，(4)歷史研究，(5)外國佛學名著譯介，(6)外國佛學研究論著評介，(7)學術會議論文彙編等項，需有長時間逐步進行，配合普及性啟蒙教育的推廣工作。我們衷心盼望，關注現代化佛學研究與中國佛教未來發展的讀者與學者共同支持並協助本叢書的完成。

傅偉勳　　楊惠南

前　言

　　如眾所知，佛教對世界持有一種迥異於一般人的看法，如視事物為「空」，以個體的存在為虛妄等。這看法總是使初學者受到莫大的震撼。但這也正是佛教思想的最大特色所在。

　　奇怪的是，儘管這看法與歷來中外絕大多數哲學家、科學家的看法大相逕庭，卻與當今最新科學與哲學的看法非常吻合。我們簡直可以說，當今的物理學已經多方證實了佛教一貫之所言。這點，在三十年前當個人剛接觸佛學不久，就已注意到了。因此，撰寫碩士論文時，便選定了一個相關的題目，進行「相對論」物理學與空宗「緣起性空」思想之比較。其後撰寫《中國哲學現代觀》一書，在論述佛學世界觀的部分，又再三徵引羅素與懷德海的思想，以資印證。

　　近年對佛學的興趣絲毫未減，偶然涉獵量子物理學，發現它與佛學相契之程度又遠勝於「相對論」，同時覺得舊著中有關佛學與當代西方哲學的比較，還有許多可以補充之處。正好楊惠南教授為東大圖書公司《現代佛學叢書》邀稿，乃決定把歷年沉澱的一些想法發表出來，一方面為出版市場添一份熱鬧，一方面也替自己的工作留下一份紀錄。

　　固然個人認為佛學和當代物理學及西方哲學有許多相契相通之處，但限於個人學力與本文篇幅，絕不敢妄想在這裡對它們做全面的詳細的比較。本文的目的，基本上還是在於闡釋佛

學。拿科學及哲學和它做比較，乃是為了更正確把握佛學的真義，及更深一層發掘佛學的義蘊。因為佛學與最新物理學之間，佛學與某些當代西方哲學之間，確有許多足以互相印證和互相發明之處。大家從下文可以看到：現代科學如何為佛學提供了許多生動有力的經驗例證；佛學又如何可能在科學理論的建立上給予種種有價值的啟示；佛學與當代西方哲學在自然觀的基本概念上又是如何地靈犀相通，不謀而合；原本在佛學上隱而未發的某些意涵，如何因為物理學或哲學的啟發而得以全幅顯現；佛學與科學、哲學如何在人們意想不到的地方發生著互相補充的作用。總之，佛學與科學及哲學確實可以互相詮釋說明；而經過這樣的互相詮釋說明，各方的義理無疑將更為明確顯豁。其總結果，就是增進了人對世界的理解。

但由於本文所做的並非全面的比較研究，因此，提出加以參照的，便僅限於若干基本概念，或關鍵性的要點，且多就其相契相通之點著墨，而少及於其他。這當然不能算是完整的論述。但既然其主要目的並不在澈底會通東西雙方思想，而只是想藉此肯定佛學之義理，並闡發其隱藏的義蘊，這做法便應該不致於有什麼重大不妥。

本書的構成，分為明顯的三大部分。第一部分，陳述個人對佛教世界觀的理解。第二部分，觀察佛學與「相對論」物理學、「量子物理學」的相應。第三部分，進行佛學與羅素、懷德海思想的對照。第一部分陳述的個人理解，當然含有個人的詮釋與評斷在內，所以已是對佛學的某種程度的闡釋。後面兩個部分，固然意在比較，卻也有相當份量的闡述，闡述之中也一定有若干主觀的意見。所以這些東西歸根結柢都免不了個人

偏見。而不管是對佛學做闡釋，或是對科學做闡釋，還是對哲學做闡釋，主要目的，都是為了增進人們對佛學的了解。當然如果在這目的之外，還能夠附帶地澄清某一科學或哲學的觀念，或解除某一科學上或哲學上的疑難，或印證某一科學或哲學的看法，或補充某一科學或哲學的說法，那就更加令人快慰了！

本書有關物理學部分，曾經東海大學物理系教授蘇懿賢博士仔細審閱，糾正多處謬誤。寫作期間，更蒙傾力相助，悉心指導，不但慷慨借予書籍，而且為我解惑祛疑，排除困難。若非他的支援，本書絕不可能如期完成。在此謹致萬分謝意。蘇教授身為物理學專家，長期潛心研究佛法，對兩者之會通，留意已久，本書關於這問題的看法，基本上都得到其認可。這也是個人敢於提筆撰寫本書的原因之一。本書若於學術有些微貢獻，也應誠歸一份功勞於他。

此外，也非常感謝楊惠南教授的引薦，與東大圖書公司的接納。其對本書的肯定，是個人莫大的榮幸。最後要感謝靜宜大學提供這幾年教學相長的環境，尤其感謝中文系前主任鄭邦鎮教授極力為我爭取這個機會。沒有這些因，也不會有本書這個果。

李日章

於靜宜大學中文系

1997.8.23

佛學與當代自然觀

目　次

C部：當代哲學論述的應和

A部：覺者所見的世界

　　儘管佛教各宗的立論有異，卻都以覺者悟中之所見為依據。因此，自有其共同的中心主旨。但他們所說的，與一般人習見的，是多麼不同！

第一章　事物依據條件而成立

　　佛家對世界的看法，最早自是見諸佛陀一代的說法。他在其中所開示的，成為日後一切相關論述的共同依據。

　　佛陀一代說法中關乎世界看法的，有「緣起論」、「無我論」、「五蘊論」諸論。這幾項論說，彼此密切相關，互為表裡，其中以「緣起論」最為根本。

第一節　事物互為成立的條件

　　「緣起論」的中心論旨，就是認為事物互為條件而成立（「緣」，即條件），或一件事物的有無生滅必然繫於其他事物的有無生滅。從反面而言，便是認為世上沒有真正可以離開其他東西而獨自存在的東西。

　　此論在原始佛典中最典型的表述方式，殆如以下所見：

　　　此有故彼有，此生故彼生；此無故彼無，此滅故彼滅。❶

或

---

❶　《雜阿含》，卷12。《大正藏》，卷23。

諸法因緣生，諸法因緣滅。❷

這個意思，也可以說成：世上每一件事物都是由條件而構成，因此，必然隨條件的改變而改變，隨條件的失壞而失壞。

這項原理固然很簡單，但把它推演到極致，就會產生令人無比驚奇的結論。前述常使初學者飽受震撼的世界觀，主要就是由這原理導引而出。因為這項原理終必導致「萬法皆空」、事物無「實體」、常恆自立的「個體」乃是幻象、根本沒有所謂「自我」、惟有作為「不可分解的整體」的這整個宇宙才真正存在……等結論。

當然這些結論並非一開始就清清楚楚擺在每個人面前，而是在佛學不斷發展的過程中逐步被推演出來的。這個結果最快也要到大乘「空宗」思想成熟時才開始出現。這一切都將在下文中陸續談到，茲不復贅。

就原始佛教而言，關於「緣起」還有以下兩點可說：

第一，緣起之說，猶如佛教的其他論說，原不是為了說明一般事物之發生，而是為了說明人生苦樂之因由以及輪迴與解脫之所以然，才提出的。其目的在於教人如何離苦得樂、免生死而證涅槃。這就是說，它基本上乃是宗教性的和倫理性的，而非科學性的東西。但這並不妨害它之應用於自然現象的說明，因為依佛陀，「緣起」的原理乃是普遍適用的一項原理。而正如我們在佛經中所看到的，佛陀自己就常常以自然現象之緣起為喻，以說明人生事物之緣起。以下《阿含

❷　例如巴利律藏《十品・受戒》篇（《轉法輪經》）所說。

經》中的一則問答，就是典型的一例：

> 云何作此形？誰為其作者？此形何處起？形去至何所？
> 此形不自造，亦非他所作；因緣會而生，緣散即磨滅。
> 如世諸種子，因大地而生，因地水火風。陰界入亦然，
> 因緣和合生，緣離即磨滅。❸

　　這是明白以自然現象之緣起為喻，以說明人類身心及其
作用之緣起：種子由於田地的養分與溫潤而發生胚芽。同樣
地，人的五蘊（陰）、十八界、六處（入）亦由於種種因緣
（條件）而成立❹。

　　第二，「緣起」原是指事物互為條件而成立，或互相依待
而成立。但事物的這種關係，可以只是一種純粹的邏輯關係，
也可以是一種實際出現於時間歷程中的關係。舉例而言，在
「2+3=5」這公式中，2、3、5這三個數字的關係，便是一種
純粹的邏輯關係。但由種子而發芽，而枝葉茂盛，而開花結
果，而形成種子，這種子、胚芽、枝葉、花果的關係，則是
實際出現於時間歷程中的一種關係。原始佛教並不區別這兩
種關係，但部派佛教卻清楚地加以區別，如阿毘達磨就把緣
起分為四種：

　　一、剎那緣起

---

❸　《雜阿含》，卷45。《大正藏》，卷2，頁327。

❹　「五蘊」（陰）是構成身心的五類要素。「十八界」，是生物之六
　　種認知機關（六根）、六種認知作用（六識），和六種認知對象（六
　　境）。「六處」（入），是生物的六種認知機關。

二、連縛緣起

三、分位緣起

四、遠續緣起

其中剎那緣起，就是純粹邏輯意義的緣起；其他三種緣起，則是出現於時間序列中的緣起。部派佛教非但區分這兩種緣起，還進而把「緣起」的意義狹窄化，認為惟有出現於現實時間序列中的緣起才算緣起，而邏輯意義的緣起則不算，並將它所代表的那種相依的關係另稱之為「實相」。這終於導致後世「緣起論」與「實相論」之分流，但這並不是佛陀的本意❺。

部派佛教對「緣起」的分類，影響及於人們對「十二緣起論」的解釋。「十二緣起論」則是「緣起論」與佛陀其他幾種理論結合而形成的理論，從它可以看到佛教世界觀的更完整面貌，本文稍後將專節加以討論。

第二節　「我」只是幻象

「無我論」是有關佛教世界觀的另一項重要理論。這理論與「緣起論」密切相關，簡直可以說是一體之兩面。不過「何以是一體兩面」這道理，還有待大乘「空宗」為之說明。

「無我論」中的「我」，泛指任何常恆自立的東西。這種東西，殆有如下幾項特徵：1.無需依待其他事物而單靠自己就可以成立；2.可以與其他事物分離隔絕而單獨存在；3.長久固定不變。這東西，在人身上，就是所謂的「自我」；在

❺　參看《原始佛教》，水野弘元著，郭忠生譯，菩提樹雜誌社，民國71年，第4章，第3節。

物體身上，就是所謂的「實體」(substance)。一般人不都以為一個人從出生到老死，儘管身心不斷變化，但其中卻有一個始終不變的「自我」存在嗎？──這「自我」，甚至在人死後都還繼續存在（這時就管它叫「靈魂」）。一般人不也都認為：儘管一個物體的外表一直在變化，但在變化的外表底下卻有一個不變的「實體」持續存在嗎？「無我論」就是否認世上有像「自我」和「實體」這樣的東西存在。

這「無我論」思想並非憑空而生。相反的，它乃是針對印度的傳統思想而發。它矛頭所指的第一號對象，自是奧義書中的「阿特曼」(ātman)。依奧義書，這「阿特曼」乃是眾生的自體，它非但是一種常住不變的實在，而且與宇宙之大源──「梵」(Brahman)在本性上為同一。「無我論」第一個要否定的，就是這個阿特曼的存在。

但依原始佛教「三法印」中「諸法無我」這一法印的表述，「無我論」所要否定的，應不止於上述的「阿特曼」而已，因為「諸法無我」這句話中的「諸法」，泛指一切事物，包括生物，也包括無生物，包括世間的事物，也包括出世間的事物。因此，其所否定的「我」，便不應只局限於眾生的「自我」。在眾生之外，被設想為存在於無生物身上的「實體」，也應該在一併否定之列。而我們在經中也確實常常可以看到以物體之無「實體」為喻以說明眾生之無「我」的事例。如《中阿含》的《象跡喻經》，就以木材、泥土、水、草等搭建而成房舍，除木材、泥土、水、草之外，並無房舍「自體」為喻，來說明眾生除了構成其身體的筋骨、皮膚、血肉之外，並無實在的「我」❻。《雜阿含》所載金剛比丘尼所說的偈，

更涉及當時流行的眾生身心結構論:「五蘊論」,而以車子之無「自體」做比方,說明眾生之無「我」:所謂「車子」,不過是種種部件所組成的假和合物;除了這些部件,並無車子的「自體」。同樣的,「眾生」也不過是「五蘊」組合而成的假和合體;除了「五蘊」,並無眾生的「自我」❼。

金剛比丘尼的這種論法,是普遍見諸原始佛典的論法。這論法,就是由分析觀察「五蘊」,而論證眾生之「無我」。依「五蘊論」,眾生乃由五類要素所構成;除了這五類要素,別無所謂「眾生」自身。這五類要素,就是色、受、想、行、識。其中「色」,相當於眾生的物質的部分,即其肉體。其他四類則為心靈或精神的部分。「受」,相當於現今所謂的感情,分為苦、樂、不苦不樂三種。「想」,可說是廣義的表象作用(vorstallung),也就是形成意象(image)與觀念的作用,如我們心中呈現了某一東西的形象(不論是當前的、回憶的、或想像的),就是「想」發生作用的結果。「行」,主要是指意志。「識」則是一種很特殊的心靈作用,它一方面可以統一前四類身心要素,一方面可以覺察、分辨各種事物,甚至進行抽象、推論、判斷等等活動。

「五蘊論」認為:眾生或所謂「有情」(生物),不過是以上五類東西的集合(「蘊」,即「積聚」、「集合」之意),並不是在這五類東西之外,另有一個眾生或有情。而這五類東西,不管是「色」,或「受」,或「想」,或「行」,或「識」,

❻ 《中阿含》,卷7,《象跡喻經》。《大正藏》,卷1,頁466–467。

❼ 《雜阿含》,卷45:「如和合眾材,世名為車;諸陰因緣合,假名為眾生。」《大正藏》,卷2,頁327。

都只是暫時的存在；它們在存在了短暫的一段時間，甚至只存在了一瞬間之後，便消滅了。以「色」而論，儘管一般人都以為「色」可以比「受」、「想」、「行」、「識」等心理現象存在得更長久，但它也不是永遠存在，它也跟其他東西一樣，只存在短暫的一段時間；因此，前一段時間和後一段時間見於同一個「有情」身上的「色」，並不是同一個「色」，而是相繼產生的兩個「色」。「色」的情形是如此，「受」、「想」、「行」、「識」的情形更是如此。職是之故，我們實在無法在「有情」身上找到任何長久持續存在的單一事物。因此，人們心目中那個持續存在幾十年而始終一樣的「我」，不過是一個幻象。

而如果我們進一步追問五蘊何以只能短暫存在，我們將發現：其根本原因還是在於五蘊是緣起的事物。由於它們也是緣起的事物，所以它們也必然隨著條件的改變而改變，隨著條件的失壞而失壞。

五蘊為緣起的事物，這事實明顯見諸「十二緣起論」的論述。

第三節　生命的十二項因素

「十二緣起論」，是原始佛教「緣起論」、「無我論」、「五蘊論」，及其有關「業」與「輪迴」的理論之綜合與開展。它把現實人生分析為十二項構成因素，再指出它們之間的相互依待，以說明眾生悲苦生命之形成與延續，及其解脫之道。這理論幾乎是整體原始教義的總括，它雖然是直接針對人生而發，但其原理也可以適用於世界。後來才發展出來的幾項

重要佛學理論，如觀念論、唯心論，也都已在這理論中露出端倪。

「十二緣起論」，如上所言，乃是以十二項互相依待的因素來說明現實人生的形成與延續。這十二項因素，分別是 1. 無明，2.行，3.識，4.名色，5.六入，6.觸，7.受，8.愛，9.取，10.有，11.生，12.老死憂悲苦惱。該論的標準表述方式為：「緣無明有行；緣行有識；緣識有名色；緣名色有六入；緣六入有觸；緣觸有受；緣受有愛；緣愛有取；緣取有有；緣有有生；緣生有老死憂悲苦惱。」「無明滅，則行滅；行滅，則識滅；識滅，則名色滅；名色滅，則六入滅；六入滅，則觸滅；觸滅，則受滅；受滅，則愛滅；愛滅，則取滅；取滅，則有滅；有滅，則生滅；生滅，則老死憂悲苦惱滅。」不過，這應該是經過悉心整理之後最後呈現的最完備形式，在此之前，情形並不如此，我們在原始佛教的典籍中可以看到各種不同的表述❽。

對這理論的解釋，殊為紛歧，本文無意介入此類爭議，以下僅就與主題有關部分表示幾點淺見：

---

❽ 就漢譯經典及巴利文相關的記載而言，佛陀關於這論題的說法，顯然前後並不一致。不但因緣的項目互有出入，因緣的名稱多所歧異，而且其順序或先或後，亦不確定，甚至旁生枝節，涉及其他。如《長阿含》之《大緣方便經》與《大本經》所記，因緣的名稱，除以「痴」替代「無明」之外，其他完全與上述標準說法符合；因緣之項目亦無出入。但《中阿含》之《大因經》卻只列出九項：1.識；2.名色；3.更樂；4.覺；5.愛；6.受；7.有；8.生；9.老死。不但項目不同，名稱也有差異，次序也不一樣。

　　第一，「十二緣起論」是包括原始佛教許多重要理論在內的綜合性理論，「五蘊論」的蹤跡，在它身上隨處可見：「受」、「行」、「識」三者，完全照原樣呈現；「色」，包含在「名色」之中（「名色」指「有情」的身心）；只有「想」不見了蹤跡。再進一步觀察，則可以發現：「無明」、「愛」、「取」（執著）三者是從「行」抽離出來的，因為依照「業」與「輪迴」的理論，「無明」、「愛」、「取」等應屬「行」的內涵，這裡不過是為了強調而特別把它們提出來。又「色」既是生物的肉體，則「六入」（六種認知器官）也應該包含在它裡面。「觸」（感覺）也是從「受」分析出來的，因為要有苦樂等感受，必須先有眼耳鼻舌等各種感覺：「受」的成立，已預設了「觸」的存在。「五蘊」既然納入十二緣起的體系，而這體系中的十二項因素是互為因緣而成立的，可見「五蘊」乃是「緣起」的事物。

　　第二，這個理論乃是佛陀用以說明現實人生之所以然的一個理論。十二項因素，乃是他在追索悲苦人生之因由時依次發現的十二項事物。從文字的陳述上看，它們之間固然存在著一種單向的依存關係：從「無明」經由「行」、「識」……到「生」、「老死憂悲苦惱」，按照先後順序，前一個為後一個之成立的條件。但這樣的陳述，1.未必意味排列在較前面的東西在時間上也較早出現。 2.也不意味，排在最前面的「無明」就是現實人生的究竟因（第一因）。 3.也不意味，這些事物之間一定不會有另一個方向的依存關係。就1.點來說，個人認為，「無明」、「行」、「識」……「有」、「生」、「老死憂悲苦惱」這樣的排列，代表的乃是一種邏輯的順序，而

不是一種時間順序。其所表現的乃是一種道理上的先後，而
不是一種時序上的先後。也就是說，一個東西之所以被排在
比較前面，乃是因為在道理上講它比較根本。如果這個看法
不錯的話，那麼，我們就不應該如許多人那樣把十二因緣看
作橫亘過、現、未三世的事物，而應該把它們看成同時存在
於人生之中的十二個因素：它們是佛陀在觀察這悲苦的人生
時在其中發現的十二項事物，它們都跟這現實人生之形成與
延續有關，且它們之間還存在著明確的因果關係，是我們要
解決人生問題時必須面對的。就 2.點來講，照佛陀「緣起論」
原理，「無明」也應該是一種緣起的東西❾，也就是一種因緣
和合而成的東西。既然是這麼一個東西，它就不是像「梵」
或「上帝」那樣的究竟因。因為所謂「究竟因」，指的是沒
有其他東西作為其存在原因，而以自己為存在原因的那麼一
個東西。「無明」既需要以其他事物作為其形成的因緣，它
就不是這麼一個東西。也正因為「無明」不是究竟因，而是
因緣和合而成的東西，我們才能藉著消除「無明」據以成立
的因緣而把「無明」消除。就 3.點來講，「十二緣起論」本
身就提供了一個明顯的事例，在這事例中，兩個東西互為對
方成立的條件，相依相倚而存在。這兩個東西，便是「識」
與「名色」。依「十二緣起論」，在十二個因緣中，「識」與

---

❾　「十二緣起」，也有四種不同的解釋。第一種，認為十二因緣同
　　時存在於一剎那；第二種，認為十二因緣在時間上前後連續；第
　　三種，認為十二因緣亘諸三世；第四種，認為十二因緣亘諸無限，
　　即認為十二因緣攸關三世兩重因果。見《原始佛教思想論》，木村
　　泰賢著，歐陽瀚存譯，商務書局，民國49年，第5章。

「名色」的關係，乃是一種相互依存的關係，因此，它常常在說過「緣識有名色」之後，立即又接上「緣名色有識」一句話，然後再接著說「緣名色有六入」，形成有關十二因緣的整體論述中之唯一例外的論法❿。「識」與「名色」之間既然存在著這樣的互相依存的關係，其他事物之間何嘗不可能也存在著這樣的關係呢？鑒於作為人生之最根本因由的「無明」也需要依賴其他事物而存在，我們實在有很好的理由相信：十二因緣之間普遍存在著一種相互依存的關係。這點，只要我們稍微研究一下「十二緣起論」的論述，馬上就可以獲得證實。例如依該論，「六入」（六種認知器官），以及「觸」、「受」、「愛」、「取」等相關的心理作用，都是因「名色」（生物之整體身心結構）之存在才存在，但隨後該論卻又說道「緣愛有取，緣取有有」：由於貪戀（愛）和執著（取），才有包括生物在內的整體世界（有）之存在。這不是明顯表示：「愛」、「取」等心理作用與生物的整體身心（名色）互為因果嗎？此外，「行」與「識」之間，也存在著同樣的這種互為因果的關係。依「十二緣起論」的論述，「緣行有識，緣識有名色」：由於「行」的存在，才有「識」的存在；由於「識」的存在，才有「名色」的存在。但「行」不論是作為意志，

---

❿　如《長阿含・大緣方便經》：「阿難！是故名色緣識，識緣名色，名色緣六入，六入緣觸，觸緣受……」（《大正藏》，卷1，頁61）。《中阿含・大因經》：「若有問者：『名色有何緣？』當如是答：『緣識也。』……若有問者：『識有何緣？』當如是答：『緣名色也。』……阿難！是為緣名色有識，緣識有名色，……」（《大正藏》，卷1，頁579）。

或作為意志所發動的各種行為，它無疑都是「名色」（整體身心）所起的作用⓫。「緣行有識」，表示「行」是「識」成立之因；「緣識有名色」則表示「識」是「行」成立之因，可見「行」與「識」互為因果。「萬物互為因果」，乃是日後佛教大力闡揚的一種思想。這思想在「十二緣起論」中已見端倪。

第三，「緣識有名色，緣名色有識」，「識」與「名色」的這種關係，除了如上所說表現了事物之相互依存之外，還表現了佛教一貫的一種基本思想傾向：觀念論和唯心論的思想傾向。「名色」，通常指生物的整體身心：「色」指身體的部分，也就是「五蘊」中的色蘊；「名」指心靈的部分，也就是五蘊中的受、想、行、識四蘊。此處與「名色」相對的「識」，即是受、想、行、識這四蘊中的識，指認知作用而言。「緣識有名色，緣名色有識」這兩句話表示：認知作用依賴生物的整體身心而存在；生物的整體身心也依賴認知作用而存在。這種相互依存的關係，可以有兩種解釋：第一種把它解釋做部分與整體的相互依存；第二種把它解釋做認知作用與認知對象的相互依存。依第一種解釋，「名色」是生物的整體身心，「識」是生物心靈的一種作用；「名色」是整體，「識」是部分。「緣識有名色，緣名色有識」，表示部分

⓫ 照一般的解釋，「十二緣起論」中的「行」，比「五蘊論」中的「行」，含意更廣。它泛指在「無明」影響下的各種行為，包括「身行」（身體的動作），「口行」（言語），「意行」（思考）。「五蘊論」的「行」，則指「意志」。但兩者的意思仍然相通，因為上述行為都是由意志所發動。

依整體而存在，整體也依部分而存在。部分與整體之間的確
普遍存在著這麼一種關係，這解釋自可成立。但這恐怕不是
最符合佛教特色的一種解釋。比較符合佛教特色的一種解釋，
是第二種解釋，即把它解釋做認知作用與認知對象的相互依
存。

依這解釋，「識」是認知作用，也就是認知主體，或能
知；「名色」是認知對象，也就是認知客體，或所知。「緣識
有名色，緣名色有識」，表示認知作用（即認知主體，或能
知）與認知對象（即認知客體，或所知）互為成立條件。兩
者起則俱起，滅則俱滅；沒有離開認知作用而單獨存在的認
知對象，也沒有離開認知對象而單獨存在的認知作用。佛陀
在《阿含經》中曾以蘆束之相倚為喻說明這種關係：

> 譬如三蘆立於空地，展轉相倚，而得豎立。若去其一，
> 二亦不立；若去其二，一亦不立：展轉相倚，而得豎立。
> 識緣名色，亦復如是：展轉相倚，而得生長。⓬

照這解釋，生物的整體身心無疑只能作為被認知的東西
而存在。當沒有認知作用在認知它的時候，它便不存在了！
這正是佛陀觀念論傾向的表現。什麼是觀念論？英國觀念論
大師巴克萊（Berkeley）曾以一句話概括了其主旨：「存在的就
是被知覺的。」這就是說，惟有被認知到的東西，才是存在的。
事物只作為認知的對象而存在；沒有認知作用，也就沒有事
物。有人因此問巴克萊：「當我們熟睡或昏迷時，認知作用

⓬　《雜阿含》，卷12。《大正藏》，卷2，頁81。

完全停止。這個時候,世界難道就不存在了嗎?」巴氏回答說:這個時候,世界仍然存在,不過是作為上帝的認知對象(觀念)而存在。巴氏的理論,無論你贊同與否,你總不能不承認它是自相一致的。佛陀的看法,基本上與巴氏的看法一樣,只不過沒有人拿質問巴氏的那個問題去質問他,他也就沒有機會對這個問題表示意見。但後來的唯識宗曾非常明確地回答了這個問題。它說在一般熟悉的幾種心識(眼、耳、鼻、舌、身等五種識及第六識,即意識)之外,還有第八識(阿賴耶識)存在。在前幾種識不發生作用時,第八識仍發生作用,所以這時世界仍作為第八識的內容而存在,只是第八識的作用非常微弱,一般人不能覺察到而已。唯識宗的理論貫徹了觀念論的主張,應是佛陀思想的正當發展。

第四,「十二緣起論」直接討論的,固然是生命之形成與延續,但其中也蘊涵著一個世界觀,或隱然以一個世界觀為背景。這勿寧是很自然的事,因為世界與人生畢竟是分不開的,而「十二緣起論」本身事實上也無可避免地涉及了世界,其最明顯的證據就是「緣取有有,緣有有生」這兩句話。話中兩度涉及的「有」(緣取有「有」,緣「有」有生),就是世界。照《長阿含・大緣方便經》的說明,這「有」指的是「欲有」(又名「欲界」)、「色有」(又名「色界」)、「無色有」(又名「無色界」)等三「有」。這正是三種不同的世界。其中「欲有」為有婬欲和食欲的世界;「色有」則為沒有婬欲和食欲但仍有物質存在的世界;「無色有」為婬欲、食欲和物質都已消滅而僅有精神存在的世界。第一種世界是凡夫日常的世界,第二、第三種世界則是在禪定中呈現的世界。

但不管哪一個世界，都是生物所在且包括生物在內的世界。「緣取有有」，是說由於眾生的執著不捨，才有三種世界的存在。「緣有有生」，則是說由於三種世界的存在，眾生才得以產生。這兩句話顯示「十二緣起論」確實曾經涉及世界之發生與延續的問題；同時顯示：在佛陀心目中，世界也是緣起的，而且世界之發生與延續，與生命的發生與延續互為因果。

第二章　獨立的個體只是幻象

　　佛教關於世界的理論，在進入大乘佛教階段之初，有一個劃時代的發展，那就是釐清原始佛教有關眾生與世界的思想，融會其個別的理論（如「緣起論」與「無我論」），因而獲致對事實的充分理解，進而建立一個表徵萬物「緣起性空」真相的完整概念體系。這個發展完成於「空宗」宗匠龍樹、提婆等人手上。

第一節　認識未清，理念欠明

　　前文說過，原始佛教的「無我論」否認事物身上有任何常恆自立的東西存在。這個東西，在眾生身上，就是所謂的「自我」；在物體身上，就是所謂的「實體」。而事物身上之所以沒有這種常恆自立的東西，則是因為事物都是「緣起」的。但這個說法是後世學者把佛陀有關「緣起」、「無我」、「五蘊」的諸多思想融會貫通並加以適當詮釋之後，方才建立起來的。在佛陀的原始教示中，這意思並沒有顯得那麼清楚，「緣起」與「無我」的關聯也沒有被表示得那麼明確。加以佛陀在否定「自我」的同時，又講「業」與「輪迴」，乃更進一步造成人們觀念的混亂。因為講「業」，很自然地會使人想到造業與受報的主體；講「輪迴」，也很自然地會使人想到輪迴的主體。這主體，在一般人的想法裡，自是一個長久

持續存在的單一事物，否則怎麼談得上自己造業、自己受報呢？怎麼談得上在不同的六道之間輪迴呢？這個長久持續存在的單一事物，已經是不折不扣的一個「自我」。所以一面否定「自我」，一面講「業」與「輪迴」，很容易造成從前門把「自我」趕走，又從後門把它引進的結果。職是之故，儘管佛陀在原始經典中極力否定「自我」的存在，但貫徹整個部派佛教時代，「自我」仍像驅之不去的幽靈一樣，一直糾纏著眾多的佛門弟子。

眾生的「自我」，梵文叫「補特伽羅」。「補特伽羅」之有無，是部派佛教經常涉及的問題。對這問題公然持肯定答案的固然絕無僅有，但表面上不主張有「自我」而在暗地裡主張的卻還不少，如大眾部所謂的「根本識」，化地部所謂的「窮生死蘊」，上座部所謂的「有分心」，有部所謂的「同隨得」，實際上都是一種變相的「自我」❶。以化地部的主張為例，他們認為諸行（蘊）有兩種運行方式，一是「一念蘊」，一是「一生蘊」。「一念蘊」是剎那生滅的蘊；「一生蘊」則是從生到死一直持續的蘊。他們又認為人死了以後還會再生，再生時，「一生蘊」還會持續下去，這樣生生死死，死死生生，這蘊將永遠持續不斷，直到解脫為止，所以把這種蘊叫做「窮生死蘊」。依此，這「窮生死蘊」自是一個不折不扣的「自我」。

從這類事例可以看出，「自我」觀念是何等頑強牢固，不易根除。

「自我」觀念是如此，「實體」觀念也一樣。

---

❶　《印度佛學思想概論》，呂澂，天華書局，民國71年。

　　事實上，由於佛陀反覆斷然否定有情「自我」之存在，部派佛教中敢於公然持相反意見的畢竟十分有限。但關於萬物「實體」的問題，情形就不是這樣了。如眾所知，佛教原是為了達成人生的解脫而設的，它的種種論說，無不是直接針對人生而發。當其涉及世界的時候，如果不是作為背景，就是作為比方。所以佛陀並不曾如否定眾生的「自我」那樣全面而明確地否定事物之「實體」。又由於佛陀對否定眾生「自我」之理由並沒有加以充分地說明，也沒有明言物體之「實體」就相當於眾生之「自我」，所以在部派佛教時期，各家對事物是否具有常恆自立的「自體」（實體）一問題，遂不免眾說紛紜，莫衷一是。

　　據現有資料，當時有關這個問題的主張，可說琳瑯滿目，應有盡有。「說一切有部」主張一切事物都有實體，因而都是實在的。「大眾部」的「一說部」認為過去、現在、未來的一切事物都沒有實體，因而都只是「假名」。兩者正好處於完全相反的地位。其他介於這兩個極端之間的，有的主張過去與未來的事物沒有實體，只有現在的事物有實體（大眾部）；有的主張「世間法」只是假名，沒有實體，「出世間法」才有實體（說出世部）；有的以為不論「世間法」或「出世間法」都有一部分有實體，一部分無實體（說假部）；有的以為只有現在的心法與現在的色法中之四大元素（地、水、火、風）有實體，其他一切一律沒有實體（經量部）；……林林總總，不一而足❷。

　　其中最值得注意的，殆為主張一切事物都有實體的「說

──────────
❷　同上，第二章。

一切有部」。第一點值得注意的是，該部在補特伽羅問題上是持否定立場的，換言之，它是主張沒有補特伽羅的，但在有關一般事物的實體問題上，它卻持全盤肯定的立場。這兩者之間，照道理說，應該是互相矛盾的，但它竟渾然不覺，甚至還因為主張沒有補特伽羅而自認非肯定五蘊等之實在（有實體）不可❸。第二點值得注意的是，該部在主張一切事物都有實體因而都是實在的同時，還肯定事物都是緣起的；甚至認為正由於它們都是緣起，所以才都有實體而不是虛幻的❹。可見該部對「緣起」觀念與「自體」觀念之矛盾，並無絲毫自覺。

從一切有部的情形可以看出：龍樹、提婆等人後來所闡明的「萬法何以皆空（無自體）」的道理，在部派佛教時期都還闇昧不明，普遍未為人所見。而龍樹、提婆等人在佛教思想史乃至人類思想史上的貢獻之大，也從這裡可以看得最清楚。

第二節　揭發「自體」觀念與「緣起」觀念之矛盾

龍樹關於「自我」與「實體」的思想，主要表現於《中觀論頌》（簡稱《中論》）一書，《十二門論》則是該書之概要。

在他的書中，他把「自我」、「實體」這類的東西統稱為

---

❸　同上，頁56。

❹　同上，頁64。

「自性」，或「性」。在這裡，「性」是「體」之意，相當於原始佛教中之廣義的「我」（「諸法無我」之「我」）。

龍樹之否定「自我」與「實體」，正是從揭發「自性」觀念與「緣起」觀念之矛盾入手。

「自性」或「性」既相當於廣義的「我」，它便是指一種常恆自立的東西。這東西，照前文的說明，殆有如下的幾點特徵：1.無需依賴其他東西而單靠自己就能成立；2.可以與其他東西分離隔絕而單獨存在；3.長久固定不變。

一個東西，如果是由其他東西所做成，或必須依賴其他東西才能存在，這個東西便不是「自性」或「性」。《中觀論頌》的〈觀有無品〉便是如此立論的：

> 眾緣中有性，是事則不然；性從眾緣生，即名為作法。
> 性若是作者，云何有此義；性名為無作，不待異法成。❺

「性」，不能從眾緣產生。從眾緣產生的，就是由其他東西做出來的。「性」若是從其他東西做出來的，便違反「性」這個字的定義。「性」，原是指非由其他東西做出來的東西，它不須要依賴其他東西就能存在。總之，「性」與「依其他東西而成立」（待異法而成）是相衝突的。

龍樹的另一部要著《大智度論》，在第31卷中界定「性」這個名詞說：

---

❺　《大正藏》，卷30，頁19。

性名自有，不待因緣。❻

「性」， 就是指無需依托眾緣便能自己存在的東西。因此，依托眾緣而成立的東西身上便絕對不會有「性」。《十二門論》的〈觀因緣品〉，十分肯定地指出這點：

眾緣所生法，是即無自性。❼

後來天台賢首大師在《十二門論宗致義記》中，解釋這個道理說：

諸法起無不從緣。從緣有故，必無自性；由無自性，所以從緣有。緣有，性空，更無二法。❽

諸法必須從緣而起，即表示它沒有自性；正因為沒有自性，才必須從緣而起。如果有自性，何必從緣而起？所以從緣而起（緣起）與沒有自性（性空）， 乃是一事之兩面。從緣而起，即意味著沒有自性；沒有自性，即意味著從緣而起。

在此，龍樹即根據事物之「緣起」， 斷然否認其有「自性」。

事物既無「自性」，為什麼一般人卻以為它有呢？

對這點，龍樹曾提出他的說明。依他，這完全是由於「隨

---

❻　同上，卷25，頁291。

❼　同上，卷30，頁159。

❽　同上，卷42，頁215。

名起執」的緣故。

這就是說，關於某一事物的「自性」的觀念，乃是由該一事物的名字所引起的：我們從它的名字，不自覺地推想真有一個常恆自立的東西在那裡被這個名字所指涉。《大智度論》卷31說：

> 如車以輻、輞、轅、轂和合為車，若離散各在一處，則失車名。五眾（按即「五蘊」）和合因緣，故名為人，若別離五眾，人不可得。諸法合集，故有名字。凡夫隨逐名字，生顛倒染著。佛為說：法當觀其實，莫逐名字，有無皆空。❾

這就是龍樹對「自性」觀念產生過程的說明。其關鍵就在於「凡夫隨逐名字，生顛倒染著」。「隨執名字，生顛倒染著」，就是「隨名起執」。人們以為有一個單一的東西對應著一個名字，被這個名字所指涉，所以便想像在一堆剎那生滅的現象（如人的「五蘊」）背後，有一個單一的東西持續存在，作為其指涉的對象。有關這個東西的這個觀念，便是「自性」觀念。這個觀念，完全是虛妄的，卻被人牢牢地執取不放，故指其為「顛倒染著」。實際上，「人」除了「五蘊」（五眾）之外，並沒有「自性」，猶如「車」除了輻、輞、轅、轂之外，也沒有「自性」。因此，佛便告誡我們：應該看清事物的真相（實），不要隨著名字團團亂轉。

全盤否定「自性」的存在，乃是人類思想史上無比重要

---

❾　同上，卷25，頁291。

的一件事情。這種思想形諸命題，就是「性空」。而正如前文所說，「性空」與「緣起」乃是一事之兩面。這兩面合起來，就形成「緣起性空」這命題。這個命題雖然早已蘊涵在佛陀本人的教示中，但真正把它形諸理念的，卻是龍樹。這是他把佛陀有關生命與世界的觀念澈底釐清，並將其「緣起論」、「無我論」、「五蘊論」加以融會，而獲致其對事實之充分理解的結果。

「緣起性空」這個簡單的命題，涵有無比豐富與深刻的含義，更具有一個令人十分震驚的理論後果，那就是導致如下的世界觀：萬物相依相待，相涵相攝，本為一體；只有這個渾淪一體的整體才真正存在；所謂與其他事物分離隔絕而獨自存在的「個體」，不過是一種幻象，世界上根本沒有這樣的東西存在；任何一個「個體」，其實都不過是整體宇宙所呈現的一「相」（整體宇宙表現而為一個「個體」）。

這個結論，固然十分驚人，但它卻是由「緣起性空」這個命題逐步導出的。

第三節　驚人的結論

讓我們看看如何由「緣起性空」導出這個驚人的結論。

且從「緣起」這面談起。

如前所說，「緣起論」認為任何一個事物都是依據一組條件而成立；除了這組條件，別無該一事物之自體（性）。這個看法可以直接導出如下的一個看法：世上的萬物互為條件而成立。這是因為一個事物據以成立的諸多條件，每一條件本身也是一個事物，它的成立，也必須依據一組條件；它所

據以成立的這些條件，每一條件本身同樣的也是一個事物，它的成立，同樣的也必須依據一組條件……。這樣推衍下去，最後勢必得出一個結論：世上的任一事物，都以其他一切事物作為它成立的條件。以房舍為例來說，房舍乃是磚、瓦、泥灰、木材、人工、設計等因緣和合而成；除了這些因緣，別無房舍自體。磚、瓦、泥灰、木材、人工、設計等，便是房舍據以成立的條件。但此中，無論是磚、瓦、泥灰、木材，或是人工、設計，每一條件本身也都是一項事物，因此，其形成也必須依據一組條件。磚、瓦是如此，泥灰、木材等亦然。那麼，磚瓦如何形成呢？泥灰如何形成呢？木材如何形成呢？以木材來講，它的形成，至少必須具備如下幾項條件：樹木、刀鋸、人工等。而樹木、刀鋸、人工又各自為一項事物，其形成又各自依據一組條件。以樹木而言，其產生，至少必須基於以下幾項條件：種子、泥土、陽光、水份。刀鋸又如何呢？它至少必須有鐵、有火、有人工製作等才能形成。而作為它們的條件的種子、泥土……鐵、火等等，本身的形成，又各自須要一組條件。譬如泥土是岩石經過長久的風化、水浸，乃至種種化學物質的侵蝕，然後形成的。岩石、風、水與化學物質便是其形成的條件。而岩石與化學物質又是如何形成的呢？它們的形成，無可避免地要涉及地球的形成；而地球的形成又必然要涉及宇宙的形成。

　　房舍是何其平常的一樣東西，然而其形成，僅就如上非常粗略且不完整的觀察，即已牽涉到那麼眾多的事項和那麼久遠的事件。如果我們把上述觀察全面而毫無遺漏地進行下去，最後非得出如下的一個結論不可：它以宇宙間其他一切

事物作為其形成的條件！

這個結論雖然顯得有點難以置信，但只要我們認真加以思量，便會發現：這乃是不得不然的結論。誰能否認木材是切割樹木而成的？而如果沒有泥土，樹木能長出來嗎？但泥土是怎麼來的呢？它不是岩石經過風化、水浸、酸蝕才形成的嗎？岩石又是什麼呢？它不是冷卻後的地球本身嗎？地球的形成能不涉及宇宙的形成嗎？

因此，只要我們把「緣起論」推衍到極致，便非得出如下這個結論不可：世上任一事物都以其他一切事物作為其成立的條件。

這是以一個事物（如房舍）為中心而言。如果以這個事物之外的事物為中心而言，這個事物之外的其他事物既然也各自以其他一切事物作為成立的條件，它們便必然會共同以上述這個事物（房舍）作為各自成立的一個條件。一個事物以其他一切事物作為成立的條件，其他一切事物也各自以這個事物作為成立的條件，這就是萬物互為成立的條件。

又依「緣起論」，一個事物除了其據以成立的眾多條件之外，並無該事物自體。然則一個事物據以成立的那些條件，豈不就是該一事物的全部內容？除了這些條件，該一事物便無內容了！這豈不等於說，世上的任一事物都以其他一切事物作為其內容，而其他一切事物也都各自以該一事物作為內容？

這事實意味著什麼呢？這意味著：1.一個事物的內容等於全宇宙的內容；該事物之外的所有其他事物都各以某種方式進入該事物之中，為該事物所包含。2.每個事物都存在於

宇宙的各處；它分別以各種方式進入其他一一事物之中，被它們所包含，因此可以說，每個事物都無所不在。3.既然每個事物都無所不在，那麼，所有事物便都互相存在於對方之中，也就是說世上萬物相涵相攝，互涉互入，彼此融為一體。4.世上真正存在的，惟有上述這個萬物融為一體的渾淪整體；所謂與其他事物分離隔絕而獨自存在的「個體」，根本不存在。5.一個事物的內容既等於全宇宙的內容，則就某一種意義而言，也可以說，一個事物就是整體宇宙所呈現的一個形態，或整體宇宙之一「相」——整體宇宙，其各種內容，依某種比例，以某一特定方式排列組合，便呈現為某一特定「個體」；再依另一種比例，以另一種特定方式排列組合，便呈現而為另一特定「個體」。

以上思想，無疑地，便是天台宗「一念三千」的說法，和華嚴宗「一在一切，一切在一；一即一切，一切即一」的說法之張本。也是「整體如來藏呈現而為一顆沙」這類說法的張本。

以上思想，正是所謂的「萬物一體論」、「整體主義」。

由此再回頭去看龍樹對事物「自性」的否定，便可看出：他要否定的，其實就是上述「與其他事物分離隔絕而獨自存在的個體」。依「緣起論」，這種「個體」是絕對不可能存在的。真正存在的，惟有渾淪一體的整體宇宙。

這種「個體」既不可能存在，則根本不會有這種「個體」的產生與消滅。龍樹「八不」論說中之「不生不滅」一命題，便是就此而言的。另外的「不來不去」一命題，也是針對這種「個體」而發，意思是說，並無這種「個體」從某處而來，

或往某處而去❿。

　　以上是就「緣起」的一面而論。

　　再就「性空」的一面而論，上述與其他事物分離隔絕而獨自存在的「個體」，固然不存在，但以其他一切事物為條件而成立且以全宇宙之內容為內容的「個體」卻是存在的。只不過它只存在於一時且根本沒有「自性」（自體）罷了！這種意義的「個體」的如此存在狀態，便是所謂的「性空」，或「空」。

　　在這裡，「空」乃是完全針對它之沒有「自性」而言，並不表示否定這種意義的「個體」之存在。一個事物之「空」，並不妨礙它作為緣起的現象之存在。相反的，正因為它「空」，它才可能作為緣起的現象而存在。一個「性空」而作為緣起現象而存在的事物，其存在雖然短暫，但其存在畢竟無法否認。針對這點，龍樹斷之為「非無」。另一方面，他又針對事物之作為「與其他事物分離隔絕而獨自存在的個體」，斷之為「非有」，意謂沒有這種意義的「個體」存在。這「非有」與「非無」，構成互相對立而又互相補充的一對論斷。在龍樹，作為「與其他事物分離隔絕而獨自存在的個體」之事物，是不存在的；但作為「緣起的短暫現象」之事物，則確實存在。針對前一點，他謂之「非有」；針對後一點，他謂之「非無」。但他認為無論是「非有」或「非無」都只是事實的一面，其中任何一面都不是事實的全貌，只有兩者合起來，才足以表現其全貌。也就是說，事物的真相，乃在於

---

❿　「八不」之說，見於《中觀論頌》開宗明義的第一頌，標明了全論宗趣之所在，是全體中觀思想的概括。

既「非有」又「非無」。他把自己對事物的這種看法稱為「中道觀」，簡稱「中觀」，意思是不偏執於對立兩面之任何一面，而能並觀兼顧，以獲致完整真相。

事物「非有」的一面，龍樹通常就以「空」字表徵之；「非無」的一面，則以「假名」一詞表徵之。「空」，意謂事物沒有「自性」；「假名」意謂事物雖無「自性」，卻有依緣而起的無常之相，可以區別，因此也就可以給予種種「假」設之「名」。最後他再以「中道」一詞表徵「非有」與「非無」兩面之綜合，意謂完整之真相在於並觀兼顧對立的兩面。

《中論》以一句話總括以上幾層意思，曰：「眾因緣生法，我說即是空，亦為是假名，亦是中道義。」 ⓫於是說「空」、說「假」、說「中」遂成為展現事物真相的正、反、合辯證三步驟。「空」、「假」、「中」也成為空宗論述事物的一組最基本概念。

⓫　《中觀論頌》、〈觀四諦品〉，第24。《大正藏》，卷30，頁33。本文有關龍樹這首偈的說法，是依照傳統的解釋而說。近代學者根據原文（梵文），對這首偈有很不一樣的解釋。基本上，認為「因緣所生法」，乃是該偈之唯一主詞，「空」是針對「因緣所生法」而說的；「假名」，則是針對「空」而言，並非針對「因緣所生法」而言。針對「空」而說它是假名，目的在於指出：「空」也是一個因緣所生法；「空」這個詞，也只是一個方便施設，不可執以為一個實物。至於「中道」，則是針對以上的看法而言，意謂能把「因緣所生法」視為「空」，又把「空」視為「假名」，即合乎「中道」。詳情可參看《天台緣起中道實相論》，陳英善著，東初出版社，第9章，第3節，頁422–426。

　　事物之「性空」，非但不是一個負面因素，而且具有意想不到的正面價值：1.正因為「性空」，事物才得以「緣起」。2.正因為「性空」，一個事物才可能以全宇宙的内容為内容。3.正因為「性空」，事物與事物才得以融通無礙，互相滲透。4.正因為「性空」，事物之狀態才得以改變；不幸的人生才可能變為幸福的人生。

　　「性空」的事物，永遠都是新的事物，因為每一個事物都只能存在於當前的瞬間。但這瞬間的存在，卻涵攝了十方三世的一切。因此，儘管只存在於瞬間，但每個事物卻都是一個無比充實的事物。也因為只存在於瞬間，每一個事物便都是一個當下完成的事物，因此，也是一個無比圓滿的事物。

　　就人生而言，它便不是一個持續數十年的漫長歷程，而是一連串當下完成的事件，其中每一事件都獨一無二，圓滿具足，了無缺欠。人也不是數十年才經歷一次生死，而是每一瞬間都在生，都在死。因此，人的每一瞬間都是一個新的人生，這個人生只存在於當前的一瞬，但過去的一切都已被它所包含，未來的一切也正在其中被醞釀。這瞬間的人生且跟當前的宇宙同其廣大，同其豐富，因為它的内容完全等同於整體宇宙的内容。所以人只要全心全意生活於當下，他便是在享受一個無比美好的人生。他的每一剎那的生命，都是一個永恆的生命；他的每一剎那的存在，都是一個無限的存在。

　　就這樣的人生而言，它固然不是一個常恆存在的單一事物，卻也沒有在其間的任何一點上有所中斷，因為它雖然是由一連串剎那生滅的事件所組成，但其所由組成的這些事件

都是一件緊接著一件發生，而且繼起的事件都把先行事件之內容吸納為自己的內容。龍樹的「八不」論說，就稱這個情況為「不常不斷」。

此外，這樣的一個人的第一瞬間的生命與第二瞬間的生命，雖然不是同一個生命，但也不是全然相異的兩個生命。這就是「八不」論說所謂的「不一不異」。

以上「不常不斷，不一不異」的論斷，既可以適用於人生，自也可以適用於其他任何事物。

這「不常不斷，不一不異」，與前述「不生不滅，不來不去」合而為著名的「八不」。「不常不斷，不一不異」，針對「緣起的現象」而言；「不生不滅，不來不去」，則針對「與其他事物分離隔絕而獨自存在的事物」而言，兩者合起來，成了空宗對事物基本面貌的一套完整的系統論述。

「八不」之說，見於《中觀論頌》最初一頌，乃是全論主旨的總提示。它是全體中觀思想的概括，並不僅是其中的一項理論，所以幾乎所有空宗思想的要點都可以在它身上看到蹤跡。從「八不」本身包含的四對概念來看，這四對概念，每一對都是完全相反的兩個概念，「八不」之說卻都同時加以否定，正顯示它之不偏執於其中的任何一邊，這自是空宗一貫的中道精神之表現。再從這「八不」所涵蓋的範圍來看，「八不」之中的「不生不滅，不來不去」，正如前文所說，乃是針對人們心目中「可以與其他事物分離隔絕而獨自存在的個體」而發；「不一不異，不常不斷」，則是針對緣起的無常現象而發；前者涉及事物之「空」的一面，後者涉及事物之「假」的一面：「八不」顯然已把事物兼有的兩面一併加

以關照。而「生滅」、「去來」、「常斷」、「一異」，攸關事物之實在性、同一性、變異性、永恆性等問題，這些問題則是關於世界的幾個最根本的問題，而且彼此密切關連。「八不」之說，能夠對這些問題系統地加以論述，正象徵空宗已經完成了關於世界的一個完整理論體系。更難得的是，這套論說竟然十分符合事實的面貌，這也意味著這個理論體系乃是對事實的一種確切的表述。

第三章　世界不外乎心識

　　佛教關於世界的理論，在大乘佛教初期有一個劃時代的
發展，這已在上文略作說明。到了大乘佛教中期，它又有了
同樣重大的一個發展。這個發展由無著、世親兩兄弟開其端。
前一個發展，在於貫徹「緣起」原則，澈底掃除「自性」觀
念，充分肯定萬物互為因緣而生起的事實。這發展固然十分
重要，但它也僅止於在原則上肯定萬物之互為因緣而生起，
並沒有進一步去具體說明當前的森羅萬象「如何」互為因緣
而生起。這一份工作一直要到一百多年之後才有人著手進行。
承擔這份工作的，就是無著、世親兩兄弟。

　　無著兄弟對這現象界的說明，除了貫徹「緣起」原則之
外，還堅持另一個重要基本原則，就是「唯心」原則。這也
正是他們開創的宗派被稱為「唯識宗」的原因 —— 依該宗，
「識」乃是心的主要部分。相應於以上的事實，「唯識宗」
有關這個世界的理論，可以從兩方面去了解。一個方面，是
其主張「萬法唯心」的方面；另一個方面，則是其主張「緣
起」的方面。

　　所謂主張「萬法唯心」，不用說，就是認定天地萬物無非
心的內容；除了心，別無他物。唯識宗的這個理論，則以如
下兩大基本論點為支柱：

　　第一個論點，就是認為認知作用（能知）與認知對象（所

知）不相離，乃是認知（識）的兩個側面。

第二個論點，則是認為在能被覺察到的前七識之外，還有不能被覺察到的第八識存在。

所謂主張「緣起」，就是認為「心」是眾緣和合而成，因而是沒有「自性」的，也是剎那生滅的。

第一節　能所、主客、內外、心物原為一體

以下先看其「萬法唯心」的主張。

如上所述，這個主張基於兩個論點。且看第一個論點。

唯識宗固然認為「萬法唯心」，但它並不認為心是單純的一個東西。如眾所知，它首先把心分析為兩大部分：一為主要部分，它稱之為「識」（亦稱「心王」）；一為附屬部分，它稱之為「心所」（完整的名稱是「心所有法」）。「識」，就是認知。「心所」則為認知之外的其他各種心靈現象，它們隨著「識」而生起，是「識」的附屬。其次，它又把「識」分析為八個部分，即眼、耳、鼻、舌、身等前五識，第六識(意識)，第七識（末那識），第八識（阿賴耶識）；把「心所」分為六類五十一種❶。但不管「識」有幾個部分，「心所」有幾類幾種，該宗指出：每一「識」（無論是一個眼識，或一個耳識），都包含兩個側面，每一「心所」亦然。其中一個側面，叫「見分」；另一個側面，叫「相分」❷。「識」的「見分」，就是上述的認知作用（能知）；其「相分」，就是上述的「認知對象」（所知）。「心所」的「見分」，就是認知作用

---

❶　見《百法明門論》。《大正藏》，卷31，頁855。

❷　見《成唯識論》，卷2。《大正藏》，卷31，頁8。

之外的其他種種心理作用；其「相分」， 就是這種種心理作用的對象。不過在該宗的很多論述中，當它提到「識」的時候，實際上已經把「心所」也包括在內。

壹 能知與所知不分離

唯識宗「唯心論」的第一個基本論點，就是認定「認知作用」（能知）與「認知對象」（所知）無法離開對方而單獨存在，因為它們並非兩件獨立的事物，而是同一件事物的兩個側面，這件事物就是「認知」。「認知作用」與「認知對象」只能作為「認知」的兩個側面而同時存在，絕不可能有任何一個離開另外一個而單獨存在。

這個看法，乍聽之下，未免顯得奇怪，但只要我們稍加反省，就會發現：事實確是如此！至少在我們經驗範圍之內，我們的確找不出任何離開了認知作用而單獨存在的認知對象，或離開了認知對象而單獨存在的認知作用。因為我們確知其存在的對象，無不是已經作為我們認知的對象而被我們的認知作用所認知。── 如果沒有被我們的認知作用所認知，我們如何知道它是存在的呢？反過來，凡是有認知作用出現的場合，一定有一個事物作為它的認知對象而被它所認知，絕對沒有一個「空」的認知作用。當然這事物不一定要是所謂的「外在世界」的東西❸（包括自己及別人的身體、山河大地、日月星辰、草木蟲魚……），它也可以是所謂「心裡的東西」（如記憶中的或想像中的東西，或當前的感情、

---

❸ 一般所謂的「外在世界」(external world)，指存在於心識之外的東西。

意志、印象、觀念），人也可以以出現在自己心裡的各種東西
作為認知的對象。但無論如何，當認知作用發生時，總要有
一個認知對象被認知作用所認知。總之，認知對象與認知作
用總是相伴出現，作為認知之兩個側面而存在。而認知（識），
如上所言，乃是心之主要部分。

通常大家都把認知作用（能知）歸於心，而把大部分的
認知對象（所知）視為「心外之物」（這大部分的認知對象，
就是上文所謂「外在世界」的東西）。唯識宗強調認知對象與
認知作用不相離，是認知（識）的兩個側面，用意就在否定
有所謂的「心外之物」。

貳　永不間斷的心識

對這點，也許有人會質疑說：認知對象既然只能作為認
知的一個側面而存在，則當人熟睡或昏迷而認知不再發生時，
世界豈不就消失了？

對這項質疑，唯識宗的回答是，當人熟睡或昏迷時，頂
多也只是前六識都不生起，第七識與第八識仍然不斷生起。
這個時候世界還是可以作為第八識的認知對象（相分）而存
在。（第七識只限於以第八識之「見分」為其「相分」。）

第八識永遠不會中斷，《唯識三十頌》的第四頌形容它說
「恆轉如瀑流」❹。瀑流由上往下流，一方面水流不斷，一
方面後時的水已不是前時的水。《成唯識論》解釋說：「阿賴
耶識為斷為常，非斷非常，以恆轉故。恆，謂此識無始時來
一類相續，常無間斷……。轉，謂此識無始時來念念生滅，

---

❹　《唯識三十頌》，第四頌，見《大正藏》，卷31，頁60。

前後變異，……。」❺

第八識，可以說是常而非斷，也可以說是斷而非常。常而非斷，是指每一個第八識雖然只存在一剎那，但當前一個消滅的時候，後一個緊接著生起，其間沒有中斷。這就是所謂的「恆」。斷而非常，則是指其剎那生滅，後一剎那的第八識，已非前一剎那的第八識，第八識雖然一直呈現，但並不是長久存在的同一個第八識。這就是所謂的「轉」。

第八識，不但在眾生的一生當中絕不中斷，即使在其死後也不中斷，它還會延續到下一生，下下一生……。事實上，它乃是眾生輪迴的主體。《八識規矩頌》說它「受熏持種根身器，去後來先作主翁」，就是指它作輪迴的主體而言。眾生死亡時，它最後離開肉體，投生時，它最先投入母胎，所以說它「去後來先」。至於「受熏持種根身器」，是說它會承受前七識所熏成的「種子」❻，把「種子」連同眾生之身體（身）與感官（根），以及物質世界（器世間），作為它的認知對象（相分）而加以執持。眾生之身體與感官，加上物質世界，也就是一般所謂的「外在世界」。第八識執持「根身器」，正表示世界作為它的內容而存在。第八識既不會間斷，外在世界也就可以一直持續存在。

唯識宗以上關於第八識的種種說法，已經涉及上述第二個基本論點：在能覺察到的前七識之外，還有不能覺察到的第八識（阿賴耶識）存在。

如上所述，唯識宗認為「識」有八個部分：前五個部分

---

❺　《成唯識論》，卷3。《大正藏》，卷31，頁12。

❻　「種子」的意義，見下一節之說明。

分別是眼識、耳識、鼻識、舌識、身識；第六個部分是意識；
第七個部分是末那識；第八個部分是阿賴耶識。不過，前七
識都能被覺察到，第八識則因為很微弱，所以不能被覺察到。
其不能被覺察，也就是《唯識三十頌》第三頌所說的「不可
知執受，處了常與觸，……」。照此頌所說，第八識不能被覺
察的（不可知），除了其「見分」之外，還有其「相分」。「見
分」，就是頌中所謂的「了」（「了別」之意。「了別」，即認
知作用）。「相分」，則包括三種東西：第一是「種子」，第二
是身體（身）及身體上的感官（根），第三則是物質世界(器
世間)。 依該宗，以上這三種東西都作為第八識的「相分」
而存在。頌中所謂的「執受」， 就是指「種子」與身體及感
官（它們都被第八識所「執受」）； 所謂「處」， 則是指物質
世界。

　　第八識雖然不能被覺察，卻永遠不中斷，所以當前六識
不生起的時候，世界固然不能作為它們的認知對象（相分）
而存在，卻還是可以作為第八識的認知對象而存在。

　　而且依唯識宗所說，作為前六識之認知對象而存在的世
界，實際上並非世界本身，而只是其摹本。作為第八識的
認知對象而存在的，才是世界本身。呈現於前六識中的世
界，乃是諸識依照第八識中的原本而各自在自身中仿造的副
本❼。照此說法，則不管前六識生不生起，世界本身實無不

---

❼ 上文已經說到物質世界（器）、身體（身）、身體上的感官（根），
　　作為第八識的「相分」而存在於第八識中。上述三類東西，就是
　　一般所謂的「外在世界」。 依唯識宗，這三類東西，應是第八識
　　之「相分」。前六識生起時，這三類東西就作為其生起的眾「緣」

存在的時候。而當前六識生起的時候，不過是在前六識中複製其摹本而已。

　　唯識宗的這個說法，並沒有什麼難懂的地方，它跟常識的說法實際上只有很小的差異。常識認為有一個世界存在於心靈之外，心靈可以去認知它，也可以不去認知它。當心靈去認知世界的時候，就會在心中形成世界的影像，這影像和世界的原貌很相像，但不完全一樣。常識所謂在心靈之外的世界，相當於唯識宗所謂的第八識的「相分」（除了「種子」之外）。常識所謂的「心靈」，相當於唯識宗所謂的前六識之「見分」。 常識所謂在心靈中形成的世界影像，相當於唯識宗所謂前六識在自身中仿造的第八識「相分」之「摹本」。上述兩說的主要差異，在於：1.常識認為只有前六識，這六識便是所謂的「心靈」之全部，唯識宗則認為在前六識之外，還有第七、第八識。2.常識認為世界在心靈之外，唯識宗則認為世界仍在第八識之中作為其「相分」而存在。3.常識認為心靈可以不去認知世界，唯識宗則認為「見分」總是伴隨著「相分」出現，「相分」也總是伴隨著「見分」出現；兩者起則同起，滅則同滅。這些差異，導致兩者對同一事實有不同的說明。例如常識說心靈會去認知世界而在心中形成世

之一（即所謂色、聲、香、味、觸、法等六「境」），與其他「緣」和合形成前六識。前六識生起時，它們各自的「相分」中，當然也有物質世界、身體、身上感官等等所謂的「外在世界」， 但這「外在世界」實為它們各自依照第八識中的「外在世界」而在自身中仿造的。此說首見於陳那之《觀所緣緣論》， 其後之論師率多從之。見熊十力《佛家名相通釋》，卷下，頁78–79。

界的影像，唯識宗則說前六識會在自身中仿造第八識「相分」，作為自己的「相分」。 又如常識說世界在心靈之外，唯識宗則說第八識的「相分」在前六識之外。但只要我們知道唯識宗所說的什麼，等於常識所說的什麼，我們對唯識宗的說法就不難了解了。

參　沒有心外之物

唯識宗以上的說法，頗有常人所不及的獨到之處。當我們把該宗的說法拿來與常識做比較時，其獨特之處就益發突顯了！

一、通常我們都認為，認知者與被認知者乃是各自獨立的兩樣東西（除非認知者以自己作為認知對象）； 當認知者不從事認知的時候，認知者與被認知者各自分開存在；當認知者從事認知的時候，認知者才與被認知者接觸；兩者一接觸，認知乃告成立。唯識宗的看法卻大異於是，它認為： 1.真正存在的，惟有「認知」（識），所謂「認知者」與「被認知者」不過是「認知」的兩個側面，它們只能作為「認知」的兩個側面而存在；當「認知」未成立的時候，它們固然不可能存在；當「認知」成立的時候，它們也不可能離開對方而單獨存在。 2.所謂「認知者」與「被認知者」，原為一體：所謂「認知者」，不外乎上文所謂的「認知作用」（見分）；所謂「被認知者」，也不外乎上文所謂的「認知對象」（相分），它們原只是一體（認知，即「識」）之兩面。只因「識」本身帶有根深柢固的蒙昧性（無明）， 未能認清事實的真相，以致誤以為兩者是分開的兩件東西，又誤以為兩者各有自性

（自體）， 可以各自獨立存在，這才產生了獨立於「被認知者」之外的「認知者」這觀念，與獨立於「認知者」之外的「被認知者」這觀念。事實上，這乃是「識」未能認清事物真相的結果，世上根本沒有這樣的兩種東西。就我們各個人而言，這獨立於「被認知者」之外的「認知者」， 就是我們的「自我」；這獨立於「認知者」之外的「被認知者」，就是所謂「外在世界」的各種物體（包括自己與別人的身體）。依唯識宗，這樣的「自我」的觀念，與這樣的「外在世界」之物體的觀念，乃是經過如下的歷程而形成的：⑴第七識對第八識的「見分」（認知作用）發生錯誤的認知，把原本剎那生滅卻不中斷的一串「見分」看成一個持續存在的單一事物，因而產生（有自性的）「自我」這觀念❽。⑵第六識對自己「相分」（認知對象）發生錯誤的認知，把其中一串串剎那生滅的事物，看成一個個持續存在的單一事物，因而產生各種（有自性的）「物體」的觀念❾。

---

❽ 這意思見諸《唯識三十頌》，第5頌：「次第二能變，是識名末那，依彼轉緣彼，思量為性相。」 及《八識規矩頌》所謂「恆審思量我相隨」。《三十頌》的「依彼轉緣彼」， 意謂末那識依第八識而生起，又回過頭來以第八識（見分）為認知對象。《規矩頌》的「恆審思量我相隨」， 則是說它不間斷地詳細思量著第八識（見分），把它看成有自性的「我」。

❾ 這就是《唯識三十頌》所謂的「由彼彼徧計，徧計種種物」。「徧計」，是「周徧計度」之略稱。「周徧」，即「普遍」。「計度」，約略等於現在所謂的「思慮考量」，包括比較、分析、綜合、抽象、想像、推論、判斷等等，幾乎概括了一般所謂的「理智」， 乃至

二、通常我們都認為世界一直獨立存在於我們心靈之外，當我們不從事認知的時候，它固然仍舊存在，即使我們死了，它也還是照樣存在。唯識宗卻不以為然，它認為：1.世界始終存在於我們心中，它一直作為我們認知的對象（相分）而存在。2.我們絕無完全停止認知的時候，即使在我們自以為不再從事認知的時候，第八識還是照舊生起，世界還是作為該識的認知對象而存在。3.當人死了的時候，他的第八識也沒有斷滅，它仍然不斷生起，所以世界仍然作為它的相分而存在。

肆　唯一的實在

唯識宗以上的思想，具有若干非凡的意義與價值。

第一，它堅持「見分」與「相分」不相離，而為一體之兩面，乃是把長久以來被視為分離對立的認知主體與認知客體、內在世界與外在世界、能知與所知、心靈與物質重新統一起來，恢復其本來面貌。這個主張完全符合佛教一貫的「緣起論」、「無我論」，以及由之推演而出的「萬物一體論」。因為依照這些理論，一個事物根本不可能離開其他事物而單獨存在；事物在根柢上乃是相連相通的，全世界的所有事物原為一體。既然如此，則認知客體自不能離開認知主體而獨自

「理性」的作用。第六識對宇宙萬物進行思慮考量，第七識對第八識「見分」進行思慮考量。第六識由於「無明」，在對事物進行思慮考量時，會發生錯誤，結果總是把緣起暫現的現象看成有自性的物體和身體。第七識也由於「無明」，而把一串剎那生滅的「見分」，看成持久存在的單一的「我」。

存在，認知主體也不能離開認知客體而獨自存在；外在世界
自不能離開內在世界而獨自存在，內在世界也不能離開外在
世界而獨自存在；能知與所知、心靈與物質，情形也是一樣。
所謂離開認知主體而獨自存在的認知客體，或離開認知客體
而獨自存在的認知主體，離開內在世界而獨自存在的外在世
界，或離開外在世界而獨自存在的內在世界，乃至離開心靈
而獨自存在的物質，或離開物質而獨自存在的心靈，都只能
是一種想像的產物，或理智施行抽象作用的結果（即理智在
思維中把它從整體中抽離出來的結果），它頂多只能作為一種
想像或抽象概念而存在於人的思想中，絕不是世界真相的反
映❿。正如下文所將提到的，現代量子物理學已經發現：當
觀測者的情況未確定時，被觀測者的情況也不能確定；觀測
者的行動必然會影響被觀測者的面貌；觀測者的作為，乃是
決定被觀測者之面貌的一項重要因素；觀測者「參與」了被
觀測者的創造；世上再無所謂純粹「旁觀」的觀測者。這事
實告訴我們：根本沒有真正「外在」於人的世界，也沒有真
正獨立於認知者之外的被認知者。人之為如何如何，乃是世
界之為如何如何的原因之一；認知者之為如何如何，乃是被
認知者之為如何如何的原因之一。人之性質，在某一程度上
決定了世界之性質；認知者之性質，在某一程度上決定了被
認知者的性質。量子物理學所發現的事實，為我們證實了唯
識宗主張的一方面：客體對主體的依賴，所知對能知的依賴，
物質對心靈的依賴⓫。但事情還有另外一面：主體對客體的

❿　想像與抽象，是第六識和第七識的作用。

⓫　見本書第七章。

依賴,內在對外在的依賴,能知對所知的依賴,心靈對物質的依賴。這一點,量子物理學沒有講到,但唯識宗也講到了。依唯識宗,事情的全貌應該是主客、內外、能所、心物互相依賴,互相決定。既然互相依賴,互相決定,便是相融相通的一體。唯識宗為我們揭示了事實的真相。

第二,該宗認為「識」才真正存在,至於有自性的「認知者」與有自性的「被認知者」,則不過是出於想像或抽象的虛構,事實上並不存在。這項見解,也是一項卓見。因為只要我們認真探索自己的經驗,便會發現:我們最初直接經驗到的,的確只有唯識宗稱之「識」的那個東西。在這個東西裡面,原是沒有主客、內外、能所、心物之分的,它只是如其所如地呈現而為完整的一個「識」。離開「認知者」而獨自存在的「被認知者」,與離開「被認知者」而獨自存在的「認知者」,這兩個觀念,應該是我們的「理智」對上述渾淪一體的「識」加以分析與再造的結果。羅素在其著作中稱這種觀念為「邏輯結構」(logical construction),意即經由思想所建構起來的東西❶。依羅素,「實體」(substance)觀念便是典型的一種「邏輯結構」。它是我們不自覺地以直接經驗中的東西為材料而在自己心中建造出來的。我們固然以為在客觀世界中有一個東西跟它相對應,但實際上並沒有。仔細考察唯識宗所謂的「識」,可以看出:這個「識」,其實並不等於一般所謂的「心」。蓋一般所謂的「心」,大略相當於「識」之「見分」,而一般所謂的「物」,則相當於大部分的「相分」,「識」則兼含這兩者(一般所謂的「心」與「物」)。因此,

---

❶ 見本書第九章。

這個「識」應該是比一般所謂的「心」和「物」更根本的東西：它是一般所謂的「心」和「物」所由構成的東西，但又不就是「心」和「物」。就這點來講，說唯識宗是「唯心論者」，這個「心」，便不能是就一般意義而言的「心」，而只能是就該宗特有的意義而言的「心」。再者，這個「識」，照唯識宗所說，也是眾緣和合而成的，因而也是沒有自性的，「空」的。這麼一個東西，也就不可能是一般哲學上的那種自本自根的「本體」，或「第一因」。就這點而言，唯識宗這個「唯心論者」是與西方哲學中的唯心論者大不相同的。

伍　心與物是一體的兩面

由於唯識宗帶有明顯觀念論的色彩，它也很容易遭到人們用以質問觀念論者的那個問題的質問：觀念論者認為世界乃作為被認知的對象而存在，但認知卻只有在生物身上才可能發生，而我們已知道：生物是在世界已經存在了相當時日以後才開始出現的，如果接受觀念論者的說法，豈不是要否認世界在生物開始出現以前已經存在的事實？

對這個質問，我們可以試著站在唯識宗的立場做如下的答覆：

一、該宗所言世界作為認知對象而存在，是就已經有生物存在的情況而言者。在已經有生物存在的情況下，觀察這世界，發現它總是作為識的「相分」而存在，並且總是有作為識之「見分」的認知作用伴隨著它一起呈現，所以才斷言世界乃作為認知的對象而存在。至於生物尚未出現之前的情況到底如何，則不在該宗考慮的範圍之內。

二、「認知」，就其廣義而言，未必不能發生在無生物身上。物體與物體之間的感應，如共鳴、共振，乃至溫度計對溫度的反應，何嘗不可以視為廣義「認知」的結果？

三、如果我們承認「認知」也可以發生在無生物身上，我們便可以進一步認為所謂無生物其實也可以具有廣義的「心靈」，因為上述的互相感應，應可視為廣義的心靈現象。

四、唯識宗強調「相分」與「見分」不相離，其基本用意，與其說是在強調「萬法唯心」，實不如說是在強調物質因素與心靈因素之相依相待。這兩種因素，在世界上已經有能認知的生物出現時（這「認知」，自是指狹義的認知），就呈現而為識之「相分」與「見分」。但當這種生物尚未出現時，這兩種因素也應該一直相依相待而存在著。「識」的生起，不過是這兩種因素發展到相當程度時的表現。我們實在沒有理由認為：在這個時候之前，這兩者之中有一個不存在，或兩者都不存在。對這件事情，我們勿寧應該採取這樣的看法：作為識的「相分」與「見分」而存在，乃是物質因素與心靈因素的一種形態；還沒有作為識的「相分」與「見分」而存在，則是兩者的另一種形態。在一種形態中，它們既為一體之兩面，為什麼在另一種形態中它們就不可以是一體之兩面？依唯識宗的基本論旨，它應該不會認為：生物還沒有出現之前，世界不存在，卻一定會堅持即使生物還沒有出現，心靈的因素與物質的因素也一直相依相待而存在。關於心靈與物質的關係，歷來有四種不同的看法：一種是認為從物質派生出心靈；一種是認為從心靈派生出物質；第三種是認為心靈與物質始終互相分離而對立；第四種是認為物質與心靈同時

作為更根本的一種東西之兩方面相依相待而存在。西方的唯物論者持第一種看法；西方的唯心論者持第二種看法；二元論者笛卡兒持第三種看法；唯識宗則持第四種看法。這四種看法之中，究竟哪一種比較可取，應該不難判斷。

　　以上是就其「唯心主義」方面看唯識宗思想。接著再從其「緣起論」方面來看。

第二節　萬物互為存在的條件

　　「緣起」是佛教最基本的主張，也是所有佛教宗派共同的主張，唯識宗自不例外。不過，唯識宗對事物之緣起，有其獨特的說法，那就是把它說成心之各部分互為條件而生起。這也很自然，因為在唯識宗眼中，心便是一切；除了心，別無他物。因此，在他看來，事物之緣起，也就是心之緣起。

壹　諸識生起的共同條件

　　心之各部分互為條件而生起，包括兩方面，一方面是八識互為條件而生起，另一方面是識與心所互為條件而生起。

　　先看八識互為條件而生起。

　　這又有兩種情況。第一種情況，是同類的識互為條件，如一個眼識作為另一個眼識生起的條件。第二種情況，是異類的識互為條件，如第七與第八識互為條件。

　　第一種情況很單純，因為它只包括一種事例，那就是先行的識，作為繼起同類的識生起的條件。先行的識，能招引繼起的識，所以先行的識是繼起的識生起的條件。

　　第二種情況則複雜得多，以下逐步加以說明。

依唯識宗，諸識生起的條件，有的多（眼識所需條件最多，共九種），有的少，彼此各不相同。不過，不論哪一識，它的生起，一定需要兩個條件：「種子」與「根」。

「根」的意思是「能生」。識的「根」，就是能生識的東西。依該宗，能生前五識的「根」，分別為「眼根」、「耳根」、「鼻根」、「舌根」和「身根」。這些「根」，大抵相當於現在所謂的感覺器官或神經。能生第六識（意識）的「根」，則為第七識本身。至於第七識（末那識）與第八識（阿賴耶識），則互為其「根」，即第八識為第七識之「根」，第七識為第八識之「根」**⓭**。

該宗認為每一識的生起，都需要各自相應的「根」。前五識的「根」，既然是感覺器官或神經，它們便是外在世界之一部分（依常識，身體，在心之外，因此，也屬於外在世界，感覺器官或神經在身體上），因此，它們也應該和其他外在世界的事物一樣，作為第八識的「相分」而存在於第八識之中。就這點而論，前五識之生起，顯然非依賴第八識不可。至於第六、七、八識，第六識既以第七識為「根」，它的生起，

⓭ 《攝大乘論》一大主旨，即在說明第七識為第八識之「根」。《瑜伽師地論》卷51，與《成唯識論述記》卷26，則皆肯定第八識為第七識之「根」。前者曰：「由有本識故，有末那識。」「本識」，指第八識。後者曰：「八若無時，七亦無故。」至於第七識為第八識之「根」，也見諸《瑜伽論》與《述記》。前者曰：「藏識恆與末那俱時轉。」又曰：「藏識恆依污染。」（卷63）「藏識」，即第八識；「污染」，指第七識。後者曰：「第七若無，八不轉故。」（卷26）「轉」，即「生起」。

便非依賴第七識不可；第七、第八識既然互為其「根」，則兩者必然互相依賴。

這是就「根」這個共同的條件，來看八識的相依相待，互為條件。

就「種子」而言，情形也相彷彿。

「種子」是「潛能」的意思。依唯識宗，每一識在沒有生起之前，都已經以「種子」的狀態存在著了，就像一棵樹在還沒有長出以前，便已經以種子的狀態存在著。如果沒有這個種子，便不會有這棵樹。同樣的，如果沒有一個識的「種子」，也就不會有這個識，故「種子」乃是識生起的一個條件——事實上，乃是主要條件，其他條件（如「根」）不過是輔助條件。那麼，在識還沒有生起之前，它們的「種子」存在於什麼地方呢？唯識宗告訴我們：它們就作為第八識的另一類「相分」而藏在第八識。因此，就這點來講，每一識的生起（包括第八識在內），無不依賴於第八識❹。

❹　「種子」之說，始於《雜集論》及《攝大乘論》，世親一派論師紹述之。《雜集論》建立「種子」之說，見於其對龍樹《中論》之解釋。《中論》有頌云：「諸法不自生，亦不從他生，不共不無因。」《雜集論》釋之曰：「自種有，故不從他；待眾緣，故非自作；無作用，故非共生；有功能，故非無因。」其中「種」，即「種子」；「功能」，係「種子」一名尚未被使用時，用以稱呼同一對象的名稱。可見該論已認定事物由「種子」產生。「種子」蓋由原始佛教之「業力」演變而來。原始佛教認為，眾生的善惡行為發生過後，會留下一股潛在力量，這力量會相應於行為的善惡而招致未來的苦樂果報。這潛在力量，就叫做「業力」。這「業力」

以上是透過諸識生起的共同條件（「種子」與「根」）來看諸識之相互依賴。以下再就個別的識綜合其共同的與特殊的條件來看。

貳　諸識的互相依賴

先看前五識。

一、前文說過前五識的「相分」乃是第八識「相分」的摹本，它們是根據第八識的「相分」而在各個識中仿造的。就此而言，前五識的生起，無疑需要以第八識的生起為條件。

二、前五識的「種子」，又作為第八識的「相分」而存在。就此而言，它們也必須依賴第八識。

三、前五識的「根」，作為第八識的另一類「相分」而存在於第八識之中。就此而言，它們也必須依賴第八識。

四、唯識宗又說，前五識的認知是很粗略的，且它們每一識都只能認知一種對象（如眼識只能認知色境，耳識只能認知聲境），故需要第六識來幫助它們進行深一層的認知，如綜合五識各別所對之境，以構成關於對象之完整印象（如

貯藏於什麼地方呢？佛陀未有交代。部派佛教中，有的認為它潛存於一味蘊（如說轉部），有的認為它潛存於窮生死蘊（如化地末派），眾說紛紜，莫衷一是。唯識學者繼承經部所說，主張它會作為一種微細難知的潛力貯存於眾生阿賴耶識（第八識）中，並把這潛力叫做「種子」，又把現行善惡行為在阿賴耶識留下潛在力量，比喻做香花熏染衣物，在衣物上留下香氣，而稱其過程為「熏習」；並把現行行為在阿賴耶識留下潛在力量，叫做「現行熏種子」；把潛在力量招致果報，叫做「種子生現行」。

綜合一個蘋果的顏色、味道、香氣、觸覺，以構成這個蘋果的完整印象）。因此，前五識之生起也有賴於第六識之生起❶。

　　五、依唯識宗，前五識的生起，還需要其他條件，有的識需要的項目較多，有的識需要的較少，這些條件之中的某些條件，如眼識生起時所需的光，與空間距離，也是作為第八識的「相分」而存在於第八識。因此，就這點而言，前五識也必須依賴第八識❶。

---

❶　相關說法，見諸《解深密經》，及《攝大乘論》、《成唯識論》、《成唯識論述記》等經論。如《解深密經》云：「佛告廣慧：有識、眼及色為緣，生眼識。與眼識俱，隨行，同時，同境，有分別意識轉。」這是說：識、眼、色三者互為條件（緣），便有眼識生起。這時也會有分別意識與眼識相俱、相隨，在同一時間，以同一對象為對象（同境），而生起（轉）。此中，「分別意識」即指第六識（意識），因為它的「分別」作用特別強，所以稱之為「分別意識」。至於為什麼必須有第六識伴隨前五識生起，熊十力說：「如諸論言，略有三義。一曰助五。……二曰極明了。……三曰能引後念獨散意識令起。」（《佛家名相通釋》，卷下，頁15）可見第六識伴隨前五識生起，有三項任務。其中第一項為「助五」，即輔助前五識，熊氏說道：「五無計度分別力故，必須有俱意助五，令其了境，如師導令弟子解義。」（同上）意思是說，前五識沒有思慮考量（計度）的能力，需要第六識在這方面幫助它，它才能充分認知對象（了境）。

❶　光、空間等等，都屬於所謂的「外在世界」，它們自是第八識之「相分」。至於各識的生起，需要多少條件，則於《成唯識論》與《述記》有所說明。

再看第六識。

一、剛才說過，第六識的生起需要有自身的「種子」，因此，它必須依賴第八識。

二、它以第七識為「根」，因此，它必須依賴第七識。

三、第六識也和前五識一樣，摹仿第八識的「相分」而在自身中形成自己的「相分」。因此，它也和前五識一樣依賴第八識。

至於第七識，依唯識宗，第七識只以第八識的「見分」作為它唯一認知對象。「見分」，即認知作用。而如前所述，第八識是永不間斷的，也就是前一個第八識消滅了（每一個識都是剎那生滅的），後一個第八識隨即生起，其間沒有中斷。第八識既然前後連續不斷，第八識之「見分」當然也前後連續不斷。第七識以這個前後連續不斷的第八識「見分」為其認知對象，由於自身的「無明」，難免對它形成一個錯誤的印象，以為它是從不知多久以來一直存在著的一個單一的東西，於是形成「我」的觀念。這便是一般人心目中那個有實體的「我」的觀念之由來。

第七識既以第八識之「見分」為唯一認知對象，從而構成「我」的觀念，其生起自有賴於第八識之存在。

第七識又以第八識為「根」。

第七識的「種子」也藏在第八識之中。

這都是第七識有賴於第八識的地方。

那麼，第八識對前七識依賴的情形又如何呢？

這涉及唯識宗對「種子」與「識」的關係之進一步看法。關於這兩者的關係，該宗有一個理論，即現行的「識」

都是已存在的「種子」在其他條件輔助之下所生成的，而現行的「識」又會「熏」成以後的「識」之「種子」。　因此，「種子」與「識」是互為因果的。如過去的眼識「熏」成現行眼識的「種子」，把它存於第八識之中（作為第八識之「相分」），這種子在其他條件配合下乃生成現行的眼識。現行的眼識又「熏」成以後的眼識的「種子」而保存於第八識，等待其他條件的配合，以生成以後的眼識。眼識的情形是如此，其他耳、鼻、舌、身各識的情形亦然。但第八識本身卻由於作用很微弱，無法「熏」成自身的「種子」❶。它自身的「種子」要靠前七識替它「熏」成。前七識之所以能「熏」成第八識之「種子」，則是因為前六識的「相分」乃是第八識「相分」之摹本，第七識之「相分」乃是第八識「見分」之影像，彼此很相似的緣故❶。

---

❶　《成唯識論》云：「何等名為能熏四義？……二、有勝用：若有生滅勢力增盛，能引習氣，乃是能熏；此遮異熟心心所等，勢力贏劣，故非能熏。」（《成唯識論》，卷2。《大正藏》，卷31，頁9。）文中「習氣」為「種子」之別名。「異熟心心所」，為第八識及其心所之別名。依此文，現行之識，必須具備四項條件，才能熏成未來之識的種子。其中第二項條件，就是要有強勢的勢力。第八識及其心所，因為「勢力贏劣」，所以不能熏成種子。

❶　《成唯識論》又稱「種子」為「習氣」，認為「習氣」有兩類：「等流習氣」與「異熟習氣」。並說明二類習氣之由來說：「等流習氣，由七識中善、惡、無記熏令生長；異熟習氣，由六識中有漏善惡熏令生長。」又描述二類種子生成八識的情形說：「等流習氣為因緣故，八識體相差別而生，名等流果，果似因故。異熟習

第八識既需要前七識替它「熏」成自身的「種子」,第八識便是有賴於前七識之存在了!

又第八識以第七識為「根」,這也是它有賴於第七識的地方。

唯識宗就是藉以上的說法說明了諸識之互為條件而生起。而萬物不外乎諸識,因此,諸識互為條件而生起,也就是萬物互為條件而生起。

參 「我」與「物體」觀念之由來

諸識既是緣起的,諸識便是無自性的、剎那生滅的。諸識是無自性的、剎那生滅的,它的「見分」與「相分」當然也是無自性的、剎那生滅的。然則凡夫心目中那個常恆自立的「我」的觀念,以及各種常恆自立的「物體」觀念,便通通都是謬誤的虛構了!這虛構的產生,全由於認知的錯誤。

氣為增上緣,感第八識酬引業力,恆相續故,立異熟名;感前六識酬滿業者,從異熟起,名異熟生,不名異熟,有間斷故:即前異熟及異熟生,名異熟果,果異因故。」(《大正藏》,卷31,頁7)依以上論文所述,種子分為兩類,第一類為「等流習氣」(又名「名言種子」),是由前七識所熏成。第二類為「異熟習氣」(又名「業種子」),則由前六識所熏成。「等流習氣」,作為「因緣」(主要條件),或生起同類八識現行(善的「習氣」,生起善的現行八識;惡的「習氣」,生起惡的現行八識),或轉生後時八識自類「習氣」(種子)。「異熟習氣」,則作為「增上緣」(一種輔助條件),激發無記性的第八識「等流習氣」,生起下一生的第八識;同時又激發無記性的前六識「等流習氣」,生起下一生的前六識。

這錯誤，如上所說，則出在把一串串剎那生滅的事物看成一個個持續存在的單一事物。其所以如此，乃是因為一個識雖然只存在一剎那時間，但隨之而起的第二個識與它之間並無間隙，且兩者高度相似，很容易被看成持續存在的同一個東西。具體而言，上述「我」的觀念，乃是第七識認知錯誤的結果：第七識對第八識「見分」發生錯誤認知，以為它是一個持久存在的東西，遂形成一個常恆自立的「我」的觀念。上述「物體」觀念，則是第六識認知錯誤的結果：第六識對出現在它「相分」中的山河大地、日月星辰……乃至其他人的身體，發生錯誤認知，以為它們都是持久存在的東西，遂形成各種常恆自立的「物體」的觀念。唯識宗把上述謬誤的「我」的觀念，稱為「我執」；把上述謬誤的「物體」觀念稱為「法執」，而以兩者為眾生輪迴六道而不得解脫的根本原因。

　　它認為要消除這些謬誤的觀念，唯一的辦法就是「轉識成智」：把容易發生錯誤的「識」，變成不會發生錯誤的「智慧」（般若）。智慧既不會發生錯誤，則呈現在它前面的事物就可以如實顯示出它們的本來面目。這樣眾生便不會再存有上述謬誤觀念，不會再對「我」與「物體」妄生貪愛，而造業受報，輪迴生死[19]！

---

[19]　「轉識成智」的「智」，就是《唯識三十頌》第29頌所謂的「出世間智」，可細分為四種，即「大圓鏡智」（由第八識轉成）；「平等性智」（由第七識轉成）；「妙觀察智」（由第六識轉成）；「成所作智」（由前五識轉成）。見《成唯識論》卷10相關說明（《大正藏》，卷31，頁56–57）。

　　唯識宗把以上的意思綜括在其「三自性」之說中。「自性」，即「自體」，代表一個東西。依該說，世上有三類東西：「依他起自性」、「徧計所執自性」、「圓成實自性」。其中，「依他起自性」，是依據眾緣（條件）而生起的東西。一個事物據以生起的眾緣，對該事物自身而言，可以說是他物，因此，以「他」指事物據以生起的眾緣。「依他起」，就是依據眾緣而生起。宇宙萬物，無不是依據眾緣而生起，因此，基本上都是「依他起自性」。「徧計所執自性」，則是對「依他起自性」認知錯誤的結果。它是對凡夫的心靈而呈現的幻象。凡夫的心靈由於帶有「無明」，其具有思慮考量的功能的第六識與第七識，在面對「依他起自性」時，對它發生錯誤認知，因而形成該幻象。「徧計」的「計」，即指思慮考量的功能。該幻象，既稱為幻象，即表示它實際上是不存在的，更是虛假的。上述「我執」與「法執」，就是這類幻象。「圓成實自性」，則是「依他起自性」的終極自體。它只對聖者的心靈（般若）而呈現。聖者的心靈由於已經去除了「無明」，所以可以照見「依他起自性」的真實自體，不再有幻象對其呈現。這個真實的自體，具有普遍、常恆與真實三項特徵，故稱之為「圓成實自性」。其所以為普遍，是因為它並不只是一個「依他起自性」的終極自體，而是所有「依他起自性」的共同終極自體。其所以為常恆，是因為它不像「依他起自性」會隨著眾緣的變化而變化，隨著眾緣的生滅而生滅。其所以為真實，是因為它既不像「徧計所執自性」那樣純屬無中生有，也不像「依他起自性」那樣成立於眾緣和合之上而多少帶有虛幻性。（依唯識宗，「徧計所執自性」，是既不存

在，又不真實；「依他起自性」，是存在而不真實；「圓成實
自性」，則既存在又真實。）**⑳**

以上是八識互為條件而生起的情形。

肆　識與心所的互相依賴

至於「識」與「心所」之互為條件而生起，也很明顯。

首先，「心所」原就是「識」（心王）的附屬，它們是伴
隨著識之生起而生起的，其賴以生起的條件，完全與識所賴
以生起的條件一樣，其面對的對象也完全與識面對的對象相
同。它們完全是伴隨識對對象的認知而生起的，如識認知某
一對象為實物，「貪」之心所也與之俱起。心所對識之依賴，
實無庸多言。

反過來，識之生起也有依賴心所的地方，如前五識之生
起，乃至第六識、第七識之生起，都以「作意」為一項必要
條件。「作意」，即現今所謂的「注意」，或「精神貫注」。這
是心靈現象的一種，自屬心所之一。識在認知的時候，必須
「注意」，或「精神貫注」，否則將視而不見，聽而不聞，故
「作意」乃是識成立的一項必要條件。其他如「觸」心所（使
根、境、識和合的心理作用）也是前六識生起的一項必要條
件。可見識對心所也有所依賴。

---

⑳　「三自性」之說，見於《唯識三十頌》之第20–22頌。《成唯識論》
卷 8 有詳細解釋。本書最後一章第五節還會進一步加以說明，請
參看。

伍　四類條件

以上就是心之各部分互為條件的大概情形。從上文可以看出：心之各部分固然互為條件而互相依待，但依待的情況卻不盡相同。這就是說，它們雖然同是作為條件，但性質卻有所不同。《成唯識論》乃依其性質，把條件歸納為四類而稱之為「四緣」（「緣」，即條件）：1.因緣；2.等無間緣；3.所緣緣；4.增上緣❷。

第一類，「因緣」，指主要條件；其餘三類則為輔助條件。

「種子」是各個識生起的主要條件，所以「種子」是它們的「因緣」。前一念的「種子」能引生後一念的「種子」，所以對後一念的「種子」而言，前一念的「種子」乃是它的「因緣」。現行的識，會熏成未來的識的「種子」，所以現行的識對未來的識之「種子」而言，也是它的「因緣」。「因緣」，就限於以上兩種事物（「種子」與現行的識）。

「增上緣」，指輔助的條件。依此定義，則凡是主要條件之外的其他條件，無不可以包括在內。只是此處不取此廣義，而專指「等無間緣」與「所緣緣」以外的其他輔助條件。如眼識的發生，除了主要條件（眼識的「種子」）之外，還需要照明的光、空間距離、精神的集中（作意）等等，光與距離等等，便是眼識的「增上緣」。

「等無間緣」，就是前述能招引繼起的同類之識的先行的識。這識能招引繼起的識，所以對繼起的識而言，就是它的一種條件。不過這種條件只是輔助的條件，識的主要條件乃

❷　《成唯識論》，卷7。《大正藏》，卷31，頁40–41。

是「種子」。

「所緣緣」，籠統地講，就是認知的對象。有認知對象，認知才能成立，所以認知對象也是識的一種緣。嚴格意義的「所緣緣」，應該是指前六識所對的第八識「相分」。上文說過，世界作為第八識的「相分」而存在於第八識，前六識依照第八識「相分」造出其摹本，作為自己的「相分」。在這情況下，第八識的「相分」，便是前六識的「所緣緣」，因為它是前六識生起的條件之一。這種意義的「所緣緣」，是嚴格意義的「所緣緣」。不過，一般對「所緣緣」並不做如此嚴格的界定，他們把前六識本身的「相分」也算作前六識的「所緣緣」。如此一來，「所緣緣」便有兩種：一種是識自身的「相分」；一種是其他識的「相分」（嚴格意義的「所緣緣」）。前一種被稱為「親所緣緣」；後一種被稱為「疏所緣緣」。

「四緣」之說，簡單概括了唯識宗有關心靈各部分互為條件而生起的說明。有了它，該宗有關「緣起」的理論乃告完備。

結　語

就這樣，該宗透過其自家的「緣起論」，把紛紜的萬象串連成一個不可分解的整體，又透過其「見分」、「相分」的理論把能所、主客、內外、心物統一起來，於是世界又恢復為原本的渾淪一體。另一方面，它又透過對心的分析，以及對各部分的心之功能與相互關係的釐定，為我們詳盡說明了這渾淪一體「如何」呈現而為紛紜萬象。它的理論，既貫徹了

佛教一貫的基本主張，又彌補了前人明顯的不足，把佛學往前推進了一大步。其中觀念的繁富、系統的嚴整、觀照的周全、推論的縝密、探索的深入、分析的精細、見解的獨到，在在令人嘆為觀止。它所做的某些探討(如對第八識的研究)，甚至對當今的學術而言，都還是一種超時代的行動。其思想體系之完成，不得不說是佛學上的一大成就，而且也是人類知識事業的一大收穫。

第四章　一即一切

佛教傳入中土之後，又有新的變化和進展，即在中國人的反覆詮釋和重新表達中，被大量摻入本土文化成分，並且被有意無意加以改造，即使內容完全不變，也被賦予全新的形式，結果中國的佛教遂呈現迥異於原來的面貌。其中明顯涉及世界觀的，有天台與華嚴的論說。

本章先談天台宗的表現。

最能顯示天台宗世界觀之精彩的，自是其著名的「一念三千」理論。這理論是天台思想登峰造極之作，見於智者大師傳授觀心法門的《摩訶止觀》一書。但在此之前，該宗即已完成了有關世界觀的兩項更基本的理論：「十如是論」，與「十法界論」。前者論述世界之面貌，是所謂「實相論」；後者論述世界之階層，是所謂「性具論」。「一念三千」理論，便是以前述二論為基礎而建立的一項理論。這三項理論，又都與該宗發揮龍樹中觀哲學的「三諦圓融論」密切結合。

第一節　世界的面貌

「三諦圓融論」的「三諦」，指空諦、假諦、中諦。「三諦圓融」，意謂空、假、中三諦完全互相涵攝，互相同一：空諦即假、中諦；假諦即空、中諦；中諦即空、假諦；「三各具三，三三相即，三諦而一諦，一諦而三諦」。

　　一望而知，這理論乃是脫胎於鳩摩羅什所譯龍樹《中論》的「空假中偈」：「眾因緣生法，我說即是空，亦為是假名，亦是中道義。」智者大師曾解釋該偈說：「我說即是空」一句，表現的是空諦；「亦為是假名」一句，表現的是假諦；「亦是中道義」一句，表現的是中諦，而「空」、「假」、「中」乃是針對「眾緣所生法」之面貌而做的論斷，說緣生的一法為「空」，即同時意謂其為「假」、為「中」；說它為「假」，即同時意謂其為「空」、為「中」；說它為「中」，即同時意謂其為「空」、為「假」。他把以上的意思總括為如下一句話：「因緣所生法，即空即假即中」❶。

　　依向來的理解，龍樹在前述「空假中偈」中，乃是就緣起事物之沒有自性，因而不是實有，而謂之「空」；就緣起事物雖無自性，卻有依緣而起的暫現之相，而可以對它施設種種假名，而謂之為「假名」；就觀照緣起事物時，既不偏執其為「有」，亦不偏執其為「無」，卻兼顧其無自性而有暫現之相的兩面，而稱這種看法為「中道」。「空」、「假名」、「中道」都是關涉事物依緣而起一事實而做的論述，其所要闡明的，無非有關因緣所生之法的幾項基本事實。

　　依這了解，不管智者大師對該偈的解釋是否完全符合龍樹的原意，至少他已把握住其中心意涵。這個意涵是：因緣所生之法沒有自性，不是實有；但它有緣起的暫現之相，也不是真無；它的真相就在於既非實有也非真無。比這點更為重要的是，龍樹有關事物的基本看法：「緣起性空」，智者大

---

❶　「即空即假即中」文句，見《法華玄義》。《大正藏》，冊33，頁781。

師顯然毫無保留地加以接受。這成了整個天台哲學的起點。

「三諦圓融」，是智者大師對龍樹思想的重申與闡述。天台哲學既以這思想作為基本原理，便表明該宗在世界觀上持守的仍是「緣起論」的正統立場。因此，無論「十如是論」、「十法界論」，或「一念三千」理論，其所論述的對象，在它看來，基本上無不是因緣所生的事物。它都是把它們當作緣起的事物在論述。

且看該宗的「十如是論」。

依該宗，任何一個事物都可以從十個角度加以觀察，它的實相，就存在於觀察所見的這十個方面。而一切事物無非是因緣所生的事物，因此，這十個方面也就是任何因緣所生法實相所在的十個方面。

這十個方面，就是：1.相，2.性，3.體，4.力，5.作，6.因，7.緣，8.果，9.報，10.本末究竟。

天台這個思想無疑濫觴於《法華經・方便品》。該品說：

> 佛所成就第一希有難解之法，唯佛與佛乃能究竟諸法實相，所謂諸法如是相，如是性，如是體，如是力，如是作，如是因，如是緣，如是果，如是報，如是本末究竟等。❷

經意顯然認為諸法之實相就表現於諸法之相、性……等十方面：諸法之如是相，如是性……，即是諸法之實相。

其中「相」是外現的相貌；「性」是內存的個性；「體」

---

❷　《法華經・方便品》。《大正藏》，冊9，頁5。

是具外相與內性的體質;「力」是內在的能力;「作」是由能力所顯的作用;「因」是招果的原因;「緣」是助因成果的條件;「果」是因所引生的結果;「報」是現世因果所招致的後世之報應;「本末究竟等」則指以上九者所形成的整體情狀。

依《法華經》,任一事物皆有如上十個方面;該一事物之實相,不外乎這十個方面。

天台思想比《法華經》更進一步的地方,乃在於將上述「十如是」作三轉讀,藉以突顯諸法緣生的基本事實。這麼做的人,就是智者大師。

三轉讀的第一種讀法,是將其讀成「是相如,是性如,……是本末究竟如。」其所強調的是「相」、「性」等之如其所如,而「相」、「性」等如其所如的終極真相,無疑就是「空」。所以這是自空諦的立場而讀的讀法,目的在彰顯「相」、「性」等之「空」。

第二種讀法,是將其讀為「如是相,如是性,……如是本末究竟等。」其所強調的是眼前呈現的「相」、「性」等。表示「相」、「性」等儘管無自體而空,但作為無常的現象,它們卻是歷歷在目。這是從假諦的立場而讀的讀法,目的在表示「相」、「性」等是「假」。

第三種讀法,則讀為「相如是,性如是,……本末究竟等如是。」其所強調的是「相」、「性」等之「如是」。依智者大師,這「如是」係指「如於中道實相之所是」而言,即「不異於中道實相的面貌」之意。這是由中諦立場而讀的讀法,目的在顯示「相」、「性」等之既非實有亦非真無的中道性格。

智者大師接著又指出十如是的空、假、中三諦原本相涵

相通,「空」即「假」、「中」;「假」即「空」、「中」;「中」
即「空」、「假」;三者非三而三,既三而非三。

由此看來,智者大師顯然已將《法華》之「十如是」與
自家之「三諦圓融」結合為一,用以闡發因緣所生之法的終
極真相。這便構成了天台獨特的實相之論❸。

第二節 世界的互相區隔與互相包含

它的「十法界論」,也同樣的整個為「三諦圓融論」所貫
穿。

十法界,指地獄、餓鬼、畜生、修羅、人、天等「六道」,
及聲聞、緣覺、菩薩、佛等「四聖」。天台宗認為這十法界乃
是十種世界;這十種世界便是宇宙間存在的一切。十種世界
自有高下的等級之分,地獄是最苦最惡的世界,餓鬼是貪欲
無窮的世界,畜生是愚痴的動物世界,修羅是憤怒鬥爭的世
界,人是人類的世界,天是歡喜享樂的世界,聲聞是無淨學
道的解脫世界,緣覺是觀法獨悟的解脫世界,菩薩是利他為
主的大人格世界,佛是悲智圓滿的永恆世界。

這十法界的名目,大體是智者大師揉合《華嚴經》和《大
智度論》的說法,再參照個人的禪觀體證而確立的❹。天台
宗「十法界論」之獨創的地方,乃在於依據上述「十法界」

---

❸ 有關「十如是」三轉讀,見《法華玄義》。《大正藏》,冊33,頁
693。

❹ 「十法界」的說法,見於《法華文句》,如「約十法界者,謂六
道四聖是為十法也。法雖無量,數不出十。……一中具無量,無
量中具一,所以名不可思議。」《大正藏》,冊25,頁42-43。

的觀念而提出「十界互具」的看法，即認為：以上這十個世界，每個世界之中，除了具有自身這世界之外，還同時具有其他九個世界。譬如在人的世界中，除了具有人的世界之外，還具有地獄、餓鬼……以至菩薩和佛的世界；畜生的世界中，除了具有畜生的世界之外，也具有地獄、餓鬼……以至菩薩和佛的世界。值得注意的是，具於人的世界中的地獄，跟具於畜生世界中的地獄，並不相同（因為人與畜生不同）。這樣，十界互具的一百個世界，便各自有別，於是存在於宇宙間的世界，便不是如上所言的十個，而是一百個了❺！

「十界互具」的看法，確是發前人所未發。它與華嚴「一在一切，一切在一」的觀念遙相呼應，同為佛教哲學巔峰之作。

但這種思想之出現，絕不意外，它乃是佛教「緣起論」必然要達到的最後結論。因為如前所說，把「緣起論」推衍到極致，必然會得出一個結果，即以一個事物之外的其他一切事物為該一事物所據以成立的條件。又由於一個事物除了其所據以成立的條件之外，並無自性，其所據以成立的條件便成了該事物所有的內容。而這情形乃是相互的，因此，終必得出這麼一個結論：宇宙間所有的事物彼此互為內容。「十界互具」與「一在一切，一切在一」，指的正是這個事實。

「十界互具」，既是存在於緣起事物身上的現象，則「十界互具」的思想自含有「三諦圓融」的思想在內。因為空、假、中三諦乃是普遍適用於一切緣起事物的道理，只要是緣起的事物，一定具有與之相應的特點，而這些特點，原就互

---

❺　「十界互具」觀念，亦見於《法華文句》，如❹所引同一段話。

為表裡。以十界之「互具」而論，其「互具」之所以可能，即正是因為諸界原本就是無自性而「空」。惟其都是無自性而「空」，所以才能具有其他九界而以之為內容。所以十界之「空」，乃是「十界互具」思想必然蘊涵的一個要點。又十界雖然無自性而「空」，卻各具有不同的名稱以互相區別，可見它們一定各具特殊德用，以為區別之依據。但它們既無自性，其德用便只能是依緣而起，故「十界互具」又必然意味十界之為「假」。十界既各有德用而得以區別，又可以彼此互具而互為內容，可見其既非真無（假），亦非實有（空）。非有非無，是為「中」。因此，「十界互具」亦必意味十界之為「中」。由此可見「空」、「假」、「中」三諦自始即包含在「十界互具」之思想中。

第三節　事物的無盡內涵

「十如是論」與「十法界論」是「一念三千」理論的基礎。「一念三千」理論則是天台世界觀的極致。

「一念三千」的「三千」，是「三千諸法」的簡稱。「三千諸法」，並不是指三千項事物，而是用以代表宇宙間所有事物。

至於「三千」這個數目的由來，則是上述「十法界」之「十」的自乘，再乘以「三世間」之「三」，最後乘以「十如是」之「十」。

依智者大師，每一法界都各自包含三種世間──眾生世間、國土世間、五陰世間。眾生世間，即十界之眾生。國土世間，即十界眾生所依止的國土（山河大地）。五陰世間，

即構成眾生與國土之五類要素：色、受、想、行、識。而十
界互具，十個法界各具十個法界，宇宙間原本就有一百個法
界。每法界包含三種世間，一百法界便包含三百種世間。每
一世間復具有互異的十個方面（十如是）， 則三百種世間便
具有三千個互異的方面。一方面視為一法，三千方面便是三
千諸法。「一念三千」的「三千」這個數目， 便是這樣得出
的 ❻。在智者大師的宇宙論中，「三千諸法」便是宇宙間所有
的一切。因此， 在其「一念三千」理論中， 「三千」用以代
表宇宙所有的事物。

「一念」， 則指心的一個基本單位，它只存在於一剎那
間。這心，就是呈現於一般人日常經驗中的那個心（即凡夫
帶有無明的那個心），並非什麼特異的「心」❼。「一念三千」，
意謂每個人當下的一個心念，即完全相當於宇宙間所有事物
的總和。這自是「緣起論」世界觀充量發展的結果。

應該知道的是，在智者大師的想法裡， 並不僅一個心念
完全相當於宇宙間所有事物之總和。在他看來，除了一個心
念之外，宇宙間任何一個事物也無不相當於宇宙間所有事物
之總和。也就是說， 在他看來，宇宙間任何一個事物都相當
於宇宙間所有事物之總和。

這個意思，很清楚地見諸「一念三千」這觀念之所由出

---

❻　「一念三千」之說，亦見於❸所引《法華文句》同一段話。

❼　在宋代，天台宗內部曾因這個心究竟是什麼「心」而發生激烈的
　　爭論。山家主張這個心是「妄心」， 亦即帶有無明的心；山外主
　　張它是「真心」， 亦即不帶無明的心，認為惟有這樣的心才能相
　　當於宇宙間一切事物之總和。結果山家獲勝。

的《摩訶止觀》一書。《摩訶止觀》這部書，是智者大師論述修行方法的一部書。書中指出修行者在修習止觀的時候，有十種境可以觀照：1.陰入界境；2.煩惱境；3.病患境；4.業相境；5.魔事境；6.禪定境；7.諸見境；8.上慢境；9.二乘境；10.菩薩境。但其中的「陰入界境」（即五陰、十二入、十八界）無時不現前，隨時隨地都可以加以觀照，所以最適合作為觀照的對象。「陰入界境」中，屬「五陰」（即五蘊）之一的「心」（識蘊），更由於一個特殊的原因，而特別值得加以觀照。這個原因就是「心攝一切法」，且「心為惑本」❽。因此，智者大師在論述各種觀法時，無不針對著心而論述。「一念三千」，就是他在論述「觀不思議境」時所提出的觀念。他在論述該觀法時，仍是針對著心而論，即以心為觀照對象，而論觀照其為不可思議境。依智者大師，心之「一念三千」，正是心之不可思議處❾。但依大師，心並不是唯一可

---

❽ 《摩訶止觀》論述這點說：「然界內外一切陰入皆由心起，佛告比丘，一法攝一切法，所謂心是。論云：一切世間中但有名與色，若欲如實觀，但當觀名色。心是惑本，其義如是。若欲觀察，須伐其根，如灸病得穴，今當去丈就尺，去尺就寸，置色等四陰，但觀識陰。識陰者，心是也。」（《大正藏》，冊46，頁52）

❾ 《摩訶止觀》論「一念三千」之不可思議曰：「此三千在一念心。若無心而已，介爾有心，即具三千。亦不可言一心在前，一切法在後；亦不可言一切法在前，一心在後。……若從心生一切法，此則是縱；若心一時含一切法，此即是橫。縱亦不可，橫亦不可。祇心是一切法，一切法是心。故非縱非橫，非一非異，玄妙深絕，非識所識，非言所言。所以稱為不可思議境，意在於此。」

以觀照之境，除了心之外，同屬「五陰」（五蘊）之色、受、想、行，乃至同屬「陰入界境」之「十二入」、「十八界」，無一不可作為觀照之境。此外，十種境之中的第二種、第三、四種境（即「煩惱境」、「病患境」、「業相境」等），也無一不可作為觀照之境。我們固然可以觀照心之為不可思議境，同樣也可以觀照色、受、想、行，乃至「十二入」、「十八界」之為不可思議境；也沒有理由不可以觀照上述「煩惱」、「病患」、「業相」諸境之為不可思議境。心之所以不可思議，乃在於它的「一念三千」，其他任一事物也同樣因為其完全相當於「三千」諸法而不可思議。可見在大師心目中並不僅一念心是相當於宇宙間所有事物之總和。其他任何一個事物，也無不相當於宇宙間所有事物之總和❿。

《大正藏》，冊46，頁54）

❿　以上論點，參看《天台緣起中道實相論》，陳英善，東初出版社，民國84年，頁315。

第五章　萬物相因而互入

天台宗「一念三千」的思想把佛教「緣起論」推向一個高峰，它提出一個石破天驚的看法：世上任何一個事物都包含了整體宇宙的內容。這是佛教「緣起性空」學說必然要達到的結論。天台宗提出這個看法，自是對佛學極大的一項貢獻。但這項貢獻還只是空前而已（在發揮緣起論論旨方面），並沒有絕後，與它同時代的華嚴宗才真正在這方面達到了空前絕後的境地。蓋華嚴宗不但完全肯定了天台宗上述的中心論點，還進一步把世上一切緣起事物間相即相入的具體情況一一揭示出來，使人們對萬物互為條件且互為內容的真相有充分的認識。這項成就，直到現在為止，還沒有任何一家一派的佛學能夠超越它。

第一節　部分等於全體

華嚴宗關於這方面的思想，直接表現於其「六相圓融」與「十玄無礙」二說。此外，它還提出「三性同異」、「因門六義」與「緣起十義」諸論，以說明其所以如此的因由。

「六相圓融」說，論述事物之全體與部分、部分與部分之關係。「十玄無礙」說，論述事物與事物之關係，這關係基本上乃是一種互為條件與互為內容的關係。以上二說，論述的主題雖然不同，卻是相通的。因為事物與事物之間既然

存在著互為條件與互為內容的關係，則一個事物之外的其他
事物自有可能成為該一事物之內容，而在該一事物之內與該
一事物形成全體與部分、部分與部分之關係。另一方面，天
地萬物又合而為一個有機的整體，在這個整體中，這整體是
全體，萬物是部分，這又構成另一種全體與部分、部分與部
分的關係。

法藏在《華嚴一乘教義分齊章》的〈義理分齊第十〉中，
以房舍為喻，展開其「六相圓融」的論述。所謂「六相」，係
指「總相」與「別相」、「同相」與「異相」、「成相」與「壞
相」等三對六相。

關於這三對六相的論述，以對「總相」與「別相」的論
述最為完整與詳細，因此，也最重要。依其論述，事物的全
體與部分、部分與部分之間，蓋有如下幾種關係：1.全體與
部分互為條件與內容；2.部分與部分互為條件與內容；因此，
3.每個部分都以全體與其他部分作為條件與內容。

以房舍為喻，房舍為「總相」，構成房舍的椽、瓦等為「別
相」。「總相」代表全體，「別相」代表部分。依法藏，房舍、
椽、瓦等的第一層關係，是房舍與椽、瓦等互為條件而成立，
並且互以對方為內容。

房舍以椽、瓦為條件而成立，並以其為內容，這一點，
很容易了解，因為沒有椽、瓦等，也就沒有房舍了。但為什
麼椽、瓦等也以房舍為條件而成立，也以房舍為內容呢？這
是因為椽必須納入房舍的結構中，在其間發生某一特定的功
能，並與其他各部分相互作用，才算作「椽」。如果沒有房
舍，它便只是一段普通的木頭，哪算是「椽」呢？瓦的情形

亦然，它也必須在房舍的結構中發生某一特定的功能，並與其他各部分相互作用，才能算是「瓦」，否則，便只是一片普通的陶片罷了！這表示房舍乃是椽與瓦之所以為椽與瓦的必要條件。

椽與瓦既以房舍為其成立的條件，則椽與瓦的存在，便意味著房舍的存在，椽與瓦的身上反映了整棟房舍的存在，房舍成了「椽」與「瓦」的一項內容，是之謂椽與瓦以房舍為其內容。

房舍、椽、瓦的第二層關係，是椽與瓦等互為條件而成立，並且互以對方為內容。

這是因為椽與瓦等都是房舍的構成要素，缺了其中的任何一項，房舍便蓋不成。房舍蓋不成，椽便不成其為椽，瓦等也不成其為瓦等。所以椽與瓦等互為成立的條件：沒有瓦等，椽便成不了椽；沒有椽，瓦等也成不了瓦等。椽與瓦等既互為成立的條件，則椽身上便反映出瓦等的存在，瓦等的身上也反映出椽的存在。椽中蘊涵有瓦等，瓦等之中也蘊涵有椽。

由於房舍與椽、瓦等之間存在著上述兩層關係，它們之間便也存在著另一種關係：椽以房舍與瓦等為其成立的條件與涵攝的內容，瓦等也以房舍與椽為其成立的條件與涵攝的內容。其理由已包含在有關上述兩層關係的說明中，無需重覆。因為這第三層關係不過是上述兩層關係之綜合。

房舍、椽、瓦等的三層關係，無疑意味著事物的任何一個部分都是以全體及其他部分作為其成立的條件與涵攝的內容。這不啻是說，就某種意義而言，事物之任何一個部分都

相當於事物之全體。

正因為如此，法藏才會在文中說道：「椽即是舍。何以故？為椽全自獨能作舍故。」 ❶

這種說法當然跟常識有很大的差距。法藏遂又自設如下問答，進一步加以說明：

> 問：若椽全自獨作舍者，未有瓦等亦應作舍？答：未有瓦等時，不是椽，故不作，非謂是椽而不能作。 ❷

既然椽單獨便能作舍，則沒有瓦等的時候，它也應該能夠作舍。這點，法藏不以為然。他認為沒有瓦等的時候，椽便不成其為椽。不成其為椽，當然不能作舍。但當其是椽的時候，它就一定能作舍。這表示，在法藏心目中，椽的身上已然涵攝了瓦等，乃至房舍整體。椽身上已經涵攝了瓦等，乃至房舍整體，所以椽即是舍，舍即是椽。

不但舍即是椽，構成房舍的其他要素，如板、瓦等，也無不即是椽。

> 問：舍既即是椽，餘板、瓦等應即是椽耶？答：總並是椽。 ❸

板、瓦等之所以「總並是椽」，是因為作為房舍之構成要

---

❶ 《華嚴一乘教義分齊章》，卷4。《大正藏》，卷45，頁507。

❷ 同上，頁507–508。

❸ 同上，頁508。

素，它們也各自都相當於房舍整體。既然各自都相當於房舍整體，也就各自相當於椽。

椽即是舍，舍即是椽。舍是「總相」，椽是「別相」，椽即是舍，舍即是椽，不啻意謂「總相」即「別相」，「別相」即「總相」。這就是所謂「總相」與「別相」圓融。圓融，原不外互相涵攝、互相等同之意。

以上關於「總相」與「別相」圓融的論述，闡明了事物全體與部分、部分與部分如何互為因緣與互為內容的情形，可視為整個「六相圓融」說的總綱領，雖甚簡略，但「一在一切，一切在一」的思想，已在其中現出端倪。就這點而論，它已不止是「六相圓融」說的總綱領，而是整個華嚴宗世界觀的總綱領。

「六相圓融」的另外兩個要點是「同相」與「異相」圓融，「成相」與「壞相」圓融。這四種相，都呈現於全體中之諸部分身上。諸部分由於作為全體之諸部分，才呈現了這四相。依照「圓融」一詞的含意，以及上述「總相」與「別相」圓融的模式，儘管法藏沒有完全說出，我們也可以推想而知，這「同相」與「異相」之間，「成相」與「壞相」之間，也一定存在著互為條件與互為內容的關係，也一定互相涵攝，互相等同。

先說「同相」與「異相」。

以房舍為例，椽、瓦等和合形成房舍，就它們都是房舍成立的條件而言，可以說彼此相「同」；就它們各有各的形態與功能而言，又可以說彼此相「異」。但這「同相」與「異相」也互為條件與內容。以互為條件而論，椽與瓦如果本來

沒有互相歧「異」的形態與功能，便不能一「同」作為房舍成立之條件而和合形成房舍（只有同樣的一種形態與功能，無法蓋成房子）。 另一方面，椽、瓦等如果不是一「同」作為房舍之條件，也不會在房舍中表現其形態與功能之歧「異」（其歧異，是就其同為房舍之條件而言的）。 就互為內容而言，椽、瓦等既能一「同」作為房舍的條件，便表示它們有歧「異」的形態與功能，其「同相」已涵有其「異相」。 另一方面，椽、瓦等既能表現其歧「異」的形態與功能，便意味它們是一「同」作為房舍的條件而存在於房舍之中，其「異相」中也涵有其「同相」❹。

再說「成相」與「壞相」。仍以房舍為例。「成相」，主要指椽、瓦等之和合形成房舍，附帶指因房舍的形成，椽、瓦等也才成其為椽、瓦等。「壞相」，則指椽、瓦等在房舍中仍保持其各自固有的面貌。這「成相」與「壞相」也互為條件與內容。就其互為條件而言，椽、瓦等之所以能夠和合形成房舍，乃因為椽、瓦等一直保持其各自固有的面貌。可見「成相」是以「壞相」為其成立的條件。另一方面，椽、瓦等也因為和合形成了房舍，才得以在房舍中保持其各自固有的面貌。「壞相」也以「成相」為其成立的條件。就其互為內容而言，椽、瓦等之和合形成房舍，自意味著椽、瓦等在房舍中保持其各自固有的面貌。椽、瓦等在房舍中保持其各自固有的面貌，也意味著它們和合形成房舍：在「成相」中看得出「壞相」，在「壞相」中看得出「成相」❺。

---

❹ 法藏有關「同相」、「異相」的論述，見《華嚴一乘教義分齊章》，卷4。《大正藏》，卷45，頁508。

「六相圓融」說，針對個別事物，論述其全體與部分、部分與部分的關係，闡明了相關六相之互為條件與互為內容，亦即六相之圓融。這固然只就六相而言，但在法藏心目中，世上互為條件與互為內容的，絕不止是這六相而已。這互為條件與互為內容的關係，勿寧是普遍存在於一切事物之間的，六相只是其中幾個例子而已。為了把事物與事物之間互為條件和互為內容的各種情況一一加以揭示，他遂有「十玄無礙」說的提出。

第二節　萬物相因相入，重重無盡

「十玄無礙」說，有新舊之別。舊說為智儼所立，新說則出於法藏。兩者無論在十玄的名義和次序上都有相當的差異，但不管新說舊說都是試圖以各種方法，從不同角度，論述事物與事物互為條件與互為內容的情形，俾使人們悟入萬物相依相待，相入相即，因而融為一體的真相。職是之故，他們乃稱自己提出的一個論點為一個「門」，意謂由之可以進入真理的堂奧❻。

本文只以法藏之說為討論對象。

依傳統的解釋，法藏新十玄門是分別就總、空、用、體、緣、相、喻、智、時、境十點而立論。即第一「同時俱足相應門」是總說，第二「廣狹自在無礙門」是從空間的觀點立論，第三「一多相容不同門」與第四「諸法相即自在門」是

---

❺　法藏有關「成相」、「壞相」的論述，見《大正藏》，卷45，頁508。

❻　舊「十玄門」，見於智儼所撰《華嚴一乘十玄門》；新「十玄門」，主要見於法藏所撰《華嚴經探玄記》。

分別就事物之用與體兩方面論述，第五「隱密顯了俱成門」是自因緣的角度而說，第六「微細相容安立門」是針對相而言，第七「因陀羅網法界門」是以比喻說明，第八「託事顯法生解門」是關聯於能知之智而說，第九「十世隔法異成門」是從時間的觀點立論，第十「主伴圓明具德門」是關聯於所知之境而說。

這十門當中特別能顯示華嚴宗世界觀的，殆有第一、第二、第三、第四、第五、第七、第九諸門。

依第一「同時俱足相應門」，宇宙乃是一個有機的整體，其間一切事物同時並存、相連相通，合為一體。詳言之，其要義殆有如下幾點：1.在任何一瞬間，宇宙間的所有事物，包括過去、現在、未來一切時間中的，以及前後左右上下一切空間中的，全都一起存在，毫無欠缺。2.這些事物相依相資，相涵相攝，彼此牽連，相互感應，如骨肉之相連，根本無法分解。3.宇宙固然包含時空中的一切，其間的任何一個事物也都包含時空中的一切。澄觀在《華嚴經隨疏演義鈔》，以海水為喻，說這個情形猶如一滴海水便含有百川的滋味❼。

第一門是總論，它對世界的真相做一個全面性的概略形容。其他九門則就不同的方面進一步加以描繪。

第二「廣狹自在無礙門」，指出體積小的空間容納於體積大的空間之中，作為其內容，體積大的空間也被體積小的空間所涵攝而存在它裡面。體積小的空間容納在體積大的空間裡面，固然可以保持其本來面貌，體積大的空間被涵攝在體

---

❼　「如海一滴，具百川味。」見《大正藏》，卷36，頁10。

積小的空間裡面，也可以不破壞其原有的形態與性質。澄觀以鏡為喻，說此情況猶如「徑尺之鏡，見千里之影」❽。

第三「一多相容不同門」，闡明一與多相互包容而又各住自位的情形。本門告訴我們：世上同時並存的一切事物，互相滲透，互相涉入；此中有彼，彼中有此：一項事物以其他所有事物為內容，其他所有事物也各自以該一事物為內容。但這個事實並不妨害該一事物之為該一事物，也不妨害其他所有事物之為其他所有事物；它們在交涉互入的同時，依然各自保持相對的獨立性與特殊的個體性。也正因為它們始終保持著各自相對的獨立性與特殊的個體性，才有所謂的互相滲透，互相涉入。澄觀在《華嚴經隨疏演義鈔》把這情形比喻為「一室千燈，光光互涉」❾。當然這是就事物之用（作用）而言的，互相滲透，是指其「用」的互相滲透；互相涉入，是指其「用」的互相涉入：一與多互為內容，是指它們互以對方之「用」為自己的內容。互相滲透，互相涉入，就是所謂的「相入」。依《華嚴經探玄記》，「相入」，有「同體相入」與「異體相入」兩種情形。「同體相入」，是同一物體中的各部分之相入；「異體相入」，是不同的物體之相入。而「相入」的現象一定是發生在一有力、一無力的情況下。以「異體相入」而言，當甲有力而乙無力時，甲便攝收乙，乙便進入甲中；當乙有力而甲無力時，乙便攝收甲，甲便進入乙中。

---

❽　《大華嚴經略策》。《大正藏》，卷36，頁707。

❾　《華嚴經隨疏演義鈔》，卷2：「如一室內千燈並照，……光光互涉。」《大正藏》，卷36，頁10。

第四「諸法相即自在門」，則就事物之「體」論事物之相即。所謂「相即」，就是「相連通」(不離)、「相等同」之意。依本門，事物之相即，還有「同體相即」與「異體相即」之別。「同體相即」，就是同一事物之中的各部分或各要素之相即。法藏曾以金獅子之諸根（眼、耳、鼻、舌、身）與毛為喻，說明這點❿。依其說明，其情形殆如上述「六相圓融」說中全體（總相）內之各部分（別相）的相即：各部分各自與全體相即，因而各部分彼此相即。法藏如是說：「師子(按即獅子) 諸根，一一毛頭，皆以金收師子盡，一一徹遍師子眼，眼即耳，耳即鼻，鼻即舌，舌即身。」至於「異體相即」，則如一月當空，萬川印影時，月與月影之相即：月不是影，影不是月，月影異體，但兩者相即。而無論是「同體相即」或「異體相即」，相即的諸事物，在相即的同時，依然個別地獨自存在，各自保持其獨特面目，是即所謂「相即自在」。

第五「隱密顯了俱成門」，就事物之互為條件而闡明其互為表裡的事實。如前所述，世上任一事物都是以其他所有事物為條件而成立，而該一事物也同時作為其他所有事物各自成立之條件。這就是所謂萬物互為條件而成立。我們又知道：一個事物，除了其據以成立的諸條件之外，並無自性，那些條件便是它所有的內容。如此，它們除了互為條件之外，也是互為內容。由於互為內容，也就互為表裡：當我們著眼於一個事物時，作為該一事物之成立條件的其他所有事物便是「裡」，以其他所有事物為條件而成立的該一事物便是「表」。而由於它們是互為內容的，因此，它們也必然互為表裡，即

❿　見《金師子章雲間類解》。《大正藏》，卷45，頁665。

當我們著眼於其他事物時，其他事物便是「表」，而該一事物便為「裡」。「表」，是顯了的；「裡」，是隱密的。作為「表」的事物，與作為「裡」的事物，同時俱在，而且始終保持自己的本來面目，這就是所謂的「隱密顯了俱成」。法藏以金獅子為喻，來說明這個事實：「若看師子，惟師無金，即師子顯金隱。若看金，唯金無師子，即金顯師子隱。若兩處看，俱隱俱顯。」❶由此可見，世上再渺小的一個事物，它裡面也都含藏著整個宇宙，只是隱而不顯罷了！由此亦可見：世上存在的畢竟只是這整體的宇宙。這整體的宇宙乃是世上唯一的實在。任何一個事物，無非這整體宇宙的一個特殊形態。

第六「微細相容安立門」，就事物之「相」而論其相容與安立。事物各有其「相」，但每一事物之「相」中都含有其他事物之「相」。含有其他事物之「相」的這個「相」，並不因為含有這些「相」而失去其獨立性與特殊性；被包含在這個「相」中的其他事物之「相」，也不會因為被包含在一個「相」中而失去其各自的獨立性與特殊性。這就叫做「相容安立」。法藏說，這情形，猶如「於佛一毛孔中，即有一切佛，一切處，一切時，乃至一切益。」❷佛的一個毛孔中，含有一切佛，一切空間，一切時間，乃至一切利益。一方面，這個毛孔雖然包含了一切佛，一切空間，一切時間，乃至一切利益，卻仍保持其為一個毛孔。另一方面，一切佛，一切空間，一切時間，乃至一切利益，儘管被包含在一個毛孔中，也仍舊各自保持其本來面貌。澄觀則更妥切地把這情形形容為「如

❶　《華嚴金師子章》。《大正藏》，卷45，頁665。

❷　《華嚴經旨歸・示經圓第十》。《大正藏》，卷45，頁596。

瑠璃瓶，盛多芥子」。⑬瑠璃瓶中盛放許多芥子，瑠璃瓶固然
仍為瑠璃瓶，眾多芥子也仍為眾多芥子，隔著瑠璃瓶，歷歷
可數。本門表面上看起來，好像和第二、第三門重覆，其實
並不然。蓋第二門是專就大小之相容而言，第三門是就一與
多之相容而言，而本門是就「相」之相容而言。

　　第七「因陀羅網法界門」，以比喻說明萬物之相涵相攝的
情形。依此說明，萬物之互相涵攝竟不止是一層的，而是無
限多層的。其用以比喻的，是無數明珠之互映。依印度神話，
帝釋天宮懸掛一面綴滿明珠的羅網，作為裝飾。該羅網有無
數的網目，每一網目都綴有明珠一顆，這些明珠明亮異常，
每一顆明珠都能夠把其他無數明珠映現在自己身上，這就造
成如下現象：映現在一顆明珠身上的無數明珠，各自都在自
己身上映現了無數明珠，而這無數明珠也各自都在自己身上
映現了無數明珠，被映現的每個明珠，又在自己身上映現了
無數明珠，如此，重重映現，無窮無盡。萬物層層互相涵攝
的情形，正與明珠重重互映的情形相同。這個比喻十分貼切，
可以說是以最具體生動的方式表現了事物相涵相攝的最真實
面貌。

　　第八「託事顯法生解門」，沒有直接論述事物互為條件與
互為內容的情形，只從認識論的立場指出：「事物互為條件
與互為內容」這項普遍真理，就體現於特殊的具體事例上，
只要對這些事例細心加以觀察，就可以洞然明白。

　　第九門之前的各門，除了第一門，都是論述同時存在的
事物之相依相資，相涵相攝，本門則專門說明不同時間中的

---

⑬　《華嚴經隨疏演義鈔》，卷36，頁10。

事物之互為條件與互為內容。依法藏，時間有過去、現在、未來三世，每一世又有過去、現在、未來三世，總共九世。這九世互為成立的條件，互為包含的內容，融合而為一個整體，涵攝於當前一念。如此，一念為總相，九世為別相，總相別相合為十世。但在其心目中，時間與存在其間的事物是不分的，所以其所謂的「十世」實包括時間及存在於時間中的一切。本門名為「十世隔法異成門」，其論旨殆有三點：1.上述的十世互相依待，互相涉入，圓融無礙，形成一個整體。2.雖然十世一體，卻又前後相隔，古今有別，時序上的先後，時距上的長短，歷歷分明。3.一念之中包含十世；過去、現在、未來，呈現於任何一個瞬間。澄觀說這情況「如一夕之夢，翱翔百年」❹。法藏則以獅子為喻說：「師子是有為之法，念念生滅。剎那之間，分為三際，謂過去、現在、未來。此三際各有過、現、未來；總有三三之位，以立九世，即束為一段法門。雖則九世各各有隔，相由成立，融通無礙，同為一念。」❺剎那之間涵有九世，九世相隔而互為因緣，故交溶互涉，合為一體，收攝於當前一念。「相由成立」，即互為因緣而成立。「融通無礙」，即交溶互涉為一體。惟其互為因緣而成立，是以交溶互涉為一體。

第十「主伴圓明具德門」，指出世上一切事物，由於互為條件與互為內容，成為一個不可分解的整體，所以總是同時一起存在，彼此互為主伴。當我們著眼於一個事物的時候，這個事物便是主，其他所有事物就是伴。這個事物可以是世

---

❹ 《大華嚴經略策》。《大正藏》，卷36，頁707。

❺ 《金師子章雲間類解》。《大正藏》，卷45，頁666。

上的任何事物，所以這種主伴關係是輪流交替的，同一事物
既可以為主，又可以為伴。此門強調兩點：1.沒有一個事物
是孤立獨存的，一個事物的存在，必有無數其他事物伴隨著
它存在。2.事物雖然互為主伴，但始終不失各自特有的性質、
形態，維持各自在時空中的定位。這就叫「主伴圓明具德」。

「十玄門」從各種不同的角度，把可能存在於世間萬物
之間的關係一一揭露出來。在中外思想史上，能夠把事物的
關係講得這麼完全、詳細而又符合事實真相的，恐怕找不出
第二家。

由其論述，可以看出：存在於萬物之間的這些關係，基
本上乃是互為條件與互為內容的關係，而互為條件又比互為
內容更根本：由於互為條件，才互為內容（這道理，已陳述
於上文論「空宗」世界觀的一章，請參閱）。 這也正符合佛
教世界觀以「緣起論」為出發點的基本論旨。

這互為條件與互為內容，造成萬物「相入」與「相即」
的現象。「相入」，意謂互相涵攝，互相涉入；「相即」，意謂
互相等同，互相連通。公認最能表現華嚴宗事物關係論主旨
的名句：「一在一切，一切在一；一即一切，一切即一」，這
句話中，「一在一切，一切在一」，即表「相入」；「一即一切，
一切即一」，即表「相即」。

華嚴宗首先關聯於「體」、「相」、「用」這組範疇，告訴
我們：「相入」，是就事物之「相」與「用」而言；「相即」，
是就事物之「體」而言。事物的「相」與「相」，互相涵攝，
互相涉入；事物的「用」與「用」亦然。事物與事物自身
（體），則互相等同，互相連通。

　　這相入相即的關係是相互的，以特定的一個事物為中心來看，這關係便是存在於一與一切、一切與一之間的關係。就「相入」而言，這關係就是「一在一切，一切在一」的關係。就「相即」而言，這關係就是「一即一切，一切即一」的關係。在「十玄門」中，法藏不說「一與一切」，而說「一與多」，以「多」代替一切，但意思還是一樣。

　　事物互為條件與互為內容的關係，從不同的觀點看來，可以呈現為各種不同的形態。「十玄門」告訴我們：這種關係，從某一個觀點看來，就呈現而為「互為表裡」的關係；從另一個觀點看來，就呈現而為「互為主伴」的關係。其形態很多，但基本上乃是一種互為條件與互為內容的關係。

　　互為條件與互為內容的關係，可以存在於任何事物之間，但由於時間和空間乃是宇宙理論的兩大基本概念，「十玄門」乃特地提出來加以論述。透過這論述，它向我們透露了華嚴宗十分獨特的時空觀。這時空觀，與中外傳統的看法都不同，卻與現代科學與哲學的看法完全不謀而合。這個看法，有兩個要點：1.時空與時空中的事物不能分開。2.時空的各部分互相依待，互相涵攝；時空的全體與各部分也互相依待，互相涵攝；時空的每一部分都包含了全體，也等同於全體。透過現代的科學與哲學，我們可以看出：「十玄門」所描述的這種時空，才是真實的時空；實際存在於現實世界的時空，就是這個樣子的。至於物理學、幾何學，乃至常識中的時空，則是抽象思維的產物，是我們的思維在我們心裡建構起來的，用羅素的話來講，就是一種「邏輯結構」，並非真正存在於世界中的實物，難怪它會和「十玄門」所描述的那麼不同！

有趣的是，大家竟然顛倒過來，以為它才是真實的，而「十玄門」所說的乃是出於玄想！關於這個問題，本書第二部、第三部還會詳細討論，茲不復贅。

「十玄門」在論述事物之互為條件與互為內容時，有一件令人印象非常深刻的事，就是再三強調一項事實：儘管事物相入相即，但無論相入或相即的事物，在其相入或相即的同時，各自都仍保持其個體性與特殊性。如互相收攝的雙方，收攝的一方固然仍保持其獨特的面貌，被收攝的一方也同樣仍保持其獨特的面貌。相即的雙方亦然。它們儘管相等同或相連通，但並不失去其各自的個體性與特殊性。這表示華嚴宗雖然執持「萬物一體論」或「整體主義」，但它並不抹殺個體的存在。它執持「萬物一體論」或「整體主義」，固然是主張惟有作為「不可分解的整體」的全體宇宙才真正存在，但其用意也不過是在否定「與其他事物分離隔絕而獨自存在的個體」之存在，它並不否定作為「緣起現象的個體」之存在。相反的，具有緣起的暫現之相的個體，其存在，乃是「十玄門」一直加以肯定的。事實上，如果沒有這種意義的個體存在，事物之互為條件與互為內容也就無從談起。因為互為條件與互為內容的事物，正是這種意義的個體！在這裡，整體主義與個體主義之間存在著一種相反相成的微妙關係。由此看來，天台宗所崇奉的「空」、「假」、「中」三諦，無疑也一直是華嚴思想的指導原則。

本部綜論　佛學世界觀的共同要點

　　從以上粗略的陳述可以看出：佛教，作為一個整體，是有一個前後一貫的世界觀的。這個世界觀的全幅內容和意義，在開始的時候，還不是很明顯，甚至還不完全確定。但經過歷代宗師的闡發與詮釋，其主旨已越來越清楚。這主旨，在不同宗派的描述中，外觀固然不盡一致，但仍有其共同的核心。這核心的部分，至少包含以下幾個要點：

　　一、萬物無不依據眾多條件而成立。

　　二、世上所有的事物互為成立的條件，互為包含的內容。

　　三、每一事物都存在於宇宙的每一個時空點上。

　　四、宇宙的每一個事物，其內容都相當於整個宇宙的內容。

　　五、萬物相因相入，相連相通，宇宙乃是一個不可分解的整體。

　　六、這個不可分解的整體，才真正存在；所謂「獨立的個體」，不過是一種幻象。

　　七、不但「獨立的個體」是一種幻象，舉凡「主體與客體」、「能知與所知」、「內在與外在」、「心靈與物質」的分裂與對立，也都是一種幻象。

　　八、宇宙一直在變動之中，世上無常恆之物。

　　這幾點互相關聯，互相蘊涵，而以第一點最為根本。其

他各點，幾乎都是從它推衍而出。

上述第一點，是佛教世界觀的第一原理，即所謂「緣起」原理。這個原理，一開始即在原始佛教中被明白揭示，嗣後成為貫串一切佛教宗派思想的基本原理。它是佛學世界理論的總起點。從它出發，立即可以達到其世界觀的第二個要點：每一個事物都以其他一切事物作為它據以成立的條件，並以它們作為內容。這是因為一個事物據以成立的諸多條件，本身也是一種事物，其中任何一個的成立，也必須依據眾多條件；其所依據的條件，也是一種事物，其成立也須依據條件。這個道理一直推衍下去，必然導致如下的結論：世上任何一個事物，都以其他一切事物作為其成立的條件，只不過有的是直接條件，有的是間接條件，有的是間接的間接條件。又由於一個事物除了其據以成立的條件之外，別無它的「自體」，因此，其據以成立的條件，也就是它所有的內容。如此，一個事物既以其他一切事物作為其成立的條件，它也就以其他一切事物作為它的內容。

每一個事物都以其他一切事物作為其成立的條件，即意味著所有事物互相作為成立的條件；每一事物都以其他一切事物作為它的內容，也意味著所有事物都互為內容。因為既然每一個事物都以其他一切事物作為其成立的條件，則當一個事物以其他一切事物作為其成立的條件的同時，該一事物本身也必然作為其他一切事物各自據以成立的一個條件。事物以其他一切事物為內容的情形也一樣。所有事物互為條件與內容，實意謂每一個事物都分別以某一方式存在於其他一切事物之中，其他一切事物也各自以某一方式存在於該一事

物之中。這即導致上述世界觀的第三個要點：每一事物都存在於宇宙的每一個時空點上。也導致第四個要點：宇宙間任何一個事物，其內容都相當於全宇宙的內容。

　　關於第三個要點，其道理可謂一目了然。因為所謂宇宙不過是時空中一切事物的總和，這一切事物分布於全宇宙的所有時空上，因此，說「每一事物都分別以某一形式存在於其他一切事物之中」，實即等於說「每一事物都存在於宇宙的每一個時空點上」。

　　至於第四個要點，也明顯可以看出是由「其他一切事物各自以某一方式存在於該一事物中」這句話導引而出。因為宇宙不外乎時空中的一切事物，「其他一切事物各自以某一方式存在於該一事物中」，實即意謂全宇宙以一特定形態存在於該一事物中。這即等於肯定「任何一個事物的內容都相當於全宇宙的內容」。

　　這第三點與第四點，是佛教「緣起論」本來就已蘊涵的內容。在空宗思想中已經呼之欲出。天台與華嚴思想，則是其充分發揮。天台「一念三千」之說，更是第四點的如實表達。

　　事物既然互為條件，互為內容，則事物表面上雖然互相區分，互相分離，根柢上實為相連相通，相即相等，是即所謂萬物一體。然則宇宙便是一個不可分解的整體，而不是一個萬物並立對峙的世界矣！宇宙既是一個不可分解的整體，則彼此分離隔絕而各自獨立自足的「個體」，便是一種幻象，一種假相了！「幻象」，或「假相」，意謂這個「象」，或「相」，是有，但不真實。這等於說，惟有上述不可分解的整

體才是真實的存在。

獨立的「個體」之為幻象，在空宗思想中便有明確的表白。它的做法是，以「個體」之無「自性」（性空），來表示其存在之不真實；以「個體」之有「假名」，來肯定它具有自己特殊的「相」。不過，在空宗，個體之無「自性」，乃是關聯於個體之「緣起」而談，不是與「整體之存在為唯一真實存在」做對比而談。依該宗，事物之無「自性」（性空），與事物之「緣起」，乃是一事之兩面：「緣起」即意謂無「自性」；無「自性」，即意謂「緣起」。事物之依據諸多條件而成立，即表示它沒有「自性」（自體）；正因為沒有「自性」，才需要依據眾多條件而成立。空宗的論法，完全正當，因為如上所述，佛學宇宙觀的諸多要點，原本都已蘊涵在第一個要點之中。

把「個體」的虛幻，關聯於「整體」之真實而談的，是唯識宗，及中土發生的幾個宗派，如天台、華嚴。唯識宗「三自性」說中的「遍計所執自性」，即代表虛幻的「個體」；其「圓成實自性」，則代表其真實的「整體」。天台宗「一念三千」思想中的「一念」，即代表虛幻的「個體」；其「三千」，則代表真實的整體。此中，「個體」與「整體」，有一種互為表裡的關係。蓋一般人所見的世界，無不是一個萬物紛然並呈的世界，但每一個「個體」（個別的事物），事實上乃是以整體宇宙的內容為內容；另一方面，儘管每一個「個體」都只是一個幻象，但就呈現於一般人心目中的宇宙而言，真實的整體宇宙也只有透過一個一個的個體而表現自己：每一個「個體」都是整體宇宙的一種表現。並沒有不透過「個體」

而自我表現的整個宇宙。因此，事物「個體」，與宇宙「整體」，實際上，乃是一表一裡。當我們著眼於事物「個體」的時候，事物「個體」為表，宇宙「整體」為裡；當我們著眼於宇宙「整體」的時候，宇宙「整體」為表，事物「個體」為裡。「個體」與「整體」，不用說，更有一種相即相等的關係。這點，明顯見諸天台「一念三千」的思想（「一念」即「三千」；「三千」即「一念」），無需贅言。

第七個要點，也可以從「宇宙是一個不可分解的整體」這事實推衍而出。因為宇宙既然是一個不可分解的整體，則諸如主與客、能與所、內與外、心與物的分裂與對立，必然也只是一種幻象。天台「一念三千」的思想，便涵有這個意思。蓋「一念」通常都被視為主觀內在現象，「三千」則被視為客觀外在世界。「一念三千」，表示「一念」即「三千」；「三千」即「一念」，自涵有內外、心物無二無別之意。但這思想的最圓滿表達，則在唯識宗之說。「唯識」的主旨，即在以「識」概括上述的主與客、能與所、內與外、心與物。「識」，雖然在佛學中被界定為「心」，但這個「心」卻是比一般所謂的「心」（即與「物」相對的「心」）更根本的東西，它可以概括一般所謂的「心」與「物」，而作為它們共同的基體。一般所謂的「心」與「物」，乃是它的兩個側面，唯識宗即以「見分」與「相分」代表這兩個側面。

第八個要點，也是「緣起」的必然結果。首先，依據種種條件而成立的事物，必然隨著這些條件的改變而改變，隨著這些條件的失壞而失壞，所以這種事物必然是無常的。又由於其所依據的條件無限多（以其他一切事物作為其成立的

條件), 要在一定時間內維持所有的條件都不改變和失壞,
幾乎不可能, 所以這種事物也就幾乎不可能在一定時間之內
持續不斷地存在。職是之故, 佛學幾乎一貫認為事物都是旋
生旋滅, 其存在時間只有一剎那。事物既然旋生旋滅, 宇宙
也就無時不在變動中。

以上諸多要點所構成的佛學世界觀, 幾乎與一般常識,
乃至傳統的科學與哲學的看法, 完全背道而馳。乍看之下,
可能顯得荒唐無稽, 難以置信, 或者被視為純粹玄想的產物,
與現實無關。豈知當今最新的科學發現, 卻多方顯示: 佛學
的這種世界觀才是比較接近事實的看法, 而向來被認為天經
地義、理所當然的那些看法, 反而是一種嚴重謬見。而若干
當代傑出的哲學家, 在澈底檢討過歷來科學與哲學的世界觀
之後, 也紛紛提出他們的新看法, 這些看法迥異於傳統的看
法, 卻與佛學多所契合。這是讓許多人感到十分驚異的一件
事。這些哲學家, 都精通現代各種自然科學; 他們的立論,
都是在充分考量過科學研究的最新成果之後, 才做出的。因
此, 其與佛學之相契, 也就格外值得重視。

下文就以「相對論物理學」與「量子物理學」的學說,
作為當代科學新說的實例; 以懷德海與羅素的相關論述, 作
為西方新世界觀的代表, 與佛學略做比較, 看看它們之間有
多大程度的相似。

B部：世紀科學新知的印證

在以往無法想像的高速運動中，與完全陌生的次原子粒子身上，發現了佛經描述的不可思議現象。

第六章 「相對論」的新發現

—— 物理層面的「緣起」事例

對本書的主題而言,「相對論」物理學的最大意義,乃在於把物理學對世界的看法往「緣起論」的方向推進了一大步。

這點,從「相對論」(theory of relativity)這個理論的名稱本身,就可以看出一點端倪。蓋「相對」(relativity) 乃是「絕對」(absoluteness)的反面。「絕對」, 意味著不受任何條件的限制;自己使自己如此;本來如此;可以永遠如此。「相對」,則正好相反,意味著決定於條件;不是自己使自己如此;更無所謂本來如何如何;也不會永遠不變。「相對論」的基本主旨,就在於主張事態隨條件而轉變;條件如何,事態便如何。relativity這個字還有另外一個涵義,即「相關」。就這個字的這個涵義而言,「相對論」也可以說是主張一個事物的面貌決定於它與其他事物的關係;一個事物與其他事物的關係攸關該事物之本質。用懷德海的話來說, 就是認為一個事物與其他事物的關係, 參與決定該事物之本質❶。這一切無非都在表示:事物並無所謂本來固有的面貌或本質;它的一切並非決定於它本身固有的因素,而是決定於種種相關的條件。這看法,基本上與佛學的「緣起觀」無異。

就愛因斯坦所提出的「相對論」而言, 該理論的目的,

---

❶ 參看下文有關懷德海思想的論述。

就是在貫徹伽里略的「相對原理」(Galilean Principle of Relativity)，闡明運動的相對性，亦即闡明物體的動或靜，以及如何地動，都是相對於其他物體而言的；世界上如果只有一個物體，則根本無所謂動或靜，更無所謂如何地動。也可以說，在闡明一個物體是不是在運動，並不是依它本身的狀況而定，而是依它與其他物體的關係而定：也許在某一種關係中，它呈現而為靜止，但在另一種關係中，卻呈現而為運動；如果沒有其他物體，它本身便無所謂在不在運動。這可以說是一種關於動靜的「緣起觀」。

愛因斯坦的「相對論」，如上所言，目的乃在闡明運動的相對性，而它最後也確實完全做到了這一點。而由於運動與空間、時間及質量密切相關，因此，在它闡明運動之相對性的同時，空間、時間和質量的相對性，也連帶地一併被闡明了！照上文對「相對性」的解釋，闡明了運動的相對性，實無異闡明了運動的緣起性；同樣的，闡明了空間、時間與質量的相對性，亦無異闡明了空間、時間與質量的緣起性。空間、時間與質量，乃是構成物理世界的三大基本要素，闡明了這三者的緣起性，不啻把世界觀往「緣起論」的方向推進一大步。

愛因斯坦的「相對論」出現之前，古典物理學長久所抱持的，乃是一種絕對的時空觀，和絕對的物質觀。

所謂絕對的時空觀，殆有兩層涵義。第一層涵義，是認為，空間和時間的量值固定不變：一個東西有多長，便是多長，其長度是固有的，不論在什麼情況之下，都不會改變；同樣的，一項事物存在多久，便是多久，其久暫也是固有的，

不會因情況之不同而不同。第二層涵義，是認為即使世界上的一切事物都消失了，空間和時間本身還是照舊存在，而且空間和時間是各自獨立的一種東西；空間和時間，本來就存在：空間宛如一個固有的空的容器；時間則如不斷從我們身邊流過的一條河流，不管有沒有東西出現在它們之中，都不會影響它們的存在，及其存在的狀態❷。

所謂絕對的物質觀，也有兩層涵義。第一層涵義，是認為物質本身是一種獨立自足的東西，它固然存在於空間和時間之中，但我們儘可以在想像中把它從時空中抽離出來，而單獨加以考量，這樣並不會影響它的面貌或本質。第二層涵義，則是認為物質的質量是固有的、固定的，在任何情況之下都一樣❸。

古典物理學對空間、時間與物質的這種看法，其實也就是一般常識的看法。這種看法，在愛氏的「相對論」中，完全被推翻！

愛氏的「相對論」告訴我們：物體的長度，會因物體運動速度的增加而縮短；事物經歷的時間，會因事物運動速度

---

❷ 以上參看《愛因斯坦的時空觀念》， 游漢輝著，商務書局，民國72年，頁3-9。

❸ 牛頓認為宇宙是由無數「獨立自足的物質點」所構成。這「獨立自足的物質點」， 便是在想像中把物質從時空中抽離出來而加以切割的結果。牛頓心目中的這種物質，就是一種絕對物質。「獨立自足的物質點」這概念，被懷德海斥為牛頓物理學的一大錯誤設定 (postulate)，而加以嚴厲批判。請參看下文有關懷德海科學哲學的論述。

的增加而延長；物體的質量，會因物體運動速度之增加而變大。又告訴我們：不但時間不能離開空間而單獨存在，空間不能離開時間而單獨存在，而且時間與空間也不能離開物質而單獨存在，物質也不能離開時間與空間而單獨存在：空間、時間與物質三者互為成立的條件，彼此互相依待，互相決定。譬如「廣義相對論」就指出：物體周圍的空間，跟物體一起呈現；其結構且由物體質量之密度所決定：質量之密度愈高，其周圍空間的彎曲程度也愈大。

愛氏的「相對論」，包含「狹義相對論」(special theory of relativity) 與「廣義相對論」(general theory of relativity) 兩部分。前者肯定：等速運動是一種相對的運動，並闡明空間、時間與質量的相對性，時間與空間之互不分離性。後者肯定：不等速運動也是一種相對的運動（亦即斷定世上沒有絕對的運動），並進一步闡明空間、時間與物質三者之互相依待，互相決定。

以下先略述兩部分理論之梗概，再指陳其與佛學世界觀之相契。這些陳述，盡量採用日常語言，而少用專門術語，並且避免用到數學公式，而以具體生活經驗為例，目的乃是為了便於一般大眾的理解。不過，相信如此的陳述尚不致乖離理論的原意太遠。

第一節 從伽里略運動相對原理到「狹義相對論」

—— 繼續走向「緣起性空」的世界觀

壹 運動的相對性

愛因斯坦「相對論」，是伽里略「相對原理」的擴大。談愛氏的「相對論」，必須從伽氏的「相對原理」談起。伽氏的「相對原理」是關於運動的原理，其主旨在表明運動的相對性，也就是在告訴我們：運動是相對的，而非絕對的。所謂運動是相對的而非絕對的，就是說一個物體的動或靜，以及如何動，都是相對於另外一個物體而言的：它的動，是相對於另外一個物體之動；它的靜，也是相對於另外一個物體之靜；世界上如果只有一個物體，而沒有其他任何物體，則這個物體便無所謂動或靜，更無所謂如何而動。這個事實，可以從以下的一個實例看得很清楚：譬如某一艘船的一個船艙中有一張桌子，桌上擺著一個棋盤。這個棋盤如果在一段時間內都不加以搬動，則它相對於桌子和船而言，可以說是靜止的。但在這個期間，船可能已經行駛了幾百哩，所以相對於陸地或海面而言，它卻是在運動中。這艘船也可能長久停靠在岸邊。這時，棋盤相對於陸地或海面而言，可以說是靜止的。但船在靠岸的期間，地球已經以每小時1000哩的速度繞軸自轉了若干距離，同時又以每秒20哩的速度環繞太陽運行了一段距離，所以相對於太陽系而言，它又是在運動中。

天文學家告訴我們：太陽在太陽系裡面被九大行星環繞運行，它本身似乎靜止不動，但整個太陽系卻以每秒13哩的速度在本星團的範圍內運動。不但太陽系不斷在本星團的範圍內運動，本星團也以每秒200哩的速度在銀河系的範圍內運動；整個銀河系又朝向極遠處的銀河外系，以每秒100哩的速率在運動。從這個實例可以很清楚地看出：不但船上的棋盤，即連天空中的所有天體，其運動也都是相對的。我們要說明某一個物體是靜止或是在運動，以及如何運動，一定要指出這是相對於另外哪一個物體而言的，否則，便毫無意義。

伽里略在世的時候，當然還不知道天體的運動竟然如此複雜，但他卻已知道：物體的某些運動，如果沒有其他物體作為參考，單從物體本身的狀況，確實無從判斷它是不是在運動，以及如何運動。譬如我們在平穩行進中的火車內，如果不看窗外的景物不斷向後移動，實在很難斷定火車是不是在動。這情形，在我們乘坐的火車與其他火車並排停靠車站時，顯得特別清楚。這時如果我們乘坐的火車在我們不知不覺間緩慢開動，我們既然沒有感覺到車身的反坐力，只看到另一列火車從旁邊滑行過去，我們根本就無法知道究竟是自己的車在動，還是別人的車在動，或是兩者都在動，也不知道車開得多快，以及朝哪個方向開去。這是因為坐在這樣運動著的車中，與坐在完全靜止的車中，感覺完全一樣，也就是說在這兩種車子上面的人與物，其情況完全相同，譬如人都不會被迫前傾或後仰，或向左右傾斜，杯子裡的茶水都不會搖晃或外溢。

伽里略認為不會使運動物體有異於靜止物體的這種運

動,就是等速直線運動。所謂等速運動,就是速率與方向都不變的運動。所以伽里略就把他的(運動)相對原理表達為如下的形式:

> 一定空間中各個物體的行為是相同的,不論這個空間是靜態的,還是以等速向前作直線運動。

這句話所表示的,實際上就是如下的意思:在一個等速直線運動的空間裡,其物體的行為方式,與在一個靜止空間內的各個物體之行為方式,完全一樣。(因此,無法根據這些物體的行為,判斷該空間究竟是靜止,還是在運動。)

這不過是上述實例之一般化的說法。其中等速直線運動的空間,相當於上述平穩行進的火車;它裡面的物體,相當於上述火車內的人和茶水。

把這句話的涵義,以更專門的術語及更概括的方式加以陳述,就變成這樣:

> 適用於某一空間的力學定律,同樣適用於對前者作相對等速運動的空間。

或

> 一切力學定律,同樣適用於相對作等速運動的所有空間。

之所以這樣陳述，有幾個原因：1.物體的行為方式相同，表示它們遵從同一套力學定律。 2.假定甲空間靜止而乙空間對它作等速直線運動，與假定乙空間靜止而甲空間對它作等速直線運動，兩者意義完全一樣。（你在對我作等速直線運動，也就是我在對你作等速直線運動。）所以也可以把這狀況說成「甲空間與乙空間相對作等速運動」。 3.這樣的說法，有更高的概括性，其意義也比較明確。

伽里略「相對原理」，儘管最後表達成這樣，但其中心主旨還是在於申明運動的相對性。依伽里略，完全靜止的空間，與對它作等速直線運動的空間，兩者內部的物體，行為方式完全一樣，所以無法根據該空間內物體的行為判斷該空間是否在運動。換言之，一個空間究竟是靜止或是在運動，都是相對於另一個空間而言的。也就是說，運動是相對的。

貳　有無絕對運動？

不過，伽里略雖然做了這麼一個論斷，後來的許多學者，包括牛頓在內，心中仍存在著一個疑問：世界上除了相對的運動之外，是不是還有一種絕對的運動？

根據他們當時對宇宙的了解，他們認為很可能有這種運動存在。

譬如照牛頓所說，空間就像一個空的容器，不管有沒有物體存在其間，它本身永遠存在，而且永遠靜止不動。如此，則空間本身便可以充當一個參考系統，用以判定物體是否在運動。而且由於空間本身永遠靜止不動，其靜止便是一種絕對的靜止，然則相對於它而運動的物體，其運動豈非就是一

種絕對運動?

不過,牛頓想像中的這種空間,本身空蕩蕩的,沒有任何可感可知的東西可以作為判斷物體動靜的準據。所以儘管在理論上講,它可以作為判斷絕對運動的準據,但在事實上並不然。

然而這情況在光的波動理論出現後,似乎有了改變。因為根據光的波動理論,光乃是一種波。光既是一種波,人們便認為真空中應該有某種物質存在,以作為光波傳播的媒介,就像聲波的傳播有空氣作為它傳播的媒介,海波的傳播有海水作為它傳播的媒介。當時人們稱這種充滿於真空的假想物質為「以太」(ether)。空間既如上文所言,被視為永遠靜止不動,則充塞其間的以太基本上也應該靜止不動。這種充塞於永遠靜止不動的空間的靜止不動的以太,便可以充作一個參考系統,用以判斷物體是否運動。而且由於以太總是隨著空間本身而靜止不動,則相對於它而運動的物體,其運動就應該是一種絕對運動。

照此看法,絕對運動的存在,似乎已不容置疑。

然而其中卻存在著一個很大的問題,即以太的存在始終無法被證實。

人們做過各種嘗試,但結果都失敗了。

為了解決這個問題,兩位美國物理學家麥柯森(A. A. Michelson)與墨里(E. W. Morley),於公元1881年,又在克里夫蘭以最精密的儀器,做了一次著名的實驗。這個實驗不但沒有證實以太的存在,還意外地動搖了牛頓物理學的根本。

這實驗依據的道理很簡單:如果以太真的存在,則地球

從它中間通過，一定會在自己周圍激起一道以太流，就像船通過平靜的水面時會在兩旁激起一道水流那樣。在這個情況下，從地球出發的運動物體，其運動速度一定會受到以太流的影響。基於這個道理，麥柯森與墨里遂設計出一套裝置，藉以探測以太流的影響。只要測出該物體的運動的確受到以太流的影響，以太的存在便獲得證實。其做法，主要是先把一道光線分成互相垂直的兩股，然後使這兩股光線各自前進相等的距離，等它們到達終點後，再使它們各自循原路回到出發點。由於光線一往一返的期間，地球也在環繞太陽運行，所以如果有以太存在，這一分為二而互相垂直的兩股光線，當其中的一股在往返途中兩度橫渡以太流時，另外一股必然順著以太流行進一次，又逆著以太流行進一次。而從我們在河流中航行的經驗得知：橫渡一哩河流再回來的時間，與逆流航行一哩再順流航行一哩的時間，並不相等。因此，如果有以太流存在，麥柯森—墨里實驗的兩股光線，一定不可能同時回到出發點。該實驗配備了一具極精確的儀器，可以測出光在高速行進中每秒鐘裡幾分之一哩的差距。麥柯森與墨里先後對著各種不同的方向放射出光線，但不管怎樣，兩股光線都是同時回到出發點❹。

這個實驗，原本是想證明以太的存在，結果非但沒有達到目的，而且還揭發了一個令人困惑不已的新事實：光的速度，不受發光體運動的影響，也不受受光體運動的影響（在這個實驗中，光線從地球發出，又回到地球，地球既是發光

---

❹ 關於麥柯森—墨里實驗，見《相對論》， 吳大猷著， 聯經書局，
   民國74年，頁28。

體，又是受光體；而在光一往一返的期間，地球一直在運行著）。這也就是所謂的「光速恆定」。

光速恆定，為什麼令人困惑呢？

這是因為它與歷來大家深信不疑的想法相違背之故。舉例來說，如果有一艘船沿著海岸以每小時30哩的速度航行，當時甲板上有一個人正以每小時3哩的速度在來回散步，則當這個人的散步方向與船的行進方向相同時，他相對於海岸的速度，應該是每小時33哩（30哩＋3哩）。而當他的方向與船行的方向相反時，他相對於海岸的速度，則應該只有27哩（30哩－3哩）。這是到那時為止一般人共同持有的想法。照這個想法，當光線從地球順著地球運行的方向放出時，它相對於以太的速度，應該是它本身的速度（每秒186,284哩），加上地球繞日運行的速度（每秒20哩）；而當它逆著地球運行的方向放出時，它的速度應該是它本身的速度減去地球運行的速度。但麥柯森─墨里實驗的結果卻告訴我們：光的速度絲毫不受地球運行的影響。

這實驗的結果，使當時的科學界陷入一個難以脫身的困境：不但在放棄地動說或放棄以太論之間左右為難，而且為解釋光速的恆定而傷透腦筋。

參　石破天驚的新時空觀念

這個局面前後持續了25年，直到愛因斯坦於1905年提出「狹義相對論」，才告結束。但愛氏的這個理論卻澈底翻修了原有關於電、磁、時、空、物質、運動的觀念。

首先，這個理論斷然否定了以太的存在，認為電磁會在

空間形成電磁場，電磁波就在電磁場中傳播，根本無須任何介質來作為傳播的媒介。

以太既不存在，相對於以太的絕對運動當然也不存在。

其次，它提出了一套全新的時空觀念，用以說明光速的恆定。依此觀念，時間與空間都是相對的，其量值並非固定不變，因此，光速才得以維持恆定。這點與本書的主題密切相關，且為愛氏其他觀念與理論的基礎，下文比較詳細地加以說明。

愛氏這個新時空觀念的中心要旨，就是認為物體的長度會隨著物體運動速度之加快而縮小，物體存在的時間會隨著物體運動速度之加快而延長。這真是石破天驚的新觀念，但它們表現的卻是千真萬確的事實。

物體的長度，要用量尺來衡量；物體存在的時間，要用時鐘來計數。因此，愛氏的這個新觀念，也可以改用以下的方式來陳述：在高速運動中，量尺會縮短，時鐘會減慢；運動得越快，縮短和減慢的程度也越大。物理學家告訴我們：一桿量尺以高達光速百分之九十的速度運動時，其長度會縮短成原來的一半；而當其速度等於光速時，其長度即變為零。同樣的，一具以光速運動的時鐘，會完全停頓不走❺。

光的速度既不受發光體運動的影響，也不受受光體運動的影響，其原因正在於此。這話怎麼說？

設想現在有一個飛行器在我們面前，以高達光速百分之九十的速度，從左向右飛去。這時正好有一道光線從左向右

---

❺ 《相對論入門》，Barnett著，仲子譯，今日世界雜誌社，民國54年，頁28。

在我們面前掠過。這時，如果飛行器的飛行員對光的速度進行測量，他所測得的光速會是多少？

在我們看來，這光線從飛行員面前掠過的速度，應該只有原來的十分之一。但由於飛行器以光速百分之九十的速度在飛行，它上面的量尺已縮減少一半，時鐘也已減慢許多，因此，他所測得的光速仍然是每秒186,284哩！

很顯然地，光的速度並沒有受到受光器（飛行器）運動速度的影響。愛因斯坦就是以這樣的道理來說明光速的恆定（即不管什麼人在什麼運動狀況之下，他所測得的光速永遠一樣）。

為什麼在高速運動中，量尺會縮短，時鐘會減慢？

藍道(Landau)和汝默(Rumer)在其合著的《什麼是相對論》(What is Relativity)一書中，藉著兩個簡單的事例把這個道理做了透徹的說明。

第一個事例用以說明時鐘的減慢。

設想有一列火車正以高速通過一個車站。這時，火車上的人打開車廂地板上的一具閃光燈，讓一道光線從地板直對著車廂的頂篷射去,再讓安裝在頂篷的鏡子把光線反射回來。這時，在火車上的人看來，光線所經的路徑，乃是由地板到頂篷，再由頂篷到地板的兩條垂直線。但在車站上的人看來，其路徑卻是由地板到頂篷的一條斜線，與由頂篷到地板的一條斜線。因為光從地板射向頂篷的途中，火車已向前走了一段距離；而在其由頂篷反射回地板的途中，亦然。職是之故，由地板射向頂篷的光線，其在頂篷的射著點，不可能是在閃光燈的正上方；由鏡子反射到地板的光線，其在地板的射著

點，也不可能是鏡子的正下方。

任何學過初等幾何的人都可以看出：由地板到頂篷的兩條斜線之長，一定大於由地板到頂篷的兩條垂直線之長。這表示：同一事件（光線往返於地板與頂篷之間），對車廂中的人而言，與對車站上的人而言，其所經歷的過程並不一樣長。經歷的過程不一樣長，經歷的時間也就不一樣長：車上所見的事件經歷時間，總是短於車站所見的事件經歷時間。可能對車廂中的人而言，才經歷三分鐘，但對車站上的人而言，卻已經歷了五分鐘。

同一事件，對車站的人而言，經歷了五分鐘，對車廂中的人而言，卻才經歷三分鐘，這只能導致一個結論：車廂中的鐘走得比車站上的鐘慢。而其所以如此，乃是因為火車正以高速運動。

藍道與汝默就以這個事例來說明何以高速運動中的鐘會走得比較慢❻。

但我們已經知道，運動是相對的。因此，對車站上的人而言，上述火車固然是在對他們作高速運動，對火車上的人而言，車站也是在對他們作高速運動（只是方向相反）。所以如果在火車經過車站時，車站上也有人打開車站地板上的閃光燈，讓一道光線由地板直射天花板，再讓天花板上的鏡子把它反射回來，則剛才車站上的人所見發生在車廂中的同一景象，也會出現於現在車廂中的人的眼中——他們看來，車站上的光線，並不是垂直往返於地板與天花板，而是循斜

❻ 《什麼是相對論》，L. D. Landau & Y. B. Rumer著，文橋編輯部譯註，文橋書局，民國76年，頁53–56。

線往返於其間。這事實導致另一個結論：對火車上的人而言，車站上的鐘比火車上的鐘走得慢。其所以如此，也是因為車站在對火車作高速運動。羅素(B. Russell)在其《相對論入門》(*The ABC of Relativity*)曾對這個現象打趣說：在相對作等速運動的兩個場所的人，一定都會妒忌對方的雪茄可以抽得比較久；但很公平的是，對方的牙疼也會疼得比較久❼！

藍道與汝默的第二個事例，則用以說明量尺縮短的道理。

設想有一列高速行駛的火車正通過車站的月臺，車上的人想根據火車的速度，以及火車從月臺的一端到另一端所需的時間，來估量月臺的長度。他的估量會得到什麼結果？

由於火車上的鐘走得比車站上的鐘慢，因此，可以想見火車上的人所估定的月臺長度一定比月臺上的人自己所量的更短。

另一方面，由於運動是相對的，在火車上的人看來，這時月臺也正以高速通過他。當時如果月臺上有一個人根據火車的速度以及整列火車通過月臺所歷的時間，來估量火車的長度，他所估定的長度，也必定比火車上的人自己所量的更短。這是因為對火車上的人而言，車站上的鐘走得比較慢之故❽。

這兩件事情，對我們揭示了一項事實：相對作高速運動的兩個物體，都會發現對方的長度沿著運動的方向縮短了。

---

❼ *The ABC of Relativity*, B. Russell, 新月書局翻印，民國47年，頁53。

❽ 《什麼是相對論》，頁65–67。

肆　進一步證實了運動的相對性

量尺會隨著速度的增加而縮短，時鐘會隨著速度的增加而減慢。這種觀念，自與向來的時空觀念大相逕庭。因為傳統的物理學一直認為物體的體積或時鐘的走速，無論在運動或靜止狀態中，都是不變的。常識更一直視之為當然。但眾人視之為當然的觀念未必就是真理。它們常常只是長久累積下來的偏見或成見罷了！傳統物理學之所以把量尺不縮與時鐘不慢視為當然，乃是因為人類在日常生活經驗中，從來沒有見過大到足以看出這些變化的速度。在汽車、飛機，甚至 V_2 飛彈中，量尺縮短與時鐘變慢的程度極小，小到無法測量。只有在運動速度接近光速時，相對效應才能夠測出來。

愛氏關於時空的新觀念，已經經過實驗的證實。一個在放射狀態中的原子，由於其放射出的光有一定的頻率和波長，頻率和波長都可以用分光儀極精確地測出，所以這種原子可以當作一種時計。貝爾(Bell)電話公司實驗所的艾佛斯(H. E. Ives)在1936年，把高速運動中的氫原子放射出的光，和靜止狀態中的氫原子放出的光作一比較，結果發現：高速原子的光，頻率確實較低，降低的程度，一如愛因斯坦方程式所預示。這充分證明了時鐘會隨著速度之增加而減慢❾。

量尺會隨著速度的增加而縮短，時鐘會隨著速度的增加而減慢，這兩項事實，說明了何以光速永遠不變（光速恆定）。光速永遠不變的意思，就是說，不論在靜止的空間，或運動中的空間，所測得的光速完全一樣。也就是說，在靜止空間

❾　《相對論入門》，頁58。

中的光，與在運動空間的光，其行為並無不同。這表示我們不能根據光在某一空間中的行為來判斷該一空間是否在運動。這無異進一步證實了運動的相對性。蓋如前文所言，運動的相對性，意謂運動是相對的，也就是說，一個空間的靜止或運動，乃是相對於另一空間而言的：如果沒有另一空間的存在，以供參照，我們無法單憑某一空間中的物體之行為，以判斷該一空間是否在運動。

愛因斯坦在其「狹義相對論」中提出新的時空觀念，以說明光速的恆定，其基本目的，不過在於貫徹伽里略的運動相對原理，所以他也將其「狹義相對論」的主旨表達成類似伽里略相對原理的表達形式：

> 所有自然定律，同樣適用於相對作等速運動的一切空間。

這句話，表面上看起來，好像和伽里略的原理沒有什麼不同，實際上卻已經把伽氏原理大大加以擴充。因為伽氏原理只涉及力學定律，而愛氏原理卻把所有其他定律也包括在內。也就是說，愛氏認為不但力學定律，連其他一切自然定律，包括規範電磁現象（按光為一種電磁現象）的電磁定律，也都同樣適用於所有相對作等速運動的空間。依此，不論靜止的空間或運動的空間，一切自然現象完全一樣。所以我們根本無法根據某一空間中的任何自然現象判斷該空間是否在運動。

愛氏理論的影響是廣泛而深遠的。它使得物理學的所有

基本觀念都從根本發生了變化。

伍 澈底翻修了傳統物理學

就時空觀念而言，他除了指出量尺縮短與時鐘減慢的事實之外，還揭示了「同時」的相對性，時間與空間的不可分離性，乃至時間、空間與物質之相互依存性，以致最後歸結於澈底否定空間與時間的獨立存在。這不啻為佛學的「緣起性空」原理提供了一個鮮活的例證。

愛氏學說與佛學思想之相契，無需等到全盤了解其「相對論」，單從上文有關量尺與時鐘的論述，已不難看出一點端倪。蓋量尺隨運動之加速而縮短，時鐘隨運動之加速而減慢，已顯示空間與時間之隨條件而改變的特性。一個東西的面貌隨條件而改變，即表示該東西之欠缺獨立自足性。這便隱然意味著它的「緣起」與「性空」。

愛氏學說的這層涵義，會隨著本章論述之逐步深入而逐漸顯露，這裡僅作初步提示。以下繼續本節的論述。

先談「同時」(simultaneity)的相對性。

關於「同時」的相對性，愛氏曾以一個實例加以說明❿。

設想有一個觀察者坐在一段直的鐵道旁邊的路基上，有一列高速行駛的火車正向他開來，火車車頂上坐著一個人。突然有兩股閃電一起擊中鐵路上相當距離外的點A與B，該觀察者所在的位置，正好在A、B兩點的正中間。當閃電擊中鐵路時，車廂頂上的那個人正好與路基上的觀察者面對著面。試問：這兩股閃電的光，如果同時傳抵路基上觀察者的

---

❿ 同上，頁39–41。

眼前，它們是否也會同時傳抵車廂頂上那個人的眼前？

答案是否定的。因為火車正以高速前進，車廂頂上那個人應該先看到前方傳來的那道光，後看到後方傳來的另一道光。為了更加確定這點，我們不妨假設火車正以光速前進。在這個情況之下，車頂上那個人便只能看到前方的那道光，而永遠看不到後方的那道光。

這個實例告訴我們：每個人各有其自己的「同時」，並沒有一個可以適用於全宇宙的「同時」。也就是說，一個人的「現在」，未必就是另一個人的「現在」。

我們想像中那個唯一的、絕對的時間，根本不存在！

依愛因斯坦最後的看法，時間不過是事物發生或存在的次序，只是關於事物之孰先孰後以及其先後間隔的一種意識或觀念。它有兩個特性：第一，它與事物不可分；沒有事物的發生或存在，就沒有時間。第二，它與觀察者不可分，它是觀察者在觀察事物時，對事物孰先孰後及其先後間隔的一種認知。因此，沒有觀察者，也就沒有時間。職是之故，時間有其主觀性與相對性：觀察者的境況不同，他的時間也就不同。傳統物理學認為：即使全宇宙的事物都消失了，時間仍舊存在，它照樣不停的持續下去。又認為只有一個時間，它可以適用於全宇宙。這種看法，完全錯了！時間不是一種絕對的、獨立自足的東西。

「相對論」又指出：時間與空間根本不可分離。

光標明時間，而沒有指出這是什麼地方的時間，是沒有意義的。同樣的，光標明空間，而沒有指出這是什麼時間的空間，也沒有意義。這個道理，從上述「同時」的相對性已

不難領會幾分。

就時間之不能與空間分開而言，最明顯的例子，可以見諸天文現象。

晴朗的晚上，我們抬頭仰望夜空，看見無數的星星散布在空中，總以為它們現在同時存在於天上。哪知事實並非如此。因為這些星星與我們的距離，有的是幾十光年，有的是幾百光年，有的是幾千光年，有的是幾萬、幾十萬，乃至幾百萬、幾千萬光年。它們所發出的光，須要幾十、幾百、幾千、幾萬、幾十、百、千萬年，才能到達我們眼前。我們現在所看到的，也許是幾十年前的Ａ星，和幾百年前的Ｂ星，和幾千年前的Ｃ星，和幾萬年前的Ｄ星……。但現在的Ａ星，我們要在幾十年之後才能看到；現在的Ｂ星，我們要幾百年之後才能看到。我們現在看到的這些星星，有的可能早在許多年前就已不存在了！

這些星星，只是在「地球上」的我們看來，「現在」同時存在。

至於空間之不能離開時間，可以從以下的實例看出：

我們住的房子，座落在地球上固定的一點。地球除了自轉之外，還環繞著太陽運行。如果只問房子在地球上的位置，固然可以不涉及時間的因素，但如果要指出房子在太陽系的位置，就得一併指出當時是一年中某月某日某時。因為時間不同，地球在太陽系的位置也不同。如果只指出房子在地球上的位置，而沒有指出是哪月哪日哪時的地球，則沒有人能知道房子究竟在太陽系的哪個地方。

時間與空間不可分的思想，導致關於宇宙的一個新概念

——「空—時連續體」(space-time continuum)。

愛因斯坦認為時間與空間既不可分，則時間觀念與空間觀念便應該合併起來，成為一個單一的觀念，這樣才比較能夠反映世界的現實，於是遂有「空—時」(space-time)這一名詞的產生。他又認為宇宙是一個連續而不間斷的整體，「空—時」則是它最基本的性質，於是便用「空—時連續體」一詞來稱呼這個宇宙。這個新名詞，充分反映了以上愛氏關於宇宙的新看法。

上面陳述的愛氏時空觀念，雖然已經令人驚異不置，但它們仍未完全發展完成。他的時空觀念，一直要到他在「廣義相對論」中提出新的重力理論時才告完全成熟。如上所言，他最後的時間觀念，是認為時間只是事物的次序；沒有事物，就沒有時間；人們心目中那種不論事物存不存在，它本身一直延續下去的時間，只是一種幻想。換言之，他根本否認時間是一種獨立的存在。他最後的空間觀念，也與此相似。他認為空間與物質並現；沒有物質，便沒有空間。非但如此，物質周圍的空間之結構，且是由物質之質量所決定。職是之故，一般人心目中那種空無一物而只有它本身存在的空間，也只是一種幻想。

愛氏這樣的時空觀念，完成於「廣義相對論」。在「狹義相對論」中，則尚非如此。據他本人在其《狹義與廣義相對論淺說》一書之附錄五所言，在「狹義相對論」中，他仍然認為「空—時連續體」可以是一個沒有任何物體與場(field)存在的東西。換言之，當時他仍然認為時間與空間可以離開事物而單獨存在。不但如此，他甚至認為，必須先設想空間

與時間的存在，才能設想存在於空間與時間中的事物⓫。

　　愛氏的「狹義相對論」，向我們隱約地提示了事物的「緣起」本質。他的「廣義相對論」， 則把事物「緣起性空」的真相做了更進一步的揭露。對這點，本文將在本章最後一節充分予以討論。以下繼續「狹義相對論」的介紹。

陸　開創了人類原子能時代

　　要說明物理世界的力學作用，需要有三種量：時間、距離、質量。想充分認識「狹義相對論」，還必須了解它的質量觀念。

　　愛氏有關質量的新觀念，有兩個要點： 1.質量會隨著速度的增加而增加； 2.質量與能量可以互變。

　　所謂「質量」(mass)，就是物體對抗運動變化的一種趨勢(tendency)。通俗一點講，也可以說，就是阻止物體由靜止而運動，或由運動而靜止，或由快而慢、由慢而快的力量。推動或停止一部貨車所需要的力，要大於推動或停止一部腳踏車，就是因為貨車的質量大於腳踏車。傳統物理學認為物體的質量固定不變。因此，一部貨車，無論是停在路上不動，或以每小時60哩的速度橫越田野，或以每秒6萬哩的速度飛入太空，它的質量始終一樣。但是相對論卻斷言：運動中的物體之質量並不是固定不變，而是隨著速度的增加而增加。傳統物理學之所以未能發現這項事實，有兩個原因：第一， 是因為在人類以往的經驗中，物體的運動速度都很有限（較諸

⓫　《狹義與廣義相對論淺說》，A. Einstein著，譯者不詳，豪華書局，民國75年，頁122–125。

光速）， 物體因而增加的質量極小。其次，是因為人類感官和所用的工具太過粗陋，無法察覺質量在加速中所增加的微量。但現在對研究次原子粒子的物理學家而言，愛氏所預測的質量增加，早已不是一個爭論中的學說，而是他們實驗上司空見慣的事實，因為在強烈電場中運動的電子和放射性物質所放射出來的粒子，速度可以達到光速的百分之九十，它們因而增加的質量，也就相當可觀。

質量隨速度而增加，表示質量也是相對的。

愛氏又從質量隨速度而增加，推論出質能之互變。

依他的想法，質量隨速度而增加，這增加的質量，顯然是因為速度的增加而來的。物體的速度增加，則是因為用了更多的力量去推動它。所以歸根結柢，物體增加的質量，乃是來自增加的推動力。推動力乃是一種能(energy)。物體增加的質量，原來是能變成的。能量可以變成質量！也可以說能有質量。能既然可以變成質量，反過來，質量也應該可以變成能。這就是所謂的「質能互變」。愛氏不但斷定質能可以互變，而且提出一個質能互變的公式，告訴我們：多少的質量可以變成多少的能，多少的能可以變成多少的質量。這個公式，就是著名的 $E=mc^2$。這個公式把人類送進了光輝的原子能時代。其中E指能量，m指質量，c指光速。依此，物體所含的能量，等於該物體之質量乘以光速的平方。可見質量所能變成的能量十分驚人。舉例而言，一公斤的煤，如果完全變成能，會產生二百五十億「千瓦特／時」的電，約略等於全美國的電廠兩個月內不斷產生的電[12]。

---

[12] 《相對論入門》，頁52。

傳統物理學把物質和能看成兩種完全不同的東西。物質有惰性，有實體，有質量；能則無形無質，卻會發生作用。愛氏相對論出現之後，我們才知道質與能只是同一東西的兩種狀態：能量高度濃縮，便是質量；質量以光速運動，便是能量。

以上是「狹義相對論」的梗概。

第二節　「廣義相對論」的成立
──為「緣起性空」的世界觀提供更有力的例證

「狹義相對論」的最主要貢獻，就是在更大的範圍內肯定了伽里略所肯定的事實：我們無法根據一個空間內的物體之行為判斷該空間是否在運動；一個空間是否在運動，只能從它與另一空間的相對位置有無變化而察覺出來；因此，一個空間之靜止或運動，都只是相對於另一個空間而言。

壹　令人困擾的不等速運動

但「狹義相對論」發表之後，卻有一種現象不時困擾著愛因斯坦。這個現象就是不等速運動（亦即加速度運動）。這種運動之所以困擾愛因斯坦，是因為在不等速運動的空間內，物體會有某種特異的行為，從這種行為我們可以察覺該空間正在運動。如果我們真的根據這種行為便能斷定該空間正在運動，則運動相對原理便從根本發生動搖。蓋這種不必藉任何其他空間作參考，只從該空間內部物體之行為便能察覺出

來的運動，已不是相對運動，而是絕對運動。

所謂不等速運動的空間內的物體會有特異的行為，不妨舉一個例子來說明。譬如一列突然煞車的火車，或一列轉彎而行的火車，都是一種不等速運動的空間（速度，包括速率和方向，所以運動速率改變或方向改變，都算不等速運動）。突然煞車的火車，會使乘客的身體前傾；轉彎的火車，會使乘客的身體側傾，這種行為是坐在平穩行進（亦即等速運動）中的火車上的乘客所沒有的。坐在突然煞車或轉彎的火車上的乘客，可不可以據此斷定火車在運動呢？

不等速運動是不是一種絕對運動呢？

經過長期的用心思索之後，愛因斯坦提出了否定的答案。他的理由是，上述發生在不等速（加速度）運動的空間內的現象，也會發生在靜止的重力場中。所以不能根據這類現象而斷定該空間是在運動。發生在不等速（加速度）運動的空間內的現象，可說是加速度的一種效應；發生在靜止重力場中的現象，可說是重力的一種效應。愛因斯坦認為這兩種效應是相等的。何以見得這兩種效應是相等的呢？愛氏是透過若干想像的情境而看出來的。這些想像的情境，涉及牛頓力學的兩大定律和基本概念。在談到愛氏的想像情境之前，不妨回顧一下牛頓力學的相關要點。

牛頓力學的「慣性定律」說：

> 一切物體如果不受外力的作用，則靜止的常靜止，運動的常以等速沿一直線而運動。

火車突然慢下來或突然加速，或突然轉彎時，乘客的身體會前傾、後仰或側傾，正是慣性作用的結果：由於慣性作用，他們的身體還要繼續沿直線作等速運動。

由於物體有慣性，所以要使物體加速時，便須在它身上加力。針對這點，牛頓又提出了一條補充的定律：使一個物體產生加速度所需要的力，隨著該物體的質量而異；如果以同樣大小的力加在質量不同的兩個物體上，則質量小的物體所生的加速度大過質量大的物體。

可是伽里略在他實驗中發現了一種奇怪的現象：如果不計空氣的阻力，一塊手帕和一塊石頭下降的加速度完全一樣。

為什麼物體垂直下落時，無論大小和質量如何，其加速度都一樣，可是當這些物體以同等力量作水平投射時，其加速度卻隨著質量的不同而不同？是不是慣性只在水平面才發生作用？

牛頓在他的「萬有引力定律」中，對這個疑問提出了解答。「萬有引力定律」說：一個物體吸引另一個物體的力，隨它所吸引的物體的質量而增加；質量愈大，吸引的力也愈大。而物體的慣性與物體的質量密切相關：物體的質量愈大，其慣性的力也愈大。慣性的力隨著質量而增加，吸引的力也隨著質量而增加。牛頓說，吸引的力，總是大到可以克服慣性之力的程度。這就是何以一切物體，不問質量大小，總是以同樣加速度下落的緣故。（物體以加速度落下，是受到地心引力吸引的結果。）

一個物體吸引另一個物體的力，就是引力，又叫做重力。一個物體所受的引力（重力），與它的慣性之力相等，表示

重力的效應與慣性的效應相等，亦即重力與慣性等效。正因為重力效應與慣性效應相等，加速度效應與重力效應才相等。

貳 天才的想像

愛因斯坦如何看出加速度效應與重力效應相等？

首先，他想像在一座很高很高的大廈中，有一架電梯的纜繩忽然鬆脫了，整架電梯以加速度向地面下墜。但電梯內的物理學家並不知道自己的處境，照舊在裡面做實驗。他從口袋裡掏出一枝鋼筆、一枚硬幣、一串鑰匙，然後從手中把它們放掉。他看到這些東西全都停留在空中，因為根據牛頓萬有引力定律，這些東西和電梯以及電梯內的人，都會以完全相同的加速度下墜。他試著從電梯的底板跳起，竟能順利無阻地朝梯頂上昇，直至頭碰到梯頂為止。他隨便推動一下那枝浮在空中的筆，筆竟一直以等速向被推動的方向移動，直至碰到電梯的內壁才停止。這一切都完全符合牛頓的慣性定律：「一切物體若不受外力的作用，則靜止的常靜止，運動的常以等速沿一直線而運動。」因此，他遂得出一個結論：他已遠離一切星球，而停在無重力的太空中，電梯內的物體都在無外力的作用下，依慣性而行動❸。

愛氏又想像這架電梯真的遠離了一切星體，獨自留在無重力的太空中，有一條纜繩繫在它頂上，由一種超自然的力量把纜繩上曳，使電梯以加速度「上昇」。 這時，電梯內的物理學家仍然不知道自己的處境，還是要根據電梯內的各種狀況來做判斷。這一次，他發覺自己的腳緊貼梯底；要跳的

---

❸ 同上，頁65–66。

話，也不會向上浮起，直衝梯頂，因為梯底也跟著上來了。他把手裡的東西放掉時，它們就一一向底板「落下」。他把手裡的東西朝水平方向拋出時，它們就對梯底形成一弧狀線下墜，而不以等速作直線運動。這一切都跟在重力場中的情形無異。於是他斷定：他是在一所靜止的房子裡，房子牢牢地附在地球上，所受的引力（重力）與平時相同❶。

以上兩個想像的情境，都顯示出加速度效應與重力效應之相等。

第二個情境，很直接地把這點顯示出來。該情境中的電梯，本來是在無重力的太空中，只因以加速度上昇，就在其相反的方向呈現出一種重力的效應。這效應完全是加速度造成的。可見加速度效應完全與重力效應相同。

第一個情境中，重力的方向與加速度的方向相同，以加速度下墜的物體，便不再呈現重力的效應，而顯得好像存在於無重力的太空中。這也正顯示了重力效應與加速度效應完全相同。

最後，愛因斯坦再想像把物理學家的實驗裝在太空中一架大輪轉機（像兒童樂園中旋轉木馬機）的邊緣上，輪轉機以高速旋轉。這時，室內的物理學家會覺得有一種力量把他拉離旋轉機的中心。旁觀者一望而知：這力量就是慣性（或者就輪轉機的旋轉而言，稱為離心力）。但室內的人由於不知道自己的處境，很可能再把這力量當作重力。如果這實驗室空無裝飾，室內的人除了感到這股外拉的力量之外，無法辨認哪一面是地板，哪一面是牆壁，他還會把旁觀者眼中轉動

---

❶　同上，頁66–67。

的房子「靠外邊的牆」，當作房子的「地板」，而在這情況下，認為自己正站在一個靜止的房子的地板上，房子則座落在地球的某一點上。也就是說，他會認為自己正處於地球的重力場中❺。

這情境也向我們顯示：加速度效應等於重力效應。因為該物理學家所感受到的重力效應，乃是輪轉機的旋轉造成的。而輪轉機的旋轉，正是一種加速度的運動（不斷改變方向的運動）❻。

加速度效應等於重力效應，意謂發生在加速度運動的空間內之現象，也會發生在靜止的重力場中。愛因斯坦在其《狹義與廣義相對論淺說》一書中，就曾指出：上述火車乘客身體前傾的現象，也可以作另一種解釋：火車一直靜止，而地球連同路基一直向後移動，突然在前方出現一個重力場，使地球和路基向後移動的速度慢了下來，同時使乘客的身體前傾❼。

既然如此，我們便不能根據發生在加速度（不等速）運動的空間內之現象，斷定該空間是不是在運動。「廣義相對論」遂把這項事實作如下的陳述：

　　所有自然定律，同樣適用於一切空間，不管該空間的運

---

❺　同上，頁67。

❻　速度，包含速率與方向兩要素。所以凡是改變速率或方向的運動，都算不等速運動，亦即加速度運動。速率由快而慢，也算一種加速度，不過是負加速度。

❼　《狹義與廣義相對論淺說》，頁58。

動狀況如何。

「廣義相對論」的概括性，顯然又高過「狹義相對論」，因為後者肯定的自然定律適用範圍，只包括相對作等速運動的空間，前者則把相對作不等速運動的空間也包括在內。這也正是它之所以被稱為「廣義相對論」的原因。

參　革命性的新重力理論

「廣義相對論」終於完全貫徹了伽里略的運動相對原理，對世人透露了一種關於運動的「緣起觀」。這對本書的主題而言，自有很大的意義。同樣有意義，甚至具有更大意義的是，愛氏基於「加速度與重力等效」的事實而建立起來的新重力理論。

在這理論中，「場」(field) 的概念，取代了牛頓舊說中的越距作用的「引力」的概念。

依這理論，牛頓設想的那種可以隔著空間（越距）把物體拖過來的力，是不存在的。石頭以加速度掉到地上，並不是因為引力把它拖下來，而是由於「重力場」的存在。「重力場」是物體所造成的。物體會在它周圍造成一個「重力場」，猶如磁石會在它周圍造成一個「磁場」。何謂「磁場」？物理學家告訴我們：磁石會在它周圍造成一種物理狀態，這種狀態會影響特定物體（如鐵）的行為——也可以說，會對特定物體起一定的作用。這種狀態有一定的範圍。磁石所造成的這一定範圍的物理狀態，就叫做「磁場」。進入這個範圍的特定物體，就會受到這物理狀態的影響，而照一種可以預知

的方式行動，鐵快速移向磁石，就是這麼一種行動。學過理化的人，都知道「磁場」是什麼樣子，因為只要把鐵粉灑在硬紙上，放到磁石上面，就可以看出「磁場」的樣子。愛因斯坦認為物體也會在它周圍造成一種物理狀態，這種物理狀態也會影響其他物體的行為；這種物理狀態也有一定的範圍。物體在它周圍造成的這一定範圍的物理狀態，就叫做「重力場」。石頭進入地球的「重力場」，就會受這個場的影響，而以加速度移向地球。這就像鐵受「磁場」影響而快速移向磁石那樣。

物體的行動方式，包括其運動路線。一個物體進入另一個物體的重力場以後，其運動路線，除了受該重力場的影響之外，還受其本身慣性的影響，是這兩個因素共同決定了它的運動路線。在地球的重力場中，一個原本靜止的皮球，會循直線落到地面；一塊原本與地面平行運動的石塊，會循拋物線落到地面。它們的運動路線，都是它們在各自慣性的作用下，在地球重力場中所能採取的最容易的路線。同樣的，月球環繞地球而運行的路線，也是月球本身慣性與地球重力場共同決定的結果。牛頓重力觀念和愛因斯坦重力概念之不同，可以用一個比喻來說明：有一個小孩在空地上玩彈珠，這塊空地凹凸不平。站在街旁高樓上朝下看的人，因為看不出地面有高低，當他看見彈珠滾動時，總是避開某些地方，而滾向某些地方，不免要以為有一種「力」，在將彈珠從某些地方推開，而吸往某些地方。但在地面上的人一望而知：彈珠滾動的路線完全是受地勢的影響。牛頓猶如站在高樓上的人，愛因斯坦則如在地面上的人。牛頓由於不知道是物體

周圍空間的結構在影響其他物體的運動，才想像有一種越距作用的「力」（引力）存在。

物體周圍叫做「重力場」的這個空間，有一項顯著的特徵，就是呈現彎曲。物體的質量越大，這空間就彎曲得越厲害。這當然是受物體質量的影響所致。物體質量會影響它周圍空間的結構，這是愛氏重力理論的重要論點之一。物體周圍的空間既然呈現彎曲，其他物體在通過這空間時，它最自然的路線便必然是彎曲的。這就推翻了已存在兩千多年的歐幾里德空間觀念——原來在真實的「空一時連續體」（宇宙）中，兩點之間最短的距離不是直線，而是曲線！

愛因斯坦的重力理論，已經屢次被事實所證明。其中最有名的三項事實是：1.光在經過太陽的重力場時，以曲線行進；2.水星繞日的軌道每年微微逸出舊軌道；3.強大重力場中的輻射頻率顯著降低。這三個事例，愛氏在其《狹義與廣義相對論淺說》中都曾提到。

光循曲線通過太陽的重力場，是因為光也有質量，它的運動也和其他物體一樣受到重力場的影響。由於通過太陽旁邊的光線只有在日蝕時才看得見，所以愛因斯坦建議在日蝕時，把最靠近太陽的那些星星拍下照片，再拿來和它們遠離太陽時所拍的照片做比較，看看它們的光在經過太陽附近時是否呈現彎曲。1919年5月29日日蝕時，在赤道附近拍下的照片，證明了愛氏的理論，而且經計算出來的星光彎曲程度，與愛氏的預測非常接近[18]。

水星繞日的軌道每年微微逸出舊軌道，是科學家早已發

---

[18]　同上，頁105。

現的事實。但是這現象在牛頓理論中得不到解釋。愛氏的重力理論為這個問題提供了答案。依據愛氏的重力定律，太陽的重力場的強度，和水星的高速運動，乃是這個現象的成因：這兩個因素會使水星繞日的橢圓形軌道本身一點一點繞著太陽移動，三百萬年之後又回到原處。這個計算，與水星行程的實際測量完全一致❶。

重力場中的輻射頻率之所以會降低，依愛氏重力理論，乃是因為重力場會使物體以加速度運動，而我們已從「狹義相對論」得知：凡是在高速運動中的物體，其變化的步調都會慢下來（此所以高速運動中的時鐘會減慢）。因此，在重力場中的放射物質，其輻射的頻率會降低。天狼伴星，由於其構成密度極大（一立方吋，在地球上稱起來有一噸重），其重力場也特別強，所以其本身輻射的頻率降低的程度特別顯著。這又為愛氏的理論提供了一個有力的例證❷。

就本書的主題而言，愛氏重力理論最值得重視的，是它涉及物質與空間之關係的地方。

這理論說，物體會在它的周圍造成一個重力場，又說重力場所在的這個空間會呈現彎曲，而且物質的質量越大，這空間的彎曲程度也越大。這顯然意謂物質會影響它周圍空間的結構。而且按照愛因斯坦的意思，物質與空間的這種關係，並不是先有空間的存在，然後物質進入這空間，去影響它的結構，而勿寧是物質與它周圍的空間本來就一起呈現，且這空間的結構隨著物質質量的大小而不同。照這看法，物質與

---

❶ 同上，頁103。

❷ 同上，頁107。

它周圍的空間並不是互相關聯的兩個獨立的東西，而是同一個東西的兩個側面：有物質，就有它周圍的東西；有怎樣的質量的物質，就有怎樣結構的空間。物質固然不能離開它周圍的空間而單獨存在，它周圍的空間也不能離物質而單獨存在。依此，則向來大家以為真正存在的那種空無一物的空間，不過是一種想像而已。

這自是空間觀念的一大革命。在筆者看來，這乃意味著空間的無「自性」，亦即「性空」。

上文提到愛氏是根據「加速度與重力等效」的事實而建立這個新的重力理論。愛氏如何根據「加速度與重力等效」而建立這個理論呢？

主要是，由「加速度與重力等效」而推論出質量使其周圍的空間彎曲。

蓋「加速度與重力等效」，意謂受加速度影響的物體，與受重力影響的物體，其行為一樣。在加速度之下運動的物體，其路線一般為彎曲的曲線。這表示在重力影響之下的物體，其運動路線也必然是曲線。而重力是因質量而產生的。又物體一定是通過重力周圍的空間，才會受到它的影響。這終於導致「質量使空間彎曲」的結論——正因為空間彎曲，在其間運動的物體之路線才會彎曲。

第三節　「相對論」與佛學的契合

愛因斯坦整體「相對論」的主旨，大抵如上所述。它與「量子論」合起來構成現代物理學的主幹，指向一個迥異於往昔的世界觀。這種世界觀，固然與希臘以來的西方主流思

想大相逕庭，卻與佛學一貫的主張若合符節。

「相對論」與佛學世界觀之相契，前文已經屢次提及，以下謹就此點略作申論。個人認為，「相對論」在宏觀的物理層面印證了佛學以下三個重要論點：

　　一、事物的依緣而起（緣起）與本性空無（性空）

　　二、事物的互為因緣（成立條件）

　　三、宇宙為一個不可分解的整體

　　先說第一點。

壹　相對原理與緣起性空

「相對論」最令人震撼的地方，就在於指出：高速運動中的量尺會縮短，時鐘會減慢，質量會增加。其所以令人震撼，則是因為人們一直以為事物的空間相（如物體的長短），事物的時間相（如事情的久暫），和東西的質量都是固定不變的。「相對論」指出它們會隨著運動狀況的改變而改變，不啻一舉推翻了人們對事物的一項基本看法。「相對論」指出這點，正是指出事物的「緣起」本質。所謂「緣起」，就是依據條件而成立。「緣起」的東西，就是依據條件而成立的東西。「相對論」指出事物的空間相、時間相和質量會隨著運動狀況的改變而改變，就是指出此三者之依據條件而成立。正因為它們是依據條件而成立，所以條件改變了，它們也就隨之改變。

當然不論是事物的空間相，或事物的時間相，或事物的質量，都不只依據一個條件而成立。物體之運動狀況，不過是它們各自據以成立的眾多條件中的一個條件。但只要這個

條件改變了，即使其他條件都不變，事物的空間相、時間相和質量，便得隨之改變。「相對論」的主旨，是在闡明運動的相對性，它探究的主題是運動。它也正是在探討與運動有關的種種現象時，揭露了上述驚人的事實。也正因為它是在論述運動時揭露了這些事實，所以在這裡，它也僅就運動狀況這個條件改變時，事物的空間相、時間相和質量隨著做什麼改變這一點加以討論。至於其他條件改變時會有什麼結果，乃至其他條件是什麼，則暫時不予討論。但當後來在「廣義相對論」中提出有關重力的理論時，也就把空間據以成立並隨之改變的另一個條件指出來了！這個條件便是物質。依這個重力理論，物質周圍的空間乃是跟物質一起呈現的，該空間的結構且會隨著物質之質量的不同而不同（質量越大，空間彎曲得越厲害）：有物質，就有它周圍的空間；有怎樣質量的物質，就有怎樣結構的空間；物質固然不能離開它周圍的空間而單獨存在，它周圍的空間也不能離開物質而單獨存在。因此，世上根本沒有像空的容器那樣的空無一物的空間本身。依此，物質無疑是空間成立的一個條件；空間不但隨物體之有無而有無，而且隨著物質質量之不同而不同。

由上述例子可以看出：「相對論」的確是認為事物的空間相、時間相和質量各自依據若干條件而成立，且隨著條件的改變而改變。換言之，「相對論」肯定了它們之為「緣起」。

依佛學，「緣起」的事物，必定沒有「自體」。也惟其沒有「自體」，才必須依據條件而成立。這點，從上述的重力理論也可以看得很清楚。重力理論說，物質周圍的空間跟物質一起呈現；沒有物質，就沒有空間；世上根本沒有像空的

容器那樣的空間本身。這就澈底否定了空間自體的存在。

「緣起」的空間既然沒有自體，可想而知，「緣起」的時間與物質也必定沒有自體。

時間之沒有自體，早經愛因斯坦指出。愛氏告訴我們：時間不過是事物的次序；沒有事物，就沒有時間；人們心目中那種不論事物存不存在，它本身一直延續下去的時間，根本是一種幻想。這個說法，就是對時間自體的否定。

至於物質之沒有自體，可以見諸它與能量之互變。質能之互變，表示物質與能量不過是一個東西的兩種形式，這形式是暫時的，不固定的，隨時可以呈現，也隨時可以消失的。這顯然跟有自體的東西很不相似。

以上是關於空間、時間與物質的種種。至於整體「相對論」之主旨，乃在澈底闡明運動之相對性；而闡明運動之相對性，實即闡明運動之「緣起」性。這點，上文已曾述及，茲不復贅。

總之，「相對論」已為佛學之「緣起性空」思想提供了許多有價值的例證。

「相對論」除了可以證實事物之「緣起性空」，還可以證實事物之「互為因緣」。

貳　事物互為成立條件

所謂「互為因緣」，就是互為成立條件。事物互為因緣，就是事物互為成立條件。

佛學世界觀的重要特色之一，就是如上所說的認為事物都依據條件而成立，因而都沒有自體。它同等重要的另一個

特色，則是認為事物非但依據條件而成立，而且互為條件而成立，因此世上萬物俱起俱滅，俱變俱化，合而成為一個不可分解的整體。對於後面這一點，「相對論」也提供了同樣鮮活的例證。

這從上文有關「緣起性空」的論述已經可以看出一點端倪：我們從上文的論述已經看到空間與物質之互相決定。這就是它們互為條件的表示。

「相對論」之肯定事物互為因緣，見諸該論的許多地方。

前文已經說過，「相對論」認為時間不能離開空間而單獨存在，在標明事物之時間的時候，必須一併指出其地點；空間也不能離開時間而單獨存在，在標明事物之地點的時候，必須一併指出其時間，因此，空間與時間兩個概念應該結合而為一個單一的概念「空一時」。「相對論」又認為空間（嚴格地講，應該是「空一時」）不能離開物質而單獨存在，有物質，才有空間；且空間（「空一時」）的結構決定於其中的物質的質量。它又指出：空間相與時間相乃是物質的最基本面貌：物質之為物質，最基本的條件之一，就是佔有空間與時間。它甚至把物質的質量界定為對抗運動變化的趨勢，而運動正是空間與時間的函數（在多久的時間內，通過多長的距離）。

以上這些說法加起來，無異對我們宣告一項事實：空間、時間與物質，三者互為成立的條件；這三者之中的任何一個，都以其他兩個作為它成立的條件。

空間、時間與物質，乃是構成宇宙的三項基本要素。它們三者互為成立的條件，即表示宇宙的基本構成要素互為成

立的條件：它們互相依待，互為表裡，有一種存則俱存、滅則俱滅的關係。這不啻在物理層面上證實了佛學「事物互為因緣」這項普遍原則。

「事物互為因緣」這原則，在「量子論」物理學中，還有更精彩生動的例證，其在世界觀上的意義，也因而顯得更為重大深刻。這點，且待下文論述「量子論」時再予說明。

以下接著討論第三點：「相對論」可以證實宇宙為一個不可分解的整體。

參　不可分解的整體

這點，與上述第二點，即「事物互為因緣」大有關係，可以說是它的必然結果。蓋事物互為因緣，則彼此相依相待而成立，合起來形成一個不可分解的整體。這樣，便沒有真正可以分離而獨自存在的個別事物，而惟有該不可解的整體才真正存在。

「相對論」說，人們心目中那種空無一物的空間並不存在。又說，人們心目中那種無論事物存在與否，本身一直延續下去的時間，並不存在。又說，絕無離開時空而獨存的物質。這些論點表示，在愛因斯坦看來，不管空間也好，時間也好，物質也好，都只是作為宇宙的構成要素而存在，其本身並不是一個獨立存在的事物。當它與其他兩者連在一起構成完整宇宙且在這狀態中存在時，它才真正存在。但當它與其他兩者分離而作為一個獨立的事物呈現時，它並不真正存在，因為這時它只是作為一個思想對象而呈現於人的思維中，並不存在於客觀世界中。這個狀態的它，乃是人們在想像中

把它從具體的完整宇宙中分離出來（即抽取abstract出來）而單獨對待的結果。它不過是人心抽象(abstraction)的產物，不過是一個抽象物，它只呈現於人的想像中，並不存在於客觀世界中。依「相對論」，只有那個兼具空間、時間與物質的具體而完整的宇宙本身，才真正存在。至於離開其他二者而獨自存在的空間，或時間，或物質，則屬幻想。換言之，作為一個整體的具體宇宙，是真實的；作為分離而獨立的一項東西的空間，或時間，或物質，則是虛幻的。

這個看法，可當作一個例證，用以支持佛學的整體主義，即認為宇宙乃是一個不可分解的整體這思想。

現代物理學與佛學整體主義的關係，下文論述「量子論」時，還會有更詳盡、更深入的說明，現在暫時不再申論。

關於「相對論」與佛學之相契，除了以上所言，至少還有一點可談。那就是，它暗示了世界是心識的內容。

「相對論」的這層涵義，可以見諸它對「觀測者」這個角色的看法。

在傳統的物理學，「外在世界」(external world)乃是獨立於認知主體之外的一個客觀存在。它的存在，絕對不受認知主體之有無的影響；它的基本面貌（如長短、大小、輕重、久暫），更與認知主體的狀態無關。這就是說，不管有沒有人去認知它，外在世界總是一樣存在；不管認知它的人是在什麼狀況下，以怎麼樣的方式去認知它，它的基本面貌都不會有什麼不同。這個看法，源遠流長，普遍存在，幾乎已被視為天經地義。但「相對論」卻無情地指出：觀測者與觀測對象的關係，乃是影響觀測結果的一個決定性因素：觀測者

與觀測對象的關係不同，其觀測的結果也必然不一樣。

以量尺縮短、時鐘減慢這個例子來講，「相對論」說，高速運動中的量尺會縮短，時鐘會減慢。而運動是相對的，所謂「高速運動中」的量尺和時鐘，實際上就是「對觀測者做高速運動」的量尺和時鐘；而所謂「量尺會縮短，時鐘會減慢」，實際上就是「對這個觀測者呈現而為縮短與減慢」。這就是說，觀測者眼中的量尺之長度與時鐘之走速，是隨著它們與觀測者相對運動之速度而改變：它們與觀測者相對運動的速度較慢，量尺就在觀測者的眼中顯得較長，時鐘就在觀測者眼中顯得走速較快；它們與觀測者相對運動的速度較快，量尺就在觀測者眼中顯得較短，時鐘就在觀測者眼中顯得走速較慢。量尺和時鐘與觀測者間的相對運動，正是它們與觀測者的一種關係。這種關係改變了，觀測的結果也隨改變。這個現象揭示了一項十分重要的事實：觀測者與觀測對象的關係，乃是形成觀測對象之面貌的一個重要因素。也可以說，它們兩者的關係，乃是形成觀測對象之面貌的一個重要條件。如果欠缺這個條件，觀測對象之面貌便無法形成。而觀測者與觀測對象的關係，一定要有觀測者與觀測對象之存在，才能成立（猶如一定要有丈夫和妻子的存在，他們的夫妻關係才能成立）。所以如果觀測者與觀測對象之關係，乃是形成觀測對象之面貌的一個條件，則觀測者的存在，便也應該是形成其面貌的一個條件。這就是說，如果沒有觀測者的存在，也就談不上觀測對象的面貌是如何如何了！觀測對象的面貌，是觀測對象對觀測者所呈現的面貌：沒有觀測者，就沒有觀測對象的面貌！

　　這就意味著外在世界的面貌只能作為認知者的認知內容而存在。如果沒有認知者，也就沒有外在世界的面貌。

　　這個思想，與唯識宗所主張的「萬法唯識」，相去已經不遠。它再往前推進一步，便是唯識宗的思想了！

　　「萬法唯識」與上述思想的差別，就在於「萬法唯識」意謂「外在世界乃作為心識的內容而存在」，而上述思想則意謂「外在世界之面貌乃作為心識的內容而存在」。依前者，可說沒有心識，就沒有外在世界；依後者，則只能說沒有心識，就沒有外在世界的面貌。兩者雖有相當差異，但由後者過渡到前者並沒有太大困難。因為所謂的「世界」，畢竟不外乎它所呈現的面貌；除了這些面貌，實在很難說還有「世界」的存在。所以「沒有外在世界的面貌」，實際上也幾乎就是「沒有外在世界」。

　　「相對論」固然沒有明白表示出「萬法唯識」的看法，但從它已經表明出來的某些思想，如「事物互為因緣」、「宇宙乃一不可分解的整體」，並不難導出這樣的結論。甚至可以說這些思想已經隱隱指向這樣的結論。因為既然事物互為因緣，則能知（認知者）與所知（外在世界）之互為成立的條件，勿寧是必然的。既然「宇宙乃一不可分解的整體」，則萬物相依相待，相涵相攝，分別心物、內外、主客、能所，畢竟只是一種方便。因此，說心內在於世界，固然可以；說世界內在於心，又何嘗不可？

第七章　量子的奇異現象

—— 微觀世界的佛法見證

「量子物理學」以物質與能的「量子」現象為研究對象。如果把「量子物理學」以外的物理學稱為「古典物理學」,則可以說,「古典物理學」研究的是宏觀世界的現象,而「量子物理學」研究的是微觀世界的現象。這個微觀世界有許多現象是在宏觀世界看不到的。這些現象迥異於宏觀世界的現象,它們乖違了古典物理學的一些基本概念,逾越了古典物理學的若干基本法則,對整個古典物理學的世界觀提出嚴厲挑戰,甚至促使人們重新探討認知活動與世界真相的關係。但這些現象卻與佛學一貫的世界觀特別契合,常常契合到令人拍案驚奇的地步。它們還比「相對論」所揭發的事實更直接、更具體、更明顯,也更豐富。歸納起來,這些現象至少可以用來證實佛學的以下幾個重要論點:

一、沒有獨立於認知者之外的所謂「客觀世界」

二、萬物一體

三、「個體」之為虛幻

四、事物剎那生滅,世上無常恆之物

五、萬物互為成立條件

茲分節論述如下。

為了使更多的人能夠了解,還是和論述「相對論」時一

樣，盡量避免專門術語與艱深的數學。

第一節 「波粒雙象性」的哲學涵義

量子物理學，肇端於普朗克(Max Plank)在1900年的一項重大發現。這項發現導致一場物理學的大革命。

當年普氏發現：能量(energy)的放射與吸收，並不是連續的，而是中斷式的，一包一包的。換句話說，它是一包一包地被放射出來或吸收進去，一包與一包之間，存有空隙。普氏把一包的能量稱為一個「量子」(quantum)。

普氏是在研究光的輻射時發現這個現象的，因為光就是一種能量。他發現：作為一種能量，光在放射時，是一包一包放射的。

他又發現：不同顏色的光，所放射的能量包（量子）大小不同。也就是說，不同顏色的光，其「量子」所含的能量不一樣多。

光的顏色之所以不同，是因為其頻率不同。普氏發現：頻率高的光，其「量子」所含的能量比較多；頻率低的光，其「量子」所含的能量比較少。他又發現：一種光的「量子」所含能量的量，等於該種光的頻率乘以一個常數。這常數，後來被稱為「普朗克常數」❶。

壹　既是波，又是粒子；既是粒子，又是波

1905年，愛因斯坦也提出一套關於能量的理論。這理論主張：不但能量是一包一包地被放射或吸收，而且能量本身

---

❶ 《量子論與原子結構》，吳大猷著，聯經書局，民國73年，頁11–15。

的存在也是一包一包地存在，其存在是不連續的。

　　愛氏的理論，正可以圓滿解釋當時有關「光電效應」的一個重要實驗。該實驗於1905年由雷納德(Philippe Lenard)完成。所謂「光電效應」，是指一種現象，即光在撞擊金屬表面時，會把金屬原子中的電子撞離原子而飛出。雷納德的實驗顯示：光一照在金屬上，電子立即就跳出來。這和既有的理論之預測不合。在 1900 年普朗克提出關於光的新看法之前，物理界普遍都把光看作一種「波」。根據這種光的波動理論，當光照射金屬時，應該就像海浪衝擊岩壁那樣，起初只能使其原子中的電子振盪，這照射要持續一段時間，使振盪一次接著一次發生，而且一次比一次速度更快，最後才能把電子振出原子。這就像推鞦韆那樣，一定要連續推好幾次，才能使它的高度高過橫杆。然而雷氏實驗所顯示的，卻不是這樣；我們在這實驗中看到的是，光一照在金屬下，電子立即跳出。

　　愛因斯坦於是用光的「粒子」理論來加以解釋。依愛氏，光作為一種能量，它的放射是出以一包一包的方式。這一包一包的光的能量，也就是光的「量子」，可叫做「光子」(photon)。一個光子，就像一個小球，當它撞擊金屬原子時，原子中的電子，則像桌球檯上被另一個球撞擊的球，一被撞擊，便馬上彈出來了！

　　愛氏又用他的這套理論去解釋雷氏實驗揭示的另一個現象，即光的亮度降低，撞出來的電子數量隨之減少，但速度不變；然而不同顏色的光所撞出來的電子，速度卻不同。愛氏的解釋是這樣的：光的亮度降低，是光子數目減少的結果；光子的數目減少，它們所撞出來的電子之數目，自然隨之減

少。而依照普朗克的理論，顏色不同的光，其頻率不同；頻率較高的光，其量子（即光子）的能量也較大；其能量較大，其所撞出來的電子之速度，自然也較大❷。

愛氏的理論，造成了一個十分嚴重的後果。

愛因斯坦所持的理論，即把光當作「粒子」的理論，與很久以來物理界一致相信的理論，即把光當作「波」的理論，兩者互相衝突。因為「粒子」與「波」是極不相同的兩種東西，一個東西不能既是「粒子」又是「波」。蓋「粒子」的存在只局限於非常小的一個空間，「波」卻會一直傳播出去。

光是「波」，早在 1803 年就被一個名叫湯瑪斯·楊(Thomas Young)的英國人所證明。湯瑪斯證明了光有「繞射」與「干涉」的現象，而這兩種現象只會發生在「波」身上；光既有這兩種現象，可見光是一種「波」。

光的「繞射」，是光在透過極細的縫之後，不再沿直線前進，而呈扇形擴散出去。這跟它在透過較大的孔之後的行為是很不相同的。光在透過較大的孔之後，仍會沿直線前進。現在假設在一張紙的上面開一個方形的口，然後在紙的前面放一盞燈，燈光在穿過開口之後，沿著直線投射在對面的牆上，會在牆上形成一個方形的光亮圖案。但如果我們在紙上切一條細縫，則透過細縫而投射在對面牆上的光，將會形成一個大的圓形光亮圖案。這是光在透過細縫後發生「繞射」的結果。

光的這種現象，我們也可以在通過狹窄港口而湧入港內的海浪身上看到。如果海浪在這種情況之下由港外湧入港內，

---

❷　同上，頁23–26。

我們從直昇機上看下來，就可以看到這個現象──海浪從這狹窄港口湧入港內後，會以港口為中心，呈扇形向四方推進。正因為發生在海浪身上的同一現象也發生在光身上，所以我們推想光是一種「波」。

「干涉」現象，則是兩道波相遇的結果。

我們都知道波有波峰和波谷。水波的波峰，就是水上升到不能再上升的地方；水波的波谷，就是水下降到不能再下降的地方。如果兩道波相遇，則甲波的波峰與乙波的波谷相遇的地方，兩波即互相抵銷；甲波的波峰與乙波的波峰相遇的地方，兩波便互相加強。這現象，就是所謂的「干涉」。水波有「干涉」的現象，光也有「干涉」的現象。這是光之為波的另一個有力的證據。

前述證明光之為波的湯瑪斯・楊，就是使光呈現出「繞射」與「干涉」的現象，藉以證明光也是一種波。

他的做法是在光源的前面拉起一張幕，幕上有兩條垂直的縫。兩條縫都可以用東西遮起來。幕的另一邊是一面牆，光線穿過細縫之後，會照射在這面牆上。他用這個裝置做了兩個實驗。做第一個實驗的時候，他把幕上的一條縫遮起來，只讓一條縫透光，結果牆上出現了一個圓形的光亮圖案，證明光發生了「繞射」。 做第二個實驗的時候，他讓兩條縫都透光，結果牆上出現了斑馬線般的光帶與暗帶相間的圖案。那正是兩波互相干涉的證據。這兩道波是哪兩道波呢？它們就是透過兩條縫的光的光波。這兩道波穿過兩條縫之後，各自發生了「繞射」，兩者的「繞射」重疊，於是發生「干涉」現象。結果兩波波峰相遇的地方，兩波互相增強，光遂加強，

於是在牆上形成光帶；波峰與波谷相遇的地方，兩波互相抵銷，光遂消失，於是在牆上形成暗帶。

湯瑪斯・楊證明了光有「繞射」與「干涉」的現象，也就證明了光是一種波。他的這個實驗，就是著名的「雙縫實驗」❸。

湯氏證明了光是波以後，這個結論幾乎成為定論，一百年間沒有人加以質疑，因為光是波的理論可以解釋已知的一切現象。

但前述愛因斯坦的理論，卻和它發生嚴重衝突。因為光之作為「波」，與光之作為「粒子」，是難以相容的。

當物理學家還在為「波為什麼又會是粒子」這問題傷透腦筋的時候，一位年輕的法國王子德布羅里 (Louis de Broglie)又於1924年提出一個理論，認為不但波是粒子，粒子也是波。他指出每一種物質（歷來物理學家都認為物質是由粒子構成）都相當於一種波。他不但提出理論，而且還提出一個計算每一種「物質波」之波長的公式。依這公式，粒子的動量越大，其對應的波之波長就越短。

兩年後，德布羅里的理論獲得實驗的證實。實驗者戴維森(Clinton Davison)和他的助手格默(Lester Germer)證明了電子會發生「繞射」。 他們的做法是使電子穿過小孔（如金屬箔片上面原子之間的空隙），然後正對著相機的鏡頭射過來，由相機拍下它的照片。結果照片上呈現的圖案，與「雙縫實驗」中發生「繞射」的光波在牆上所形成的圖案一模一樣。

---

❸ 《物質結構導論》，李俊清等編，中國科學技術大學出版社，1990年，頁1–3。

這表示電子發生了「繞射」。而依向來的看法，電子正是不折不扣的粒子也❹！

波的行為像粒子，粒子的行為又像波。這真是天地間的一大弔詭。

但儘管「波」和「粒子」的概念是互相排斥的，但我們在說明次原子粒子（如光子、電子）的行為時，卻非同時用到這兩個概念不可。以光來講，它就兼有波的特徵與粒子的特徵：它有時候表現得像波，有時候又表現得像粒子；我們要充分說明它的行為，非兼採「波」與「粒子」的概念不可，只用「波」或「粒子」的概念，都無法說明它的全部行為。所以後來波爾(Niels Bohr)就認為：就關於次原子粒子的理論而言，「波」的概念與「粒子」的概念，兩者乃是互補的；兩者雖然互相排拒，卻又缺一不可❺。

波爾的這種看法，是對古典物理學的一種革命。因為依古典物理學，波與粒子是不能相容的。但他實在不得不採取這種看法，因為次原子粒子兼具波與粒子的特徵乃是無法否認的事實。事實逼得人們不得不採取這種看法。次原子粒子的這個性質，有人簡單稱之為「波粒雙象性」(wave-particle duality)。

貳　「波粒雙象性」的兩大哲學涵義

「波粒雙象性」，具有兩項重大哲學涵義：

---

❹　同上，頁15–17。

❺　*The Dancing Wu Li Masters*, Gary Zukav, Bantam Books, 1979, p. 93.

一、它暴露了科學知識與直接經驗不相符合的事實。

二、它顯示：認知者的認知活動在相當程度上決定了被認知者的面貌。

先說第一點。

「波粒雙象性」，無疑帶給西方人一個非常強烈的震撼。因為波與粒子，依古典物理學，乃是根本不相容的兩種事物。說一個東西既是波又是粒子，在古典物理學家看來，不啻痴人說夢。如今事實卻顯示：在次原子的世界，作為波的東西，也兼有粒子的特徵；作為粒子的東西，也兼有波的特徵。這對長久生活在古典物理學觀念之下的西方人而言，自是一個莫大的震撼。

這件事情應該怎麼解釋呢？

最簡單的解釋就是，古典物理學的觀念不適用於次原子世界。

但這也只是最浮面的一種看法。

如果深一層加以探討，就會發現：這反映的，其實並不只是古典物理學觀念與次原子面貌不相符合的問題，而是一個更普遍的、更根本的問題，即一般科學知識與人類直接經驗不完全相應的問題。

再進一步講，這應該還牽涉到一件很具關鍵性的事情，即儘管科學知識與人類直接經驗並不相應，但人類並不自知其不相應。如果已知其本來就不相應，則「波粒雙象性」就不會造成那麼大的震撼。而科學知識之所以會與人類直接經驗不相應，則與建構科學知識的人類理智作用大有關係。它可以說是理智作用的局限或缺陷使然。又人類之所以不自知

科學知識與直接經驗並不相應，也是因為自身的認知能力有缺陷之故。

科學知識與直接經驗的不相應，依懷德海所說，癥結乃在於，科學對象（無論是「波」或「粒子」，或「電子」，或「光子」）乃是一種抽象物，一種思維的產物，一種邏輯結構；而人類直接經驗的內容，則是具體事物，是感官所知，是直覺所得。前者是從後者抽離出來的東西。因此，前者對於後者，不但多所遺漏，而且有所竄改。此遺漏與竄改，乃是理智作用之本性所致。至於人類之不自知此兩者之不相應，照懷德海所說，則見於他始終誤以抽象物為具體存在，誤以思維產物為直覺所得。懷氏稱這種錯誤為「具體性誤置的謬誤」。

以上種種，自不是三言兩語所能講清楚的，一定要等到讀完本書末章有關唯識宗與懷德海等人知識論的論述後，才可能完全了解。這裡只想指出：「波粒雙象性」的震撼反映出有關人類認知的某些深層問題。這問題，由於「波粒雙象性」等量子物理學特殊現象的發現，才引起當今西方哲學家的注意，而熱切加以探討，終於獲致日後科學哲學上的豐碩成果。但類似的問題，早在兩千多年以前佛教徒便已注意到了，唯識宗更對它做了相當的探討，其所得的結論，與當今西方哲學家所獲致的，也大體相同。這一切，本書末章將有詳細的討論，請參閱。

暴露科學知識與直接經驗不相符合這事實的次原子現象，並不止「波粒雙象性」一件，下文即將提到的許多現象，也都有這樣的效應，因為正如前文所說，微觀世界的很多現

象都明顯乖違古典物理學的基本觀念，或明顯逾越其基本法則。這點，將在下文隨時提及。

至於「波粒雙象性」的第二項哲學涵義：顯示認知活動在一定程度上決定了被認知者的面貌，因屬於下一節的範圍，就併入下一節討論。

第二節　沒有離開「能知」而獨立的「所知」

前文說過，當我們從事「雙縫實驗」的時候，光對我們呈現了波的特徵；而當我們從事「光電效應」的實驗時，光又對我們呈現出粒子的特徵。量子物理學又告訴我們：我們還可以去做一種實驗，使光既呈現波的特徵又呈現粒子的特徵。這實驗是由康普頓(Arthur Compton)設計的，故稱「康普頓實驗」。

壹　X光的雙重面貌

這實驗並不複雜，只要用X光去衝擊電子，並在它衝擊之前與衝擊之後測量它的頻率。通常我們都把X光視為一種波。正因為它是一種波，所以才有頻率，粒子是沒有頻率的。我們在X光衝擊電子的前後，都可以測量出它的頻率，正證明了它是一種波。但當它衝擊電子時，它又表現出與「光電效應」實驗中光子撞擊電子同樣的行為：它一下就把電子撞開。這顯然又是粒子的特徵。我們還發現它如果把電子撞個正著，它在撞擊後的頻率會明顯低於它在撞擊前的頻率。這表示它在撞擊電子時喪失了一部分能量。因為如前所述，普朗克曾告訴我們：頻率高的光子之能量，大於頻率低的光子

之能量。

這個實驗的結果，顯示了X光既是波又是粒子❻。

以上事實告訴我們：光對我們呈現為波或粒子，在很大的一個程度上，決定於我們所採取的認知行動：我們對它做「雙縫實驗」，它就對我們呈現而為波；我們對它做「光電效應」實驗，它就對我們呈現而為粒子；對它做「康普頓實驗」，它就對我們呈現而為波兼粒子。

由於這個原因，祖卡夫(Gary Zukav)遂指出：光的波之性質和粒子的性質，與其說是光本身的性質，倒不如說是我們與光「互動」的性質。也就是說，這些性質並不屬於光，而是屬於我們與光之「互動」。可以說，沒有我們跟光的互動，光就不會呈現這些性質；這些性質並不是獨立於我們之外的❼。

這勢必導致如下的結論：世界之所以呈現為這個樣子，乃是因為有這樣的我，以及這樣的我採取了這樣的行動去認知世界。如果沒有這樣的我，如果這樣的我沒有採取這樣的行動去認識世界，世界就不會以這個樣子呈現。

如果有人問：假使都沒有人去認識它，世界會怎樣？世界本來的樣子是怎麼樣的？

則可以這麼回答他：世界要嘛就是對採取這樣一個行動去認識它的人呈現這麼一個樣子，要嘛就是對採取那樣一個行動去認識它的那麼一個人呈現那麼一個樣子。除了這些，它並沒有什麼「本來的樣子」。它的樣子是對認知它的人(或

---

❻ 《物質結構導論》，頁8-9。

❼ *The Dancing Wu Li Masters*, p. 95.

任何認知的主體）呈現的；沒有認知它的人（或任何認知主
體），它便沒有樣子。

這也正是佛學的一貫的看法：沒有離開「能知」而獨立
的「所知」。用唯識宗的話來說，就是沒有離開「見分」而
獨立的「相分」。「能知」與「所知」，「見分」與「相分」本
為一體之兩面。

西方傳統上認為人是人，世界是世界，人只是站在一邊
看著世界；有人看著它，世界固然是那樣；沒有人看著它，
世界還是那樣；人的觀看，或不觀看，對世界都沒有影響。

這個看法，在此不得不宣告破產。

關於沒有離開「能知」而獨立的「所知」，海森堡 (W.
Heisenberg)「測不準原理」(uncertainty principle)所表述的事
實，無疑是更佳的實例。

貳 事物的觀察者，即事物的創造者

海森堡曾舉了一個假想的情況來說明這個事實。他假設
我們有一部超級強力顯微鏡，可以觀看環繞著軌道運行的電
子。由於電子體積非常小，我們在觀看它的時候，不能用普
通的光來照明它。因為普通的光的光波相對於電子而言，其
波長太長了，它可以輕易地繞過電子而繼續前進，完全不受
其阻礙，結果電子便不會受光而呈現出來。我們如果要使電
子受光而呈現出來，一定要採用一種波長與電子之大小相若
的光，這樣，電子才能把一部分的光擋住而使自己現形。伽
瑪射線乃是當今我們所知道的波長最短的一種光，因此，用
它來照明電子是再好不過了！但是根據普朗克的發現，光的

波長越短，其頻率越高；頻率越高，其所含的能量也越大。因此，伽瑪射線固然可以把電子照出來，但它所含的高能量卻也足以把電子撞離它的軌道。這一來，也就改變了電子原來的速度和方向了！而其改變的情形，是無可逆料，也無法控制的。粒子的速度和方向，就是它的「動量」。所以上面的這個事實等於是說，我們如果使用一種波長短到足以照出粒子所在的光去照射粒子，以確定其位置，我們就無可避免地會使其「動量」變得不可知。

　　如果我們想避免這個情形，惟一的辦法，就是採用所含能量甚小的光。但所含能量小到不會影響電子動量的光，其波長必然長到無法照出電子的位置。所以我們永遠無法同時準確測出一個運動粒子的位置和動量❽。

　　這個事實告訴我們：

　　在次原子領域，我們無法觀察一件東西而不改變這件東西。觀察者的舉動本身，已足以改變被觀察者的面貌。所以根本無所謂完全「客觀」的事物。這又打破了古典物理學向來所持的「人與世界各自獨立，世界完全照著本身的規律自行運轉而與人無關；人可以在一旁靜靜觀察它，而不會影響它」這觀念。新的事實告訴我們：事物的觀察者，同時也就是參與創造該事物的人。事物之所以呈現那個面貌，至少有一部分乃是因為那個特定的觀察者採取了那個特定的觀察舉動之故。在這裡，主觀與客觀，內界與外界，能知與所知，界線已然模糊起來。人與世界也不再是互相分離、互相獨立的，而勿寧是互相涵容、互相涉入的。這無疑再度證實了唯

---

❽　以上見《物質結構導論》，頁22–25。

識宗「見分、相分一體」，乃至華嚴宗「萬物相依相待，相涵相攝」的論點。

普林斯頓一位著名的物理學家惠勒 (John Wheeler) 在論及這點時說：

> 關於量子原理，最重要的莫過於以下這點：它激底摧毀了一個概念，這個概念認為世界「外在於我」，觀察者以一片20厘米厚的玻璃板，安全地與它隔開。依量子論，即使觀察一個像電子這麼渺小的對象，觀察者也必須粉碎那片玻璃。他必須涉入。他必須設置他選定的測量裝備，他必須決定究竟要測量的是位置或動量。設置了測量其一的裝備，便阻止和排拒了設置測量另一的裝備。不僅如此，測量的本身且會改變電子的狀況。經過這測量，宇宙便永遠不會再像從前那樣了！要正確描述這回事，我們必須刪掉「觀察者」這個舊詞，而代之以「參與者」這個新詞。就一個稍微怪異的意義而言，可以說宇宙乃是一個參與性的宇宙。❾

他又說：

> 就一種稍微怪異的意義而言，宇宙或許正是參與者的參與「造成」的吧？……參與是關鍵性的行動。量子力學提出的「參與者」是無可爭議的新概念。這個概念打倒了古典理論的「觀察者」一詞。該詞指的是一個人站在

❾ *The Tao of Physics*, Fritjof Capra, Fontana/Collins, 1979, p. 145.

厚厚的玻璃牆後面，安然地看著事物行進，而不參與其中。量子力學說，這是辦不到的。❿

《物理大師之舞》一書的作者祖卡夫總結這點說：

在哲學上，量子力學的意義實在令人迷惑。依量子力學，我們不僅影響了實在，而且在某一程度上我們還真的「創造」了它。由於事物的本性使然，我們只能認知粒子的位置或動量，而不能同時認知兩者，我們「不得不選擇」要測定這兩項屬性中的哪一項。在形上學上，這幾乎等於說，由於我們選擇要測定某些屬性，我們就「創造」了這些屬性。換句話說，很可能正因為我們有意要測定位置，而如果沒有某種東西佔據了一個我們想要測定的位置，我們便無法測定位置，我們才創造了帶有位置的某種東西，如粒子。⓫

照這說法，則不僅我們想要測定的屬性是我們創造出來的，連帶有這屬性的物體本身都是我們創造出來的：由於我們決定要測定位置，我們就創造出佔有位置的物體！

祖卡夫接著說：

量子物理學家時常在思索以下這類問題：「在我們做實驗去測定其動量之前，有一個帶有動量的粒子存在

---

❿ *The Dancing Wu Li Masters*, p. 29.

⓫ Ibid., p. 28.

嗎?」「在我們做實驗去測定其位置之前,有一個帶有位置的粒子存在嗎?」「在我們思索它們、測量它們之前,有粒子存在嗎?」「我們正加以實驗的粒子,是我們創造出來的嗎?」 儘管聽起來多麼難以置信,有許多物理學家都承認有此可能。 ⑫

這想法,跟佛學的「萬法唯識」、「境由心造」還有什麼區別?! 依唯識宗, 1.各人有各人的識; 2.世界乃是識的內容; 3.每個識都由一組條件(包括個人的相關行為)和合而成; 4.每個識只存在極短暫的一瞬間,但它消滅之後,會留下它的影響力,作為一種潛能(所謂「種子」),被保留在第八識中,等待機會與其他的條件和合而形成新的識(「種子」也是作為條件之一)。 唯識宗的這個說法,導致以下兩點結論: 1.每個人的世界都不一樣。 2.每個人的世界,在某一程度上,乃是他此前一切作為的產物。這兩點,乃是唯識宗思想與一般思想最大的歧異所在,也是唯識宗思想最不容易被一般人接受的地方。但這兩點,如今竟在量子物理學中獲得強力的支持,這不能不說是人類思想史上的一大驚奇!

海森堡事例中的這種運動粒子,清楚顯示了自身「緣起性空」的性格。這種運動粒子當然毫無疑問的是一種「緣起性空」的東西。所謂「緣起性空」的東西,正如前文所述,就是由一組條件所構成而沒有自體的東西。正因為它是由一組條件所構成而沒有自體,所以它的面貌才會那麼不明確。當然其所由構成的條件並不止一個,而應該有很多,但觀測

---

⑫　Ibid.

者的觀測行為無疑是其中不可或缺的一個。正因為觀測者的觀測行為是不可或缺的一個條件，所以當觀測者尚未採取特定的觀測行為時，該粒子的面貌便無由顯現，而當觀測者的觀測行為改變時，它的面貌也隨之改變。這運動粒子比前述雙縫實驗中的光子等更加特別的地方是，光子等粒子固然也是「緣起性空」的東西，但當觀測者的觀測行為確定時，它們的面貌也就完全明確了，但海森堡這種運動粒子卻在觀測者的觀測行為已告確定時，其面貌猶未能完全明確。這就益加把它的無自體這事實顯露無遺了！

第三節　萬物一體

　　量子物理學又導致一項與佛學思想非常接近的世界觀：萬物一體。這個世界觀是量子的某些行為所啟發的。這些行為，明顯見諸「雙縫實驗」，以及另一個著名的實驗，即關於「零自旋雙粒子系統」(two-particles system of zero spin)的實驗。

壹　不可思議的現象

　　前文已經介紹過湯瑪斯・楊的「雙縫實驗」。在該實驗中，湯氏使光呈現出「繞射」與「干涉」的現象，從而證明了光之為波。但後來愛因斯坦又證明了光也是一種粒子（光子）。光既然也是一種粒子，我們當然也可以把光當作一種粒子來做湯瑪斯・楊的「雙縫實驗」。現在假設我們有一枝光槍，一次只能發射一個光子，我們就以這光槍來代替湯氏原來實驗中的光源，其他一切裝置照舊。第一次實驗時，只打

開兩條細縫中的一條，光槍發射光子，使光子穿過細縫，落在對面的牆上。這時，我們會發現光子可能落在牆上的任何一個地方。第二次實驗時，我們把雙縫一起打開，同樣發射光子。但這一次，光子卻不會落在牆上的某些區域（因而形成暗帶），只會落在某些區域（因而形成光帶）。這個現象實在令人困惑，我們不禁要問：第一次實驗時，那一個個的光子怎麼知道第二條縫沒有開，因而隨便落在牆上的任何一個地方？而第二次實驗時，通過兩條縫之一的一個個光子怎麼知道另一條縫也開了，因而只落在光帶，而不落在暗帶⓭？

關於「零自旋雙粒子系統」的實驗，更有趣。

所謂「零自旋雙粒子系統」，涉及一個名詞「自旋」(spin)，必須略加解釋。所謂「自旋」，乃是次原子粒子的一項共同屬性，即每個粒子都會像陀螺一樣，繞著一個軸自轉。不過，這種自旋跟陀螺的旋轉有一點很大的不同，即陀螺的旋轉可以快可以慢，但一種次原子粒子卻只能以一種固定的速率自轉；其旋轉的速率改變了，粒子本身也就毀滅了。粒子的自旋，及其質量與電荷，合稱粒子的三大基本屬性。

「零自旋雙粒子系統」，則是指一對粒子，它們會互相抵銷對方的自旋。所謂互相抵銷對方的自旋，就是說當一個粒子向上自旋時，另一個必定向下；一個向右自旋時，另一個必定向左。不管方向如何，兩者自旋的方向必定相反而速率相等。

對這樣的一對粒子，我們可以用一種方法（譬如電力），在不影響其自旋的情況下，把它們分開，使其中的一個朝一

⓭　Ibid., pp. 62–63.

個方向飛走，另一個朝相反的方向飛走。

　　我們又可以利用磁場來為其自旋定向。譬如有一種磁場叫做 Stern-Gerlach device，我們可以把它設計成當一個粒子通過它時，其自旋方向向左和向右的機率各半；也可以把它設計成自旋方向向上與向下的機率各半。我們可以拿這種磁場來為粒子的自旋定向。

　　1935 年，愛因斯坦和波多斯基 (Boris Podolsky) 及羅森 (Nathan Rosen) 三人，就利用上述兩種儀器，設計了一個假想實驗。

　　這個實驗，就是先把「零自旋雙粒子系統」的雙個粒子分開，使其中一個飛向 A 區，另一個飛向 B 區。然後使飛向 A 區的那個通過一個磁場。如果我們把這磁場設定為上下導向的磁場，並設定為向上和向下的機率各半，則當飛向 A 區的粒子通過這個磁場以後，其自旋的方向會有一半的機會向上，一半的機會向下。

　　實驗的結果顯示：如果該粒子通過磁場以後，其自旋的方向向上，則飛向 B 區那個粒子的自旋方向一定向下；如果其自旋的方向向下，則飛向 B 區那個粒子的自旋方向一定向上。

　　如果我們把磁場的導向由上下導向的，改為左右導向的，則通過磁場的粒子如向左自旋，另一個必將向右自旋；該粒子如向右自旋，另一個必向左自旋。

　　即使我們是在雙粒子已經分開而一個飛向 A 區、一個飛向 B 區時，臨時把磁場由上下導向的改為左右導向的，B 區粒子仍然會隨著 A 區粒子的或左或右而或右或左。

　　總而言之，我們在A區的所作所為（改變磁場設定），總會立即影響到發生在B區的事情。我們不禁要問：B區粒子怎麼能夠那麼快獲得A區粒子的訊息而立即調整自己的行為？這訊息即使藉光來傳遞，也不可能傳遞得這麼快，因為B區粒子對A區粒子行為的反應是即時的❶。

　　以上兩個實驗的結果，都不是既有物理學概念所能解釋的。也就是說，它們都和某些既有的基本物理學概念或原理有所牴觸。

　　譬如說，它們就和一個根深柢固的概念無法並存。這個概念，就是把個別事物看成一個獨立存在物的概念。這個概念，不但存在於舊物理學中，也存在於歷來的西方哲學中，更普遍存在於一般人的思想中。這個概念，認為每一個個別的事物都是一個自立自足的存在，即使它周圍的其他事物都消滅了，它仍然自爾存在。這概念又認為個別事物之間是互相隔絕的，只有在某些情況下（如空間上或時間上接近，或有聯繫的媒介），才會發生一種外在關係。

　　如果「雙縫實驗」中的單個光子，確實是像這個概念所以為的那麼一個東西，那麼，我們對它的行為便完全無法解釋，因為我們實在不能理解它怎麼會知道另一條縫有沒有開，因而決定落在暗帶。

　　零自旋雙粒子的行為，也跟這個概念相牴觸，因為我們從它們的行為可以很清楚地看出這對粒子之間有一種極密切的關聯，這關聯，並不因為空間的隔離而消失。

---

❶　Ibid., pp. 285-286.

貳 違背既有的物理學信念

零自旋雙粒子的行為不但與上述概念衝突，也與物理學的若干重要信念衝突。譬如物理學認為訊息的傳遞必須透過信號，而世上最快的信號莫過於光的信號，因為光的速度比其他任何東西的速度都更快，高達每秒186,284哩，但光的速度再快，從一個地方到另一個地方，還是需要一點時間。上述零自旋雙粒子的實驗顯示：A區粒子的行為一有什麼改變，B區粒子的行為立即隨之改變，其間沒有時間的間隔。這表示A區粒子與B區粒子之間的訊息傳遞不需要花費時間。這就跟上述物理學對訊息傳遞的看法相衝突。

依既有的物理學，B區粒子的行為要隨著A區粒子的行為而改變，必須先具有關於A區粒子行為的訊息；訊息必須透過信號傳遞；世上最快的信號是光的信號；光的信號的傳遞，需要時間。所以B區粒子的行為不可能「立即」隨著A區粒子行為的改變而改變。

但事情卻這麼發生了！

為了使事實更加明確，貝爾(J. S. Bell)在1964年構想了另外一個實驗，克勞塞(John Clauser)與傅立曼(Stuart Freeman)則於1972年把它付諸實現。

這實驗是關於對偶光子的實驗。對偶光子，是由通電的氣體原子所放出的一對對光子（在氣體中通電，氣體的原子受電的激盪，便放出一對對的光子。霓虹燈就是根據這個原理製作的）。對偶光子猶如一對雙胞胎，除了彼此向相反方向飛去，其他的性質完全一樣。譬如其中一個是垂直偏振，

另一個也必定是垂直偏振；一個是水平偏振，另一個也必定是水平偏振；不論偏振的角度多少，兩者一定是以同樣角度偏振。

這實驗的目的，就是要確定朝相反方向飛去的一對光子，其偏振角度是否始終一樣。實驗的結果證明兩者偏振的角度始終一樣。

實驗的裝置，主要是在朝相反方向飛去的一對光子必經的路徑上各放一面偏光鏡，偏光鏡後面各放一個光子偵測器。偏光鏡的作用，類似柵欄的作用，只讓一定偏振角度的光子通過。通過偏光鏡的光子，則會被光子偵測器偵測出來。現在假設我們把兩個偏光鏡都調整成只能讓垂直偏振的光子通過，我們藉著光子偵測器，豈不是很輕易地就可以看出一對光子是否都以垂直偏振？

這個實驗的對象是一對對的光子。光子是構成光的量子，所以光子的速度就是光的速度。實驗中的光子以光速朝相反的方向飛去，顯然無法以光的信號互相傳遞訊息，但它們卻始終保持行動的一致。這表示它們無需任何媒介便可以有很好的聯繫[15]。

這完全跟物理學的一項重要原理相牴觸。這項原理叫做「局部因果原理」(principle of local cause)。這原理是說，凡是「空間式隔離」的兩個事件，不可能有任何關聯，因此也就不會互相影響。什麼叫做「空間式隔離」的兩個事件呢？所謂「空間式隔離」的兩個事件，就是沒有足夠時間藉光的信號互相聯繫的兩個事件。依這定義，上述對偶光子的行為，

---

[15]　Ibid., pp. 291–292.

便是不折不扣的「空間式隔離」的兩個事件。照「局部因果原理」，這一對對光子之間是不應該有任何關聯的，因而也應該是不會互相影響的。但它們卻偏偏有密切的關聯，卻偏偏會互相影響！

參　整體才是實在

那麼，這意味著什麼呢？

對這點，物理學家有不止一種的看法。

其中最有力的一種看法，就是認為：這表示事物之間本來就存在著密切的關聯，不待任何信號把它們連結起來；世上根本沒有所謂「獨立」的個體這種東西；一般人心目中的「事物分離對立」的圖像，完全是一種幻象；基本上，宇宙乃是一個不可分解的整體；天地萬物相連相通，彼此並不隔離。

譬如設計對偶光子實驗的貝爾，就根據該實驗的結果提出一項數學論證，世稱「貝爾定理」。該定理有一個重要意涵，就是認為宇宙「各個分離的部分」，在根柢上是以一種緊密而直接的方式互相連結著❻。

它們既然本來就連結在一起，自然便不再需要靠什麼東西（如前述光的信號）去把它們連結起來。它們既然連結在一起，便是一個渾淪一體的東西，彼此融通無礙，相知相悉，也可以說它們隨時都可以把一方的訊息「立即」傳送給對方而不需要花費任何時間。相對於傳統物理學所知道的訊息傳遞方式，有的物理學家就把這種訊息的傳遞方式稱為「超光

---

❻　Ibid., p. 282.

速的訊息傳送」(superluminal transfer of information)。這種現象的存在，使得某些人產生一種想法，認為出現於時空中的自然歷程，並不是基本的；大自然的基本歷程存在於時空之外。

史塔普(Henry Stapp)在論及前述「貝爾定理」時說道：

> 量子現象提供了確鑿的證據，證明訊息以異乎古典觀念的方式傳播。因此，超光速的訊息傳送，就不能說是什麼不合理的觀念。
>
> 我們有關大自然的知識，無一不與如下的一個觀念相符：大自然的基本歷程不在時空之中，卻由這基本歷程生出種種可以定位於時空中的事件。本論文的定理(按指貝爾定理) 指出超光速的訊息傳送是必然的，而排斥了另外幾種較不合理的說法，藉此支持上述有關大自然基本歷程的觀點。❶

照這說法，有時間、有空間的狀態，倒不是世界最基本的狀態。在這狀態底下，還有一個沒有時間、沒有空間的狀態，那才是世界的最基本狀態。換言之，世界的最後真相是沒有時間相和空間相的，亦即超乎時間空間以上的，那正是莊子在論及「道」時所說的「在太極之先而不為高，在六極之下而不為深，先天地生而不為久，長於上古而不為老。」(《莊子・大宗師》)。

整體中的各部分，既然經由超光速的訊息傳送而連結成

---

❶　Ibid., p. 295.

一體，則世界上便無真正「互相隔離的眾多部分」。　既無所謂真正「互相隔離的眾多部分」，則部分與部分之間自可互相影響，即連所謂「空間式隔離」的事件亦然。因此，波姆(David Bohm)針對所謂的「互相隔離的眾多部分」說道：

> 各部分顯然直接關聯著，在這關聯中，它們（各部分）之間的動態關係究竟如何，要看全體系的狀況如何而定（確實不錯，要看它們所在的一個比一個更大的體系之狀況如何而定，原則上最後是要看全宇宙的狀況如何而定）。　就這樣，終於導致一個新觀念：「不可分解的整體」(unbroken wholeness)。這個觀念，否定了那個認為可將世界分解為隔離而獨立的眾多部分的古典觀念。⑱

各部分之間有直接關聯，各部分之間可以互相影響。這影響不受時空限制，因此，宇宙最遙遠一端的一個部分可以影響最遙遠另一端的一個部分；宇宙間沒有一個部分不是受到其他一切部分的影響。這影響不但決定了各部分的存在狀態，也決定了各部分之間的關係；各部分互相決定，互為存在條件，宇宙遂成為一個「不可分解的整體」，　其中任何一個部分都無法離開整體而存在，整體也無法在失去任何一個部分之後繼續存在。

波姆認為只有這個「不可分解的整體」才是真實的存在，而一般所謂的「互相隔離而獨立的個體」不過是一個抽象概念，只存在於人的思想中。他稱這個「不可分解的整體」為

---

⑱　Ibid., p. 300.

「如如」(that which is)，視之為世界的根柢，終極的實在。照他所說，世上的一切，包括時間和空間，以及被我們誤以為獨立的諸多個體，都不外是這「如如」的形式(forms)。這就是說，世上的萬事萬物都是那「不可分解的整體」之表現；一件事物，就是它的一個形式（相）**⑲**。

波姆等人的這種思想，無異是華嚴思想的西洋版。他們稱之為「如如」的那個「不可分解的整體」，就是天台、華嚴所謂的「真如」或「如來藏」。依華嚴，世上任何一件事物，大至一座高山，小至一粒沙塵，無不是全體「真如」或「如來藏」所變現；世上任何一件事物都在自己身上反映了其他一切事物，其他一切事物也都各自在身上反映了該一事物；所謂「隔離而獨立的個體」只是幻象。波姆等人所說的，也正是如此。

波姆等人的這類思想，卻與牛頓以來的古典物理學思想完全背道而馳。

依古典物理學，「獨立的個體」才是世界的根柢與終極實在。所謂的宇宙，不過是眾多「獨立的個體」之集合。這些「獨立的個體」，不但是互相分離的，而且是互相隔絕的。它們之間固然可以發生種種關係，但這些關係都只是外在的、偶然的。所謂外在的，就是說這些關係不會影響到它們自身的本質。所謂偶然的，就是說這些關係是可有可無的，可以這樣，也可以那樣，根本與它們的結構與功能不相干。在古典物理學家的心目中，一個「獨立的個體」，原則上是自足自在的，即使它周圍的其他個體都消失了，它也可以照舊存

---

⑲ Ibid., p. 309.

在；世界則是由這些個體拼湊起來的，它的面貌完全決定於這些「獨立的個體」及其組合。古典物理學便是從這樣的假定出發，認為只要弄清楚這些個體的屬性以及它們之間的關係，便可掌握世界的真相。

這跟波姆等人的看法是多麼的不同！依波姆，世界之真相乃在於「不可分解的整體」，而不在於「獨立的個體」，所謂的「獨立的個體」不過是一種幻象；各部分之存在狀態決定於整體之存在狀態，根本沒有所謂自足自在的個體；一個個體與其他個體的關係，乃是該個體之所以為該個體的決定因素；每一個個體都只是「不可分解的整體」所呈現的一個形式，每一個個體身上都反映了整體的一種面貌。

波姆等人的世界觀，就是通常所謂的「萬物一體觀」。惟其是一體，所以萬物在根柢上相通；既然相通，則互相知悉，互相影響，毫無阻隔。

有了這種世界觀，再回頭檢視雙縫實驗與零自旋雙粒子實驗，原先可能存在的疑難，即可以一掃而空，而對相關的種種現象也都可以做出圓滿的解釋。

以雙縫實驗而言，原先我們對穿過細縫的單個光子為什麼能「知道」另一條縫有沒有開而據以決定要不要落在「暗區」，可能覺得很迷惑。但如果我們從「萬物一體」的觀點來看，就可以看出：所謂「單個」光子，根本就是一個幻象，實際上並沒有任何獨立的與其他事物隔離的光子存在，光子與其周圍環境本為一體，彼此相通。既然如此，它能「知道」另一條縫有沒有開也就沒有什麼奇怪了！

從「萬物一體」的觀點來看，光子與周圍環境原本是不

可分的，它雖然呈現出「獨立」個體的樣子，但事實上並沒
有「獨立」，只是我們誤以為它「獨立」罷了！再說事實上
我們也沒有真正看到什麼「光子」，我們只是從它在感光版上
留下的痕跡發現它有像「粒子」那樣的若干特性，因而在方
便上姑且稱之為「光子」。實際上，「粒子」並非它的真相。
何況它除了具有類似「粒子」的特性之外，還具有類似「波」
的特性！當然「波」也不是它的真相，說它是一種「波」，也
只是一種比擬。對於它，我們發現用「粒子」加以比擬，猶
不足以概括其所有特徵，於是又以「波」加以比擬，說它
既是「粒子」，又是「波」。但儘管如此，「波」加上「粒
子」，也還不是它的真相。從「萬物一體」的觀點來看，它
應該跟其他一切事物合而為一，成為一個整體，這個整體，
既可以表現而為任何一個相，又不就是任何一個相，這才是
它的真相。

至於零自旋雙粒子實驗和對偶光子實驗，更容易解釋，
只要把雙粒子和對偶光子看成表面分離而實際相連（是為一
體）的東西就行了！

第四節　個別粒子的虛妄性

次原子世界還有一個很詭異的現象，就是個別的次原子
粒子一旦跟其他東西分離而獨自存在，其狀況就變得模糊而
不明確。這就是說，對這麼一個次原子粒子，我們無法準確
地預測它會在哪一個特定的時刻出現在哪一個特定的地點，
或它會在哪一個特定的時刻經歷哪一個特定的歷程。我們只
能預測它在某一特定時刻出現於某一特定地點的機率

(probability)，或它會在某一特定時刻經歷某一特定歷程的機率。

　　以上述雙縫實驗為例，我們就無法預測發自光源的一個光子究竟會通過第一道縫或第二道縫，我們只能得知它通過第一道縫的機率是多少，通過第二道縫的機率是多少。我們也無法預測它在通過細縫之後會落在牆上的哪一個地方，我們只能得知它落在牆上A區的機率是多少，落在B區的機率是多少，落在C區的機率是多少。

　　再舉一個例子來說，我們都已知道次原子粒子都很不穩定，它們在存在了一段時間之後都會蛻變為別的粒子。但我們卻無法確切預測某一個粒子在存在了多長的時間之後會蛻變為別的粒子，我們只能得知它在某一段時間之後蛻變為別的粒子的機率是多少。對其蛻變的方式也是一樣。一般而言，一個不穩定的粒子，其蛻變的方式都不止一種：它可能以A方式蛻變，也可能以B方式蛻變，也可能以C方式蛻變。我們只能得知它以A方式蛻變的機率是多少，以B方式蛻變的機率是多少，以C方式蛻變的機率是多少。

　　這種狀況不明確的個別粒子，到底算不算一種真實的存在，引起很多人的懷疑，因為一種真實的存在，其狀況似乎不應該如此的模糊而不明確。

壹　介於觀念與實物之間的東西

　　由於個別次原子粒子的這種怪異特性，我們無法用日常語言中的概念來表示它，所以量子物理學家只好用一個數學上的概念來代表它。這個數學上的概念，就是所謂的「波函

數」(wave function)。「波函數」表示的，不是一個粒子的現實特性，而是它的各種可能性(possibility) ❷。如上述一個粒子在某一特定時刻以A方式蛻變或以B方式蛻變或以C方式蛻變的三種可能性。一個粒子在某一特定時刻的「波函數」，則是由薛丁格所提出的一個特殊方程式求出。這個方程式叫做「波方程式」(wave equation)。只要我們知道一個次原子粒子的各種相關條件，我們便能藉這個方程式求出該粒子在任一時刻的「波函數」。

根據「波函數」，又可以由上述方程式求出各該可能性實現的機率，如以A方式蛻變的機率是多少，以B方式蛻變的機率是多少，以C方式蛻變的機率是多少。

但不管可能性實現的機率多高，可能性畢竟還只是可能性而不是現實(reality)。量子力學以「波函數」代表跟其他東西分離而獨自存在的個別粒子，便表示在量子力學的觀念裡，這種粒子的存在，跟一般意義的存在頗有差異。蓋一般意義的存在物，都是指現實事物而言，但依海森堡所說，所謂跟其他東西分離而獨自存在的個別粒子，勿寧是一種介乎「事件之觀念」與「現實事件」之間的東西，一種介乎「可能性」與「現實」之間的東西，類似亞里士多德所謂的「潛能」(potentia)，只代表事物存在的「傾向」(tendency)，而不就是已存在的事物 ❷。

為什麼這些物理學家會把這樣的粒子看成這麼奇怪的一

---

❷ 《物質結構導論》，頁18–20。

❷ *Physics and Philosophy*, Werner Heisenberg, Harper & Row, 1958, p. 41.

種東西呢?

要了解這點,必須知道量子力學是怎樣觀測次原子粒子的。

量子力學觀測一個次原子粒子,第一步,是按照一個程序,使一個次原子粒子跟其他東西分離開來而獨自存在。這樣才能單獨加以觀測。這程序,不妨稱之為預備程序。進行這項預備程序的地方,量子力學稱之為預備區(region of preparation)。這預備程序,可能包括很多複雜的步驟,如裝設一套實驗儀器,操作這套儀器,使這個次原子粒子跟其他東西分離開來。這自然涉及各種詳細的指令和規格。

一旦待觀測的粒子預備妥當,接下來的程序,當然就是觀測的程序。這程序也包括很多很複雜的步驟,如設置觀測儀器,操作這套儀器,以進行觀測。這又涉及各種指令和規格。這程序可稱之為觀測程序。進行這程序的地方,稱為觀測區(region of measurement)。

量子力學特別要求預備區與觀測區之間必須有相當的距離,以保證被觀測的次原子粒子確實與其他東西分開而獨立存在。它要求這被觀測的粒子在被分離出來之後,必須單獨而不受干擾地通過一段空間距離,才抵達觀測區,以待觀測者觀測。

正是因為這樣,我們才有機會發現個別次原子粒子各種狀況之模糊而不明確。因為一旦照上述量子力學之要求而使一個粒子跟其他東西分離而獨自存在,其狀況即變得模糊而不明確。

這種狀況模糊而不明確的東西,是否真的存在,的確令

人懷疑。

　　茲以雙縫實驗為例，來說明量子力學這個觀測程序。

　　在上述雙縫實驗中，我們在桌上放一個光源，再於相當距離之外放一張幕，上面開兩條垂直的細縫，然後打開光源的開關，放出一個一個的光子。這就是預備程序。進行預備程序的這個地方，就是預備區。另一方面，我們又在幕的另一邊相隔相當距離的地方放置一架相機，並且操作相機，拍攝光子的照片。這程序，就是觀測程序。進行觀測程序的地方，就是觀測區。量子力學特別要求光源與相機之間必須有相當的距離。

　　在量子力學的觀測程序中，所謂被分離出來而獨自存在的個別粒子（在雙縫實驗中，便是個別的光子），在它從預備區去到觀測區的途中，儘管在理論上講，它是存在的，但在實際上，我們並無從知道其存在。惟有當它到達觀測區而與觀測儀器發生互動且產生若干效應時（在雙縫實驗中，便是在底片上留下影像），我們才知道它的存在。

　　這時，我們之所以承認它的存在，除了因為這時它是可以測知的以外，更因為這時它的狀況是完全明確的。以前述雙縫實驗為例，這時光子不是已經落在A區，便是已經落在B區，再不然就是已經落在C區。這時，它是一個現實事物，而且是一個明確的現實事物。

　　但是在預備區與觀測區之間的它，卻不然。它的存在與否，以及其存在的樣態，都是未知的。這跟一般意義的存在物，自有相當差異。依照量子力學的哥本哈根詮釋，在預備區與觀測區之間的一個粒子，在觀測者尚未加以觀測之前，

它一直都只是作為一組可能性而存在(在雙縫實驗這事例中,
就是可能落在A區的一個光子,與可能落在B區的一個光子,
與可能落在C區的一個光子……等一組可能性),它並不是一
種現實事物。惟有當觀測者加以觀測的時候,這組可能性中
的一個才突然實現而為現實事物(其他可能性則在同時一下
消失無蹤)❷。至於一組可能性中的哪一個最後會成為現實,
則純屬偶然。這個詮釋,乍看之下,固然顯得相當離奇,但
仔細一想,倒也不是全無道理。因為如前述「波粒雙象性」
的事例所顯示,觀測者的觀測行為乃是決定觀測對象之面貌
的一個關鍵性因素,觀測者尚未加以觀測之前,觀測對象的
面貌自是不能決定。哥本哈根詮釋比前述事例所顯示者更進
一步的地方,是它不但認為觀測者尚未加以觀測之前,觀察
對象的面貌無法決定,而且認為這時觀察對象根本就不能形
成。因此,它才會主張在預備區與觀測區之間的「粒子」,只
能算是一種可能性(或如海森堡所謂的「潛能」, 或存在的
「傾向」),而不能算是現實事物。這個主張強烈應和了唯識
宗「相分與見分不相離」(沒有離開認知者而獨自存在的認知
對象)的論點。

貳 沒有真正的獨立個體

哥本哈根詮釋儘管有此殊勝之點,卻還有另外一個理論
能夠比它做出更好的詮釋。這個理論,就是上節提到的「萬
物一體」論。依照這個理論,世上根本不可能有真正離開其
他東西而獨自存在的東西。依照這個理論,惟有那個不可分

---

❷ *The Dancing Wu Li Masters*, pp. 73–78.

解的整體才是真實的存在，所謂互相隔離的獨立事物，不過
是一個抽象概念。因此，所謂在預備區與觀測區之間的一個
「獨立」粒子，實際上只存在於我們思想之中，並不存在於
客觀世界之中，它只是人心抽象作用的產物，是我們在想像
中把它從那個不可分解的整體（宇宙）抽取出來而單獨加以
考量的結果。它只是一種抽象物 (abstraction)，或理想物
(idealization)。正如卡普拉所說的：

> 它們不過是一種理想物。從實用的觀點來看，它們是有
> 用的，但卻沒有根本意義。以波爾的話來說，「孤立的
> 物質粒子乃是抽象物，惟有透過它們與其他系統的互
> 動，它們的屬性才可以界定與觀測。」㉓

我們想像中的這種獨立的個別粒子，只在我們想像中從
那個不可分解的整體分離出來，實際上它並沒有真正由之分
離出來。正因為它並沒有由之分離出來，所以它仍然與周圍
的事物維持著那種「相依相待，相涵相攝」的永恆關係，它
仍然與其他無數事物互相影響，互相決定。這就是它的狀況
一直模糊而不明確的真正原因，也是觀測者的觀測可以決定
它的存在樣態乃至它的存在與否的真正原因。其狀況的模糊
而不明確，乃是因為可以影響和決定其狀況的因素多到不可
計數，對這些因素，我們無法完全知悉與估量，所以我們對
這粒子的狀況也就無法加以正確預測。但無法加以正確預測，
並不表示它不受因果律支配，只是其因果太過複雜，複雜到

㉓ *The Tao of Physics*, p. 141.

超乎我們所能把握的程度，以致我們無法由因以知果。由此看來，哥本哈根詮釋所謂「某一粒子可能有的各種行為之中，究竟哪一個會成為事實，乃純屬偶然」這說法，顯然有問題。那應該不是偶然，而是不可確知的必然。至於觀測者的觀測可以決定該粒子的存在樣態乃至存在與否，則是因為觀測者的觀測也是跟它互相影響、互相決定的因素之一。這個因素不具備，它的存在樣態便無法確定，甚至它的存在都無法成立。這個道理，在前述海森堡「測不準原理」的事例上，可以看得更清楚。

上文提到哥本哈根詮釋又認為，直到觀測者從事觀測為止，與個別粒子有關的一切可能性始終並存，當觀測者從事觀測時，其中的一個可能性才突然由可能性變為現實，其他的則一下消失無蹤。這看法，從「萬物一體」論的觀點看來也是有問題的。依「萬物一體」論，諸多消失的可能性應該是在從預備區到觀測區途中，在周圍無數因素的交互作用之下，就逐一消失了，等到觀測者從事觀測時，則連最後的第二個可能性也隨之消失，而留下最後一個。這個看法似乎比哥本哈根詮釋的看法更加合理。

「萬物一體」論既能圓滿詮釋有關個別粒子的種種現象，則上述有關個別粒子的種種現象，便可以視為證實「萬物一體」論的有效例證。

量子力學哥本哈根詮釋的主要參與者之一，波姆(David Bohm)後來說道：

　　　　這導致「不可分解的整體」這個新概念，這個概念否定

了世界可以分析為分離而獨立的諸多部分這古典觀念。
……我們把那個古典觀念顛倒過來，那個觀念認為世界
之各自獨立的「眾多基本部分」乃是根本現實，而各種
系統則不過是這些部分之特殊的偶然的形式和安排。我
們勿寧認為，整體宇宙之量子的不可分解的互相連結，
才是根本現實，而具有相對獨立性的眾多部分，則只是
這整體之內的特殊的偶然的形式。❷

依此，「不可分解的整體」，才是終極實在；看似獨立而
實不然的個別事物，則不過是這唯一實在的一種偶然表現(形
式)。

在海森堡看來，這個世界乃是由無數事件(event)交織而
成的一個複雜結構，其中但見事件的連結(connections)縱橫交
錯，上下重疊，彼此混雜，最後所有事件終於融合成一體：

就這樣，世界呈現而為諸多事件的一種複雜組織，在其
中，各種不同的連結，或交錯在一起，或重疊在一起，
或混雜在一起，因而決定了整體之結構。❷

第五節　剎那生滅，變幻無常

我們從量子力學又可以看到次原子粒子的另一個面貌，
就是變動不居，剎那生滅。

---

❷　Ibid., pp. 141–142.

❷　Ibid., p. 143.

量子力學告訴我們：次原子粒子絕不是一種固定不變、靜止不動的東西。相反的，它永遠都在生滅變化的歷程中，也在這歷程中顯示它的存在。事實上，除了這歷程，我們也不知道它的存在。

壹　無盡的生滅變化歷程

它的生滅變化，大抵透過兩種方式而呈現：一種是與別的粒子互動；一種是自我變化。這兩種現象都是不斷在發生的。以下分別加以簡略說明。

與別的粒子的互動，很容易了解。不過在舉例說明之前，還必須對粒子的幾項基本屬性略加介紹。

依量子力學的說法，粒子具有三項基本屬性：一是質量；一是電荷；一是自旋。

質量，前文論述「相對論」時已經說過，物理學家把質量定義為對抗運動變化的趨勢。一個質量比較大的粒子，要用比較大的力量才能把它推動（由靜到動）， 也要用比較大的力量才能把它停住（由動到靜）。之所以必須用比較大的力量才能把它推動或停住，就是因為它對抗運動變化的趨勢比較強大。對抗運動變化的趨勢，也就是質量。這是我們已經知道的。

必須進一步說明的是，質量實際上並不止一種。一般所謂的質量，只不過是其中的一種，即靜止質量，也就是粒子在靜止時的質量。除此之外，還有一種質量，叫做相對性質量。這種質量，是粒子在運動中的質量。粒子在靜止時的質量是固定的。但它在運動中的質量卻會變化 —— 運動越快，

其質量變得越大。這並不奇怪，因為質量不過是能量的一種形式，這種形式的能量，叫做存在能量。能量的另一種形式，叫做運動能量（亦稱動能）。 這兩種形式的能量可以互變。運動中粒子所增加的質量，就是由運動能量變成的。一個粒子以高速運動，它所帶的運動能量（動能）自是很大。

粒子依質量的大小，可以分為三類：質量較輕一類叫做「輕子」(lepton)；質量較重的一類叫做「重子」(baryon)；質量居間的一類叫做「介子」(meson)。

粒子的另外一項基本屬性——電荷,就是粒子所帶的電。每個粒子都帶有電。不過，有的帶的是正電，有的帶的是負電，有的帶的是中性的。粒子的電荷，決定粒子在其他粒子面前的行為：如果帶的電是中性的，則對其他粒子，不管其電荷如何，一概很冷漠；如果帶的是正電，則與帶正電的粒子互相排斥，與帶負電的互相吸引。帶電粒子之間這種相吸相斥的力量，叫做「電磁力」。

粒子的第三項屬性——自旋，前文已經提過，茲不復贅。

說明過粒子的三項基本屬性之後，就可以舉例說明粒子與粒子互動所致的生滅變化。

粒子與粒子互動的形式之一，是互相碰撞。

以下是一個關於粒子互相碰撞而產生連鎖反應的例子：

一個帶負電的 π 介子（一種介子），與一個質子（構成原子核的兩種粒子之一，帶正電）相撞，兩者都湮滅。然後它們所帶的存在能量（質量）與運動能量（動能）， 合起來創造了 Λ 粒子和中性的 K 粒子這兩個新粒子。這兩種粒子很不穩定，生命不到十億分之一秒，立刻變為其他粒子。其中中性

的K粒子衰變為一個正電 π 介子，和一個負電 π 介子。Λ粒子才有趣，因為它變出來的，竟是原初的那兩個粒子——帶負電的 π 介子，與質子。荼科斯坦(Finkelstein)評述這件事情說，這簡直就像兩座時鐘對撞，結果飛出來的不是齒輪、彈簧……等部件，而是更多的時鐘，有的還和原來的一樣大❷！

這個實例，除了表明粒子如何與別的粒子互動而生滅變化之外，也揭露了一項事實：粒子互撞破碎之後，不是如物理學家本來所預期的出現「更基本」的粒子（原初粒子所由構成的次一級的粒子），而是與原初粒子「同樣基本」的粒子。這是否意味著這些粒子已是「最基本」的粒子？

至於兩個粒子對撞湮滅之後為什麼會產生兩個與原初粒子完全一樣的粒子，外加兩個新的粒子（新粒子的質量從何而來？）則可以由「質能互變」原理獲得解釋——多出來的質量，是由原初粒子的運動能量（動能）變成的。

上述這種粒子對撞，並非偶而發生一次即告停止，而是連鎖性的，即兩個粒子對撞而產生新粒子之後，各個新粒子很快又分別與其他粒子對撞而產生別的粒子；別的粒子又很快各自和另外的粒子對撞，……如此連續不斷發生。

以上說的是粒子的互動。

粒子的自我變化，可以拿電子不斷放出和吸回光子為例。

貳　自變與互動

電子是一種最輕的粒子，但它也跟其他粒子一樣瞬息萬變；它即使不跟其他粒子互動，也不斷在放出和吸回光子。

❷　*The Dancing Wu Li Masters*, pp. 216–217.

放出光子的時候，它便是由一個電子變成一個電子又一個光子；吸回光子的時候，它則又由一個電子和一個光子變回一個電子。不過，它放出又吸回光子的速度極快，其間只有一千兆分之一秒（10^{-15}秒）的時間。因此，這個光子雖有猶無，物理學家遂稱之為「虛光子」（virtual photon）。但稱之為「虛光子」並不是說它不存在，只是說它瞬間出沒，如夢如幻，難以把握。依物理學家，它除了不能飛離電子之外，跟一般光子並無不同。

電光放出和吸回光子，是粒子自我變化的一例。

粒子自我變化的另外一例，是質子放出和吸回虛 π 介子。

質子是構成原子核的兩種成分之一（另一成分是中子），它的質量是電子的一千八百倍，屬於重粒子，不過是其中最輕的一種。質子和電子一樣，不斷在放出和吸回粒子；它所放出和吸回的粒子，是介子的一種，叫 π 介子。它也是在極短的時間內放出和吸回 π 介子，因此，這種介子也被稱為虛 π 介子。π 介子有帶負電的，也有帶正電的，又有中性的。如果質子放出和吸回的虛 π 介子是中性的，則其放出和吸回的歷程，就是這樣的：由一個質子變成一個質子加一個中性虛 π 介子；然後又由一個質子加一個中性虛 π 介子變回一個質子。但其放出和吸回的虛 π 介子如果是帶正電的，則質子就會在放出虛 π 介子之後暫時變成一個中子，等它吸回該 π 介子之後再變回質子。質子之所以能變成中子，是因為質子和中子除了電荷不同之外，本來就沒啥差別（質子帶正電，中子為中性），質子可以看作帶正電的中子。質子既可看作帶正電的中子，則當其電荷轉移到它放出的虛 π 介子身上時，

它本身就變成中性的中子了。

中子也和質子一樣，不斷在放出和吸回虛 π 介子。中子放出和吸回的虛 π 介子，如果是中性的，則其整個歷程便是這樣的：由一個中子變成一個中子加一個中性虛 π 介子；然後又由一個中子加一個中性虛 π 介子變回一個中子。但中子也可以放出和吸回一個帶負電的虛 π 介子。在這情況下，它就會在放出該虛 π 介子之後，暫時變成一個質子。然後在吸回該虛 π 介子之後，又變回一個中子。

像這樣放出又吸回一個虛粒子的情況，是粒子自我變化的最簡單形式。除了這形式之外，其自我變化還有更複雜的形式。一個有名的例子是，一個質子變為一個中子和一個 π 介子，再經過幾個步驟，最後又變回一個質子，但其間總共有十一個粒子瞬間出現又消失。

電子、質子、中子等的這種自我變化，也可以演變成粒子與粒子之間的互動。

以電子來說，既然每個電子都一直在放出和吸回虛光子，則每個電子周圍必然有許多虛光子存在，如果兩個電子位置很接近，則很可能甲電子放出的虛光子還來不及被甲電子吸回之前，已被乙電子吸走；乙電子放出的虛光子也可能因為同樣原因而被甲電子吸走。這就發生了所謂甲乙電子交換虛光子的現象。甲乙兩電子交換虛光子，就是甲乙兩電子發生互動。這互動會影響兩者的行為，其影響就是兩者各自偏離自己原來的位置，這就是所謂的「相斥」。前文說過，粒子與粒子的相斥和相吸的力量就是「電磁力」。量子力學發現電子交換虛光子的這種效應之後，如今就以這種效應來說明

電磁力的所以然。依這解釋，不管是粒子與粒子的相斥，或粒子與粒子的相吸，都是粒子之間交換虛粒子的結果。

再以質子和中子來說。既然每個質子和中子都一直在放出和吸回虛 π 介子，則當兩個質子，或兩個中子，或一個質子和一個中子太接近的時候，也會發生交換虛 π 介子的現象。

以質子和中子交換虛 π 介子的情形而言，便可能出現這樣的個案：一個中子放出一個負 π 介子，自己變成質子，而在來不及把它吸回之前，這負 π 介子已經被鄰近的一個質子吸走，這使該質子變成一個中子。

虛 π 介子的交換會使質子、中子等緊密結合。量子力學又以這種效應來解釋存在於質子與中子之間的一種強大的結合力——「強力」(strong force)。

以上說的是粒子經由自我變化和彼此互動而發生的生滅變化。

此外還有一種生滅變化，較諸上述種種更為神奇，那就是無端從真空中產生若干粒子，隨即消失。

這些粒子，本來是沒有的，突然竟毫無來由的從真空（名符其實的真空）冒出來，而且相互作用，然後又毫無來由的消失，消失得無影無蹤。祖卡夫曾在其書中為我們舉了一個涉及三個粒子、一個涉及六個粒子的實例，且為我們畫了表示其相互作用的圖解。前一個例子，有三個不同的粒子一起從真空中冒出，經過一番相互作用之後，又一起消失於真空。後一個例子，有六個不同的粒子一起從真空冒出，經過一番相互作用之後，又一起消失於真空中❷。

---

❷　Ibid., pp. 239–241.

以上這些現象，充分向我們顯示了次原子粒子的瞬息萬變，與旋生旋滅，可以說用科學上最生動的實例為我們詮釋了佛法「諸行無常」的道理。

從本節的這些事例看來，世間確實沒有任何一樣事物是可以片刻不變不動的。「事件」(event)固不論矣，因為它們自始就是在演變的過程中。即使看來似乎相當固定的「物件」(thing)，其實也無時不在變動中。因為依照我們以上的了解，所謂一件物件（如一塊石頭，或一張桌子），實際上並不是「一件」物件，而是一大堆原子。其中每一個原子又都包含若干粒子。這些構成原子的粒子（即次原子粒子），則正如量子力學所告訴我們的，一方面一直在原子中以高速轉動著——電子以光速圍繞著原子核旋轉；原子核內的質子和中子也各以高速在原子核內轉動——另一方面則又以上述「自我變化」與「彼此互動」的方式，不斷在生滅變化著。職是之故，即使原子暫時不崩解，或蛻變為別種原子，它的內部也是不停地在變動。這可真是名符其實的「無常」！

依佛法，事物之「無常」，乃是事物「緣起性空」的必然結果。觀乎上述粒子之條起條滅，忽存忽亡，甚至從真空生起，又消失於真空，確實也不像是有自體的東西。其所以如此，則是因為物質原不過是暫時的一種存在形式，它隨時都可以轉變成存在的另一種形式——能量。

「諸行無常」。難怪有越來越多的人，寧願把事物看作動態的「歷程」(process)，而不再把它們看作靜態的「存有」(being)。

那麼，這種無常而沒有自體的粒子究竟是什麼呢？量子

物理學怎麼看待它呢?

參 是事件,不是實體

首先量子力學不認為這種粒子是像一粒灰塵或豆子那樣的東西。

正如前文所說的,我們並不能像看到一粒豆子或一道水波那樣的看到一個次原子粒子。

對於它,我們所能觀測到的,只是一些有關的效應,如呈現於測光儀上的反應,或留在照相底片上的痕跡。除此之外,我們再也覺察不到它的任何跡象。但上述的有關效應,不管是呈現於測光儀上的反應,或留在照相底片上的痕跡,並不顯現為一粒豆子或一道水波。「豆子」或「水波」,是我們根據這些效應而想像出來的。以電子為例,當一個電子接觸照相底片時,它會在底片上留下一道看得見的「軌跡」。細看這道「軌跡」,我們會發現它原是一連串的點,每個點,都是電子與底片互動而形成的銀粒。通常我們都會假定這是一個像小球那樣的電子掠過照相底片時一路留下的痕跡。但量子力學告訴我們:這種想法錯了!我們假定的那個像小球那樣掠過底片的物體,根本不存在,它完全是我們想像的產物。

波姆(David Bohm)說:

> 我們可能會假定那串銀粒表示真有一個電子挨著它們持續移動,與底片互動而造成這些銀粒。但依照量子論通常的解釋,這假定是不正確的。我們只能說有某些銀

粒出現了，但我們不可以想像這些銀粒是由一個穿過空間的真實物體所造成。在一個粗略的理論中，「持續移動的物體」這個觀念，固然管用，但在一個精確的理論中，它就站不住腳了！ ㉘

如果依照量子物理學的另一種理論，「量子場論」(quantum field theory)，粒子則是場與場的互動。蓋這種理論認為，宇宙間唯一的真實存在，就是場。場，是一種物理狀態，它涵蓋一片空間，在這範圍內，它會對其他事物產生反應，但它無實體，不可捉摸。粒子不是別的，它不過是場與場的互動。依這理論，場與場的互動，並非逐步進行的，而是瞬間完成的；它們的互動，也不是全面性的，而是局限在極小的空間以內的。這正符合粒子的存在特徵（瞬間呈現於範圍極小的空間）。這種互動，在我們眼中，就是所謂的「粒子」㉙。

以上這兩種理論，儘管並不完全相同，但它們卻有一個共同點，即不把次原子粒子看作一種實體 (substance)，即不把它看作一個可以獨自持續存在且始終一樣的東西，而勿寧把它看作一串被觀測的事件(event)。在測光儀產生反應，固然是一種事件；在照相底片留下痕跡，也是一種事件；場與場的互動，更是一種事件。所以當這些理論在談粒子的時候，基本上都是在談事件。不但是事件，而且是被觀測到的事件。這麼說來，量子物理學中的次原子粒子便具有兩個非常顯著

㉘　Ibid., p. 194.

㉙　Ibid., pp. 199–200.

的特性：第一，它並不存在於心靈之外；第二，它也不完全是物質性的東西。因為它既然是被觀測到的事件，它便是作為意識的內容而存在，而照傳統的看法，意識自是屬於心，或就是心的一個部門。次原子粒子既然作為意識的內容而存在，它就應該內在於心靈，並且帶有心靈的性質。物理學發展到這裡，傳統物質與心靈的界限已經不復存在。

以上這些看法，與唯識宗的看法有驚人的相似。

唯識宗認為：1.存在的一切，無不作為識的內容而存在。2.識只存在極短暫的一瞬間；在這一瞬間，經歷了成、住、壞、空四個階段。3.一個識消滅的時候，會有另一個同類的識緊接著生起，兩者在時間上沒有間隙，而且高度相似。4.每個識都有兩個側面：一個叫「見分」，約略相當於一般所謂的「能知」；另一個叫「相分」，約略相當於一般所謂的「所知」。「見分」與「相分」是一個識的兩個側面；其中任何一個都不能離開另外一個而單獨存在。5.第七識由於「無明」，把瞬間生滅的一連串的第八識之「見分」，誤以為一個獨自持續存在的單一東西，而給它一個名稱叫「心靈」；第六識由於「無明」，把連串的瞬間生滅的「相分」，看成一個個獨自持續存在的東西，而給它們一個名稱，叫「物體」。

依照唯識宗以上的看法，

一、該宗顯然認為，世上存在的任何東西，都只能存在極短暫的一瞬間，而且在這一瞬間，還不是處於固定不變的狀態，而是在一個由生至滅的歷程中。這正符合上述量子物理學有關次原子粒子的觀念，因為量子物理學把粒子視為事件，而事件都是一時的，自始至終不斷演變的。

　　二、又認為，存在的東西，都是兼具能知與所知、主體與客體、內在與外在、心靈與物質等兩個側面的東西，而且只有這樣的東西才真正存在。量子物理學中「被觀測到的事件」，正是這樣的一種東西，量子物理學也認為惟有這種東西存在。

　　三、還認為，可以離開認知對象而單獨持續存在的「心靈」，與可以離開認知者而單獨持續存在的「物體」，都只是一種幻象，實際上並不存在。量子物理學也認為像一個在空中飛掠而過的小球那樣的粒子，完全是出於想像，實際上並不存在。

　　四、固然一般都認為一定是先有認知者和認知對象存在（而且是各自獨立存在），　然後由認知者對認知對象進行認知，這才有所謂「認知」這一回事。認知的結果，則產生關於認知對象的知識。唯識宗卻堅持：被認為是「關於認知對象的知識」的那個東西，才是最先存在的東西，而且只有它是唯一真正存在的東西。其他的（包括所謂的「認知者」與「認知對象」），都是後起的，而且是根據最先存在且唯一真正存在的那個東西推想和虛構出來的。這個最先存在且唯一真正存在的東西，便是「識」。　依唯識論，識原本就兼具能知與所知、主體與客體、內在與外在、心靈與物質等兩個側面。不管是能知與所知也好，主體與客體也好，內在與外在也好，原只是一個識的兩個側面，並不能分開而獨自存在。但由於識本身帶有「無明」，竟把兩個側面分開，各別看作一個獨立的東西，這才有一般以為的各自獨立的能知與所知、主體與客體、內在與外在、心靈與物質。但一般人心目中的

這些，都只是識的虛構，只是識的抽象作用的產物，實際上並不存在。唯識宗的這種看法，無疑是比較接近事物真相的一種看法。量子物理學所持的看法，也正是類似的看法。它只承認「被觀測到的事件」之存在，而否定像小球那樣的粒子之存在，便是這種看法的表示。像小球那樣的粒子之存在，所以遭到量子物理學的否定，正是因為想像中的這樣的粒子，乃是離開認知者（能知）而獨自存在的東西（不能被知覺到）。

第六節　互為成立條件

量子物理學還有一項幾乎與佛學完全一致的看法，即認為事物相依相待，互為原因，因而相涵相攝，彼此包含。

這項看法見諸海森堡等人的S矩陣理論(Scattering Matrix Theory)。

這理論是關於粒子互動的理論。不過，目前它還只能適用於互動較強的粒子（介子和重子）。 這種粒子，有一個特別的名稱叫「強子」(hadron)。

這理論對於強子的形成，持有如下幾點看法：

一、任何一個強子，都是其他強子相撞分解之後重新組合而成的。

二、強子和強子相撞而產生新的強子之後，新的強子很快又會和別的強子相撞而產生另外的強子；另外的強子也一樣很快又和其他強子相撞而產生更新的強子。這歷程連續不斷，永不終止。

三、強子的形成還涉及一種力，這種力使粒子或分離或結合。這種力，在輕粒子，如電子，就叫電磁力。在強子，

則叫「強力」(strong force)。電磁力，如前文所說，乃是粒子與粒子彼此交換虛粒子的結果。同樣的，強力，也是強子與強子彼此交換其他強子的結果。依量子力學，強子與強子之結合，都是這種力使然。

依照以上看法，任何一個強子在強子的形成這件事情上，便應該同時具備三種身份：第一，作為其他強子的合成物；第二，作為合成其他強子的成分；第三，作為被其他強子交換的強子。

這事實意味著什麼呢？

它正意味著諸強子互為形成的原因。

所謂互為形成的原因，是指諸強子互為合成的成分，又互為被交換的強子。合成的成分，可以合成強子，是為該強子形成之原因。強子的被交換，可以促成強子與強子結合為新強子，亦為該新強子形成之原因。

而由於強子之相撞乃是如前所述的連鎖式的，全宇宙的強子之相撞最後會連接成一面無所不包的大網，因此，強子之間的這種互為原因，便不是一般意義的那種互為原因，而是每個強子都直接、間接以其他一切強子為原因的那種互為原因。這已經與佛學「萬物互為因緣」的看法完全一致。

又由於這種互為原因，其中的一個意義，是指互為合成成分，因此，這種互為原因，便又意味著每一個強子都直接、間接以其他一切強子作為其合成成分。這與華嚴宗所謂的「一在一切，一切在一」，也完全沒有區別。

S 矩陣理論這種「強子互為原因」說，有一項很重要的涵義，就是認為強子形成的原因，不在其外，而就在強子自

身。這種理論，就是哲學上所謂的「內因論」。因此，S矩陣理論的一個主要建立者喬福瑞(Geoffrey Chew)，即自稱這種理論為「靴襻論」(boot-strap theory)。按靴襻乃是附在靴筒後面或兩側的小皮片，可供穿靴者拉扯，以便自行穿上靴子。英文有一個由該字構成的成語 pull oneself up by one's (own) bootstrap，意謂不假外力而自濟自助，Geoffrey稱他們有關強子形成的這種理論為「靴襻論」，正是表示強子的形成無需借助外力之意。

《物理之道》的作者卡普拉評述這個理論說：

> 由靴襻論產生的強子觀，常被概括為如下一句誇張的話：每個粒子都包含其他一切粒子。不過，那可不能被想像為每個強子真的照「包含」這個詞的古典的靜態的意義所指的那樣包含了其他一切強子。與其說強子互相「包含」，倒不如說它們互相「涉入」(involve)。這是就「涉入」一詞在S矩陣中的含意而言的。依該理論，這種「涉入」乃是動態性的，也是機率性的。依該理論，每個強子，都是所有各組強子的一個可能的「結合狀態」，這一組一組的強子，彼此互動，以形成該一強子。❸

照這番話，卡普拉之肯定諸強子互為內容，是無庸置疑的。

卡普拉最後的幾句話，含有以下幾層意思：第一，每一

---

❸ *The Tao of Physics*, p. 213.

個強子都代表其他一切強子的一種可能的結合方式。其他一切強子即以這個方式結合起來，成為這個強子。這種結合方式既是可能的，便有其一定的實現機率。其他一切強子被以該方式結合起來成為一個強子，便是以該方式「涉入」該強子。它們以該方式「涉入」該強子的可能性，有其一定的實現機率，所以他說它們之「涉入」是機率性的。S 矩陣正是表示這種機率的一種圖表。再者，這種結合方式既是可能的，便是被容許的。至於容許不容許是依什麼原則而定，且待下文說明。第二，每一個強子的存在為時都極短，所以其他強子之「涉入」該強子，也都是暫時的，強子之互相「涉入」的情況可說瞬息萬變，因此，卡氏乃說這種「涉入」是動態性的。第三，其他一切強子之結合而為一個強子，既有一定的方式，則該一強子亦必有一定的結構；其他一切強子既只能以被容許的方式結合，則該一強子之結構亦必不是任意的。至於決定該一強子之結構的因素，應該也就是決定眾強子結合方式的那個因素。

那麼，這個發生決定作用的因素是什麼？一種結合方式之可以不可以容許，一種結構之可以不可以存在，到底是依什麼原則決定的？

卡普拉指出：其所依的，乃是強子世界本身之「自相一致」(self-consistency)這原則[31]。

作為一種內因論，靴襻論認為強子世界的許多事情，都只能透過該世界本身之自相一致去了解。卡普拉認為「自相一致」這觀念，正與東方思想，如佛學思想所強調的萬物「一

---

[31]　Ibid., p. 306.

體」與「相互關聯」等觀念互為表裡❷。因為世界如果真是一個不可分解的整體，其間每個部分都相互關聯，則這世界必然自相一致。靴襻論正是以強子世界之「自相一致」來說明強子之結構與強子現象之規律。舉例而言，一個質子（帶正電）和一個負電 π 介子相撞的結果，可能產生一個中子和一個中性 π 介子，卻不可能產生一個中子和一個正電 π 介子。這是因為原初兩個粒子的總電荷為零，一個中子和一個中性 π 介子的總電荷也為零，兩者一致；但一個中子和一個正電 π 介子的總電荷卻為正一，與原初兩粒子之總電荷不一致。兩者一致，才被容許；兩者不一致，就不被容許。關於粒子的電荷是如此，關於粒子之能量也是一樣。在強子的互動中，互動之結果的能量總數，也一定要與投入互動的能量總數相一致。譬如兩個質子的相撞，可能會產生：1.一個質子，一個中子，一個正 π 介子，或者 2.一個質子，一個 $\wedge$ 子，一個正 K 介子，或者 3.兩個質子，六個什錦 π 介子等各種組合。但不管產生的是哪一種組合，其能量之總和，絕不能多於或少於原初兩個質子所帶能量之總和。

　　靴襻論的這項「自相一致」原理，比較不被佛學所強調，佛學所強調的，乃是事物之「相互關聯」與「一體」。但正如卡普拉所指出的，「自相一致」與「相互關聯」以及「萬物一體」彼此互為表裡，原是同一東西之不同側面。然則靴襻論之「自相一致」原理，豈不是正好跟佛學的相關理論互相發明，互相印證？

　　目前靴襻論還附麗於 S 矩陣理論，而後者的適用範圍僅

---

❷　Ibid., p. 305.

限於強子世界，所以到現在為止靴襻論還不能視為普遍適用於整體宇宙的一個理論。但這並不表示將來也不可以。將來只要其他各方面的現象也同樣顯示為互為成因，這理論的適用範圍便可以隨之擴大。但不論如何，這理論的建立者喬福瑞已預先對我們指出一項非常有趣的事實，即如果把該理論推衍到極致，必然會得出一個結論：為了貫徹整體宇宙自相一致的原則，非得承認意識本來就存在於自然之中不可。也就是說，為了貫徹宇宙自相一致這原則，不得不承認自然物本來就同時具備了物質與心靈這兩個側面：心靈並不是後來才出現的，也不是跟物質分開的，更不是從自然世界以外的地方來的。

喬福瑞的話是這麼說的：

> 推衍到理論的極致，靴襻論自有如下的含意：整體（宇宙）既然自相一致，意識必定自始即與自然物之所有其他側面一起並存。㉝

這種看法，也正是佛學自始至終一貫的看法。到現在為止，本文已經不止一次提及唯識宗的這個看法：舉凡存在的一切，本來就同時具有心靈與物質（能知與所知）兩面。

心靈與物質原本並存的事實，正如前文所示，在「量子論」已有相當程度的透露。物理學者威格納(Eugene Wigner)就說：

㉝ Ibid., p. 317.

不涉及意識，絕不可能前後一致地系統陳述量子論的定律。……不管將來我們的思想如何發展，任誰都不可能不注意到以下的事實，即有關外在世界的任何研究，最後都會導致一項結論：意識的內容才是終極的實在。㉞

卡普拉則說：

量子論已經使下面的一項事實昭然若揭：惟有把原子現象看作整體歷程當中的若干環節，才能充分理解它，而這個歷程的一端，存在於觀測者的意識。㉟

卡氏說，科學家在實際工作中用到量子論的時候，固然都未明白提及他們自己的意識這因素，但威格納等物理學家卻都認為，未來關於物質的理論，可能非把有關人類意識的探討也包括進去不可。

物理學與心理學的界線，終將完全消失，西方與東方的思潮正在逐步匯合。

㉞ *Quantum Reality*, Nick Herbert, Anchor Books, 1985, pp. 25–26.

㉟ *The Tao of Physics*, p. 318.

C部：當代哲學論述的應和

　　人類前所未有的嶄新經驗，迫使哲學家澈底修正舊有的宇宙圖像，結果不自覺地成為佛法的同道。

第八章　懷德海的西洋版「緣起性空」論

說到思想與佛學相似，在當代西方哲學家中，第一個被想起來的，恐怕就是懷德海(A. N. Whitehead)。懷氏的思想誠然與佛學有高度的相似，不過，就本書的立場而言，懷氏之值得注意，倒不全是因為思想與佛學相似。他之值得重視，至少還有一個很重要的原因，那就是他的學說有非常堅實的科學基礎。

懷氏一生有很長的一段時間從事於科學哲學的工作。這個時期，正好介於他的數學時期與形上學時期之間。這個時期，他除了致力於介紹和闡釋科學最近的研究成果，最多的精神，便是用於對科學本身的檢討，把它的前提、假定、方法和成果，一一拿出來仔細檢查。他在這個時期的相關著作中，如《自然知識原理的探討》(*An Enquiry Concerning the Principles of Natural Knowledge*)、《自然的概念》(*Concept of Nature*)，指出了科學知識因其孤立性、修正性、近似性與抽象性所致的局限；舉發了其因具體性之誤置而發生的諸多謬誤；批判了牛頓力學的兩大設定(postulates)：靜態物質與絕對時空；揭露出古典物理學不自覺的兩大錯誤形上預設(presuppositions)：自然二分，與簡單定位。他自己的宇宙觀也就在這個時期逐步醞釀成熟。事實上，他之發現科學的謬誤與缺失，正是依據自己的宇宙觀進行思考的結果。他這個

時期的宇宙觀，主要表現於「事件」理論。晉入形上學時期之後，則又陸續顯示於《科學與近代世界》(*Science and the Modern World*)、《歷程與實在》(*Process and Reality*)、《觀念的冒險》(*Adventures of Ideas*) 等書。他的宇宙觀既然是經過他與科學反覆對話而產生，自與純粹出於玄想或直覺者有很大的差異，加以懷氏本身又是一名傑出的數學與邏輯學者，思想本來就十分周密而精確，其學說之可信的程度自然高出一般的泛泛之論多多。

懷氏的思想，至少在兩個地方與佛學非常契合。第一是它以「事件」(event)或「現實事物」(actual entity)取代傳統的「實體」(substance)，作為構成世界的基本單位，而澈底排除傳統的「實體」概念。第二是它認為事物無不互相涵攝，互相依待，世上絕無孤立自足的東西。這兩點當然互相關聯，彼此蘊涵，因為它們各自為懷氏整體世界觀之重要部分。至於它們彼此如何關聯、如何蘊涵，當可從以下兩節論述推想而知。

茲從第二點說起。

第一節　每個事物都無所不在

認為世上一切事物相涵相攝，相依相待，乃是懷氏對世界最基本的看法之一。關於這個問題的討論，見諸他著作的許多地方，且其論法各有不同。在《科學與近代世界》中，他是從駁斥「簡單定位」來闡明這個看法。

所謂「簡單定位」(simple location)，有狹義與廣義之分。狹義的「簡單定位」，只與牛頓物理學中的物質觀念有關。這

種物質觀念認為物質只存在於特定的一個空間與時間，而與其他的空間、時間毫無關係。正如懷德海所說的，「我們若說一小塊物質微粒具有簡單定位，便是指，在表明它的時間、空間關係時，只要說它的位置就在它本身所在之處，亦即在一確定有限的空間區域或一確定有限的時間綿延中，而完全不必涉及該物質微粒與其他空間區域及時間綿延的關係。」❶ 廣義的「簡單定位」，則不限於物質的簡單定位，而是指一種時空觀，這種時空觀認為，空間的部分與部分之間，時間的部分與部分之間，完全沒有內在的關聯；每一部分的空間或時間都可以孤立地予以考量，根本不必涉及其他的部分。就這個意義而言，則不論古典物理學的絕對時空觀，或相對論物理學的相對時空觀，都是一種簡單定位的時空觀。甚至可以說一切自然科學的研究方法或過程，其不以這種時空觀為前提。

這種「簡單定位」的觀念，無論是廣義的或狹義的，都為懷氏所堅決反對，因為他認為這種觀念完全不符合我們經驗中的事實：「在我們直接經驗對自然界所感知的主要因素中，沒有一種具有簡單定位的性質。」❷

壹　萬物互相存在於對方

那麼，事實是怎麼樣的呢？懷氏正是由此而談到事物之相涵相攝與相依相待。

---

❶　*Science and the Modern World*, A. N. Whitehead, The Macmillan Company, 1958, p. 58.

❷　Ibid.

　　針對「簡單定位」的時空觀念，他先談空間、時間各部分之互相涵攝與依待。他論空間各部分的這種關係說：

> 假設A、B、C是三塊空間，從A看B，B對它呈現了一個
> 面相(aspect)（按即它看到了B的一個面相）；看C，C也
> 對它呈現了一個面相；看C與B的關係，這關係也對它呈
> 現了一個面相。B對A呈現的這個面相，乃是A之本質的
> 一部分。各塊空間都不能獨立存在。它們只能作為整體
> 之中的事物而存在；你不能把它們從其環境中抽離出來
> 而不破壞其本質。因此，我說B對A呈現的面相，乃是
> B藉以參與A之構成的一個樣態(mode)。……很明顯
> 地，我們可以借用萊布尼茲的說法而說：空間的任一塊，
> 都在自己身上反映出其他的每一塊。❸

　　懷氏的意思，可以用一個淺顯的比喻加以說明：譬如我看到了你，你在我的心靈上投下了一個影子，這個影子是你的一個面相。這個影子落在我的心靈之後，就成了現在這個我的本質之一部分。因為看過你之後的我，與沒有看過你之前的我，無論多麼細微，總是已經有所不同。你的影子已經參與了我的構成，成為這構成的一部分。去除了這個影子，我便不再是現在的這個我了。你的影子參與了我的構成，其實就是你參與了我的構成。這個影子是你的一個樣態，你就是以這麼一個樣態參與了我的構成，所以懷氏說：「B對A呈現的面相，乃是B藉以參與A之構成的一個樣態。」

---

❸　Ibid., p. 66.

懷氏的這段話，有如下的幾點重要含意： 1.空間的各部分相涵相攝，互為內容。惟其如此，所以「空間的任一塊都在自己身上反映出其他每一塊」。 2.空間的各部分相依相待，互為成立的條件。惟其如此，所以不能把一塊空間「從其環境中抽離出來而不破壞其本質」。3.空間的各部分既然相涵相攝，又相依相待，則空間便是一個不可分解的整體，惟有作為一個整體才能存在。

如果再進一步追究其互相涵攝的情況，則可發現： 其互相涵攝的情況，是每一個部分都涵攝其他各部分，同時每一個部分也都被其他各部分所涵攝。為什麼呢？因為從A看B、C、D……等，B、C、D……等固然各自對 A 呈現一個面相，並藉此樣態參與A之構成，成為A之本質的一部分，從B看A、C、D……等，A、C、D……等也同樣各自對B呈現一個面相，並藉此樣態參與B之構成，成為B之本質的一部分。從C看A、B、D……等，或從D看A、B、C……等，其情形也都一樣。

其互相涵攝的情況是如此，其互相依待的情況亦然，即每一個部分都以其他各部分作為其成立的條件，同時每一個部分也都作為其他各部分之成立的條件。其理由完全與互相涵攝的理由相同，茲不復贅。

基於以上的空間概念，懷氏遂否認有所謂無體積之「點」(point)。他認為幾何學上所謂的無體積的「點」，完全是出於想像，而不是現實之物。在真實世界中存在的，惟有一塊一塊的空間。空間的塊 (volume)，才是經驗中的終極事實。上述的「點」， 不過是想像的產物，懷氏稱之為「邏輯結構」(logical construction)。

以上有關空間的種種論述，同樣適用於時間。懷氏在上引一段文字之後，接著談到時間說：

> 完全類似的考量，也適用於時間的綿延(duration)。時間上無綿延的「瞬」(instant)，也是一種想像的邏輯結構。時間的每一段落的綿延，也在自己身上反映了其他一切段落的綿延。❹

這就是說，時間上所謂的沒有延續的「瞬」，就像空間上沒有體積的「點」，也是想像的產物，在現實上並不存在。真正存在的，惟有一段落一段落的「綿延」。又時間的「綿延」，也和空間的「塊」一樣，是彼此相涵相攝與相依相待的。因此，時間也是一個不可分解的整體。

以上懷氏論空間、時間各部分之相涵相攝與相依相待，意思非常清楚而確定，毫無懷疑的餘地。但這樣的空間與時間畢竟只是一種抽象物，即從具體的現實世界抽離出來的空間與時間。這種空間與時間只存在於人的思想中。現實世界的空間與時間是無法與存在於時空中的東西分開的。依相對論，空間不過是事物排列的形式，時間也不過是事物發生的次序；沒有事物，便沒有空間與時間。上面懷氏那樣論述空間與時間，並不是認為空間與時間真正可以離開時空中的事物而單獨存在，更不是認為空間與時間可以互相分離而單獨存在。他那樣論述，只不過是採取了一個比較簡單的方式，來表明時空各部分之相涵相攝與相依相待。他自己也承認這

❹ Ibid.

樣做是過度簡化了，承認應該把時間和空間連在一起，作為一個四向度的「空一時連續體」(space-time continuum)來談才對。在「相對論」中，「空一時連續體」即指宇宙而言，所以照懷氏所言，上面的論述雖然目的是在闡明時空各部分之互相涵攝與依待，但其結果實已超出了原來的目的，而論及宇宙各部分的互相涵攝與依待了！這也難怪，因為如上所說，時間與空間本來就不能離開時空中的事物而單獨存在，論時空各部分之互相涵攝與依待，實無異於論世間事物之互相涵攝與依待。

　　但不管是否已經超出原來的目的，懷氏上述的時空觀無疑已經足以推翻「簡單定位」的時空觀念而有餘。因為照懷氏所說，時空的各部分，絕非如「簡單定位」的時空觀念所以為的完全沒有關聯，相反的，它們竟是互為內容與成立的條件，而彼此不可缺少呢！

　　以上懷氏的論述，既駁斥了「簡單定位」的時空觀念，也闡明了事物之互相涵攝與依待。

貳　呈現於一個地方，定位於另一個地方

　　在《科學與近代世界》同章稍後，懷氏又從另一個起點向「簡單定位」進攻，也因而再度闡述了事物之互相涵攝與依待。

　　懷氏這個論點的主旨，可以從他徵引的柏克萊(Berkeley)主教的一句話看出端倪：

　　　你在此地所看到的城堡、星球或雲朵，都不是你認為在

遠方的那些實物。**❺**

你我在此地(here)所看到的，乃是遠方的城堡、星球或雲朵對你我所呈現的面相(aspect)。遠方的城堡、星球或雲朵自是位於遠方，但它們對你我呈現的面相卻是呈現在你我的腦中。而依前面懷氏論述時空之互相涵攝與依待時所說，呈現於你我腦中的城堡等物的面相，乃是城堡等物藉以參與你我之構成的樣態。城堡等物即以這個樣態參與了你我之構成，成了你我之本質的一部分。城堡等物既以這個樣態參與了你我之構成，成為你我之本質的一部分，其實也就是城堡等物以這個樣態存在於你我之中。城堡等物既以這個樣態存在於你我之中，則城堡等物便不止是存在於遠方的某處。它們除了各自存在於遠方的某處，至少也還各自存在於你我之中。這樣，就不能說它們各自只存在於某一特定的時空點了。它們的「簡單定位」也就被推翻了！

以上只是一個梗概，接著讓我們更仔細地看看懷氏有關的說明。

上引柏克萊的話，出自柏氏的一部著作《阿西佛龍》(*Alciphron*)，那句話，是書中主角阿西佛龍與友人尤佛朗諾(Euphranor)討論視覺問題的一節對話之結論。在這節對話中，為了說明看見的東西與實際的東西並非同一件東西，尤佛朗諾問阿西佛龍能不能分辨出遠方城堡的門、窗、雉堞，阿西佛龍說不能，他說在這麼遠的距離之外，城堡看起來就像一個小圓塔。尤佛朗諾就說，他曾經到過城堡，他知道那並不

---

❺ Ibid., p. 69.

是一個小圓塔，而是一個大的方型建築，上面有雉堞、塔樓等等。阿西佛龍問他這意味什麼，尤佛朗諾告訴他，這表示：他所看到的，並不是幾哩外的那個東西。為什麼呢？因為「圓型的小物體是一件東西，而方型的大物體是另一件東西。」❻

　　關於看見的東西並不就是實際的東西，也可以用上面提到的星球為例來說明。天文學告訴我們：出現在天空中的星星，有的在幾十光年的距離之外，有的甚至在幾千、幾萬光年的距離之外。它們的影像要經過幾十年乃至幾千幾萬年才能傳抵地球。因此，我們在此時此地所看到的星星，並不是此刻在幾十、幾百、幾千、幾萬光年距離之外的星星，而是它們在幾十乃至幾千幾萬年前的影像。我們現在所看到的星星，有的可能在許多年前就已經爆炸而消失了！

　　這些事實告訴我們：我們在此時此地看到的，並不是我們認為在遠方的那些實物。

　　我們看到的，是那些實物對我們所呈現的面相。遠方的實物自是存在於遠方，其所呈現的面相則呈現於我們的腦中。

　　何以見得事物對我們呈現的面相是呈現於我們腦中呢？這是因為事物對我們呈現的面相乃是一連串的事件中的最後一件事件，這件事件發生在我們腦中。這一連串的事件的最初一件事件，就是遠方物體發出光線，或反射了光線。其次的事件，就是光線在空中向四面八方傳播。接下來的，則是光線與我們的感官接觸。再接下來的，則是神經把光線對感官的衝擊傳遞到我們的大腦。最後的一件，就是我們腦中呈現了遠方物體的一個面相。所以說，事物對我們呈現的面相，

❻　Ibid.

乃是呈現於我們的腦中。

事物對我們呈現的面相，也就是我們平常所謂的「感覺的所知」，懷氏稱之為「感覺對象」(sense objects)，佛學則稱之為色、聲、香、味、觸。懷氏曾如此說道：

> 舉例而言，一定形狀的綠色，就是一個感覺對象；一定音質與音高的聲音，也是一個感覺對象；一定種類的味道，一定質地的觸覺，亦然。❼

這些東西都只存在於我們腦中。

懷氏總結以上的論點說：

> 在A處的一個感覺對象的樣態，就是在B處的物體對A處所呈現的一個面相。該感覺對象呈現於A處，而又顯出定位於B處的樣態。因此，如果綠色是該感覺對象，綠色便不僅位於它被知覺到的A處，也不僅位於人家以為它存在的B處，而是呈現於A處，又顯出位於B處的樣態。❽

---

❼ Ibid., pp. 71–72.

❽ Ibid., p. 72. 這段話頗具關鍵性。惟恐譯文未能完全達意，特將原文抄錄於下："A mode of a sense-object at A is the aspect from A of some other region B. Thus the sense-object is present in A with the mode of location in B. Thus if green be the sense-object in question, green is not simply at A where it is being perceived, nor is it simply at B where it is perceived as located; but it is

在 B 處的物體對 A 處的觀察者所呈現的面相，乃是該觀察者的一個感覺對象。這個感覺對象既呈現於 A 處的觀察者之腦中，它當然是位於 A 處。但又顯出一個樣態，表明它是位於 B 處。事物在時空中的位置，總是帶有這樣的複雜性。

懷氏說，這個現象並無絲毫神秘之處。他叫我們試著照一下鏡子，看看在我們背後的一片葉子在鏡中是怎麼呈現的：當我們朝鏡子裡面看的時候，無疑會看見一抹綠色，這抹綠色，照上文所說，自是呈現於我們腦中，但它卻顯出位於鏡子深處的樣態。而當我們轉過身來看著葉子的時候，我們會看到怎麼樣的一幅景象呢？我們當然也會看見一抹綠色，但這時這抹綠色就會顯出位於我們前面不遠處的樣態。我們所看見的兩抹綠色，都呈現於我們腦中，但都顯出位於別處的樣態。這正是我們日常經驗中習見的現象。

由此可見，時空中的事物不是可以簡單定位的。

如果我們把以上懷氏關於事物定位的論述，與前面有關時空相互涵攝與依待的論述合在一起看，則可以看出，世上的事物，就某一種意義而言，可說沒有一個不是無所不在與無時不在的。因為照前面論述時空之相互涵攝與依待時所言，部分時空對另一部分時空呈現為某一面相，即是藉著這個樣態而參與該一部分時空之構成，成為該一部分時空之本質的一部分。它既然藉著這個樣態而參與該一部分之構成，成為該一部分時空之本質的一部分，它便無異以這個樣態而存在於該一部分時空之中。又照同節所言，時空的這種關係乃是相互的，如此，各部分時空便是互入的，也就是說，每一部

---

present at A with the mode of location in B."

分的時空都存在於其他各部分的時空中，其他各部分的時空
也都存在於任一部分的時空中。

這個道理照樣可以適用在世間的事物上。

既然可以照樣適用在世間的事物上，則依照這個道理，
世間的事物也應該是互入的，即任何一個事物都存在於其他
各個事物之中，其他各個事物也都存在於任何一個事物之中。
也就是說，所有事物都互相存在於對方之中。既然世間的所
有事物都互相存在於對方之中，則世間的每個事物便都是無
所不在與無時不在的。這點，懷氏曾經十分明確地予以表達：

> 就某種意義而言，可以說每個事物都是無所不在與無時
> 不在的。因為每一個位置都在其他所有位置中呈現了它
> 的面相。因此，每一個空─時觀點都反映了全世界。❾

懷氏是有足夠的理由這麼說的。因為照他的論說，事物
的互相涵攝，並不限於透過上述視覺的路徑。依他，事物的
互相涵攝，除了透過視覺之外，還可透過聽覺、嗅覺、味覺、
觸覺為之。不但如此，其路徑甚至還可以包括所謂「非認知
性的領略」(uncognitive apprehension)。因為他認為事物即使
在對另一事物尚無明顯的認知時，也可能對其基本特性已經
有所領略。這種領略，就是他所謂的「非認知性的領略」。依
他，通常所謂的「知覺」(perception)，都已經是一種認知了。
但事物顯然可以透過比「知覺」更根本的方式互相領略。如
此，事物之互相涵攝，至少便有兩種路徑：認知性的領略，

❾ Ibid., p. 93.

與非認知性的領略。

　　為了把認知性的領略與非認知性的領略一起概括進去，懷氏特地採用了一個詞，以代替慣用的「感覺」、「知覺」等。這個詞就是「攝受」(prehension)。「攝受」，既可以指認知性的領略，也可以指非認知性的領略❿。「攝受」，後來成為懷氏「現實事物」(actual entity) 理論的一個重要觀念，用以說明事物最基本的一種關係：互入與相因。從他後期的思想來看，「攝受」的涵義無疑是很廣的，它絕不限於發生在生物之間。除了生物，生物與無生物，無生物與無生物，無不可以互相「攝受」。　物體的共鳴與共振，蠟燭的受熱而熔化，植物因陽光而行光合作用，乃至股價因戰事而下跌，交通因風雪而中斷，可說都是事物互相「攝受」的結果。

　　事物既然以這麼多路徑互相「攝受」，則說每一個事物都無所不在與無時不在，應該是很有道理的。

　　「每個事物都無所不在與無時不在」，乍聽起來，似乎很聳動，但究其實，不過是「世上所有事物都互相存在於對方」這句話的另一種說法。「世上所有事物都互相存在於對方」這句話，又蘊涵著「世上所有事物都互相作為對方本質的一部分」這句話。這乃是必然的。因為一個事物存在於另一個事物之中，必然會成為該一事物之所以為該一事物的因素之一；缺少了這個因素，該一事物便不再是該一事物了！事實上，互相存在於對方，與互相作為對方本質的一部分，乃是一項事實的兩面。這兩面，用最簡單的話來說，就是「互入」與「相因」，　也就是到現在為止一直在說的「互相涵攝」與

---

❿　Ibid., p. 70.

「互相依待」。

參　內在關係

事物之「互相涵攝」與「互相依待」，在懷氏看來，乃是
事物之間必然存在的關係，甚至是事物之間唯一可能存在的
一種關係。他把這種關係叫做「內在關係」(internal relations)，
以區別於「外在關係」(external relations)。在他看來，事物
之間的關係，本質上都是一種「內在關係」；除了這種關係，
不可能有另外一種關係：

> 舉凡一切事物之關係，都是內在關係。……正因為事物
> 之間的關係都屬內在關係，所以任一事物一離開了它與
> 別的事物的種種關係，這事物便不復是它原來的樣子。
> 這些關係成了事物之本質的一部分。它一離開這些關
> 係，便不再是原來的它了。……在過去，一般人都以為
> 「空─時」關係乃是一種外在關係。這種主張正是現在
> 我們要加以否定的。⓫

事物之間的「內在關係」，是會影響事物本質的一種關
係。這種關係參與決定事物之本質；去除了這種關係，事物
便不再是原來的事物。「外在關係」，則不影響事物之本質。
不管這種關係存在或不存在，事物都還是原來的事物。「單
純定位」的時空觀中之時空關係，便是一種「外在關係」。因
為依照該觀念，時空的各部分都獨立自足，跟其他部分沒有

⓫　Ibid., p. 125.

關聯，更不受彼此關係之影響。這個觀念，一向為懷氏所反
對。懷氏認為，人們想像中的這種「外在關係」，實際上並
不存在；存在於現實世界中的，惟有「內在關係」；在現實
世界中，事物的關係，無不是一種「內在關係」。

以上懷氏的種種思想，簡直就是華嚴「一在一切，一切
在一；一即一切，一切即一」的思想在西方的再現，我們幾
乎看不出兩者在實質上的差異。如果說兩者有什麼值得一提
的不同，那也都是屬於表達層面的，或外在形式的。大體而
言，1.華嚴宗比懷氏從更多方面以論述事物之互入與相因。
譬如華嚴宗除了像懷氏那樣，就一般事物與事物，以及時空
的部分與部分，以論述其互入與相因，它還就大與小、一與
多，甚至分別針對事物之體、相、用，以論述它們的這種關
係，且更進一步指出：它們之由於互入與相因而互為表裡或
主伴的事實。這是佛學為懷氏所不及的地方。2.但除了比喻，
華嚴宗之所論，多為一般性的原則，懷氏則就具體的事實而
論，而且講得很詳細。如他之指出：看到的，不就是實物本
身；事物呈現於一處，又顯出位於別處的樣態；一物對另一
物呈現的面相，參與該物之構成等等，都具體而詳細，而且
有可靠的科學依據。這則是懷氏殊勝於佛學的地方。

懷氏之說與華嚴所言，無疑有互補的作用。對佛學而言，
懷氏之所為，顯然為它提供了非常有力的經驗例證，使它的
理論顯得更加可信。

以上所論，是懷氏思想與佛學高度相契的兩大要點之一：
一切事物相涵相攝，相依相待。

接著再談另外一點：他之否定「實體」，而以「事件」或

「現實事物」作為構成世界的基本單元。

第二節　沒有獨立的個體

在談到他對「實體」的否定之前，先看看西方學者心目中的「實體」到底是什麼。

近代西方哲學家托馬斯・里德 (T. Reid) 在談到所謂的「實體」時，說道：

> 凡不必假設其他任何東西的存在，而可以依靠它們自身而存在的東西，叫實體；就它們和屬於它們的性質或屬性的關係而言，它們被稱為這些性質或屬性的主體。凡是為我們的感官所直接知覺到的一切東西，以及凡是被我們所意識到的東西，都必須存在於另一種作為它們的主體的東西之中。譬如用我的感覺，我可以感到東西的形狀、顏色、硬與軟、運動或反作用等等。然而這些都是東西的性質，這些性質必須存在於某種有形狀的、帶顏色的、硬的或軟的、運動著的或反作用著的東西之中。我們把這些性質所屬的主體，而不是把這些性質，稱作物體。……同樣地，我所意識到的東西，如思想、推理、欲望等等，它們必定預先假設有某種思維著的、推理著的、具有欲望的東西。我們並不把思想、推理或欲望稱作心靈（精神實體）；而是把那個思維著的、推理著的、具有欲望的東西稱為心靈。❷

---

❷　《懷特海》，陳奎德著，東大圖書公司，1994，頁75。

　　按照這番說明，所謂的「實體」，至少具有以下幾項特點：1.它是無需依賴其他任何東西而僅靠自己就能夠存在的一種東西。2.它被可以知覺到的種種性質，或可以意識到的思想、推理、欲望等所依附，作為它們的主體。3.這種東西被認為具有上述種種性質而被稱為「物體」，或被認為能夠從事思想、推理並具有欲望而被稱為「心靈」。

　　這個東西，還具有一項很重要的特性，就是其本身絕對無法被知覺到。實用主義者威廉·詹姆斯(W. James)曾刻意突出它的這項特性，並據此否定其存在：

　　　　每個實體能夠為人所知的，不外一組屬性；……實體不管在什麼情況之下都是透過這些屬性而顯示出來；一旦我們與這些屬性隔開了，我們就不會想到實體的存在，……實體這觀念所表示的，不過是（屬性的）結合這件事本身。在這結合的背後並無任何東西存在。❸

　　由此可知，這所謂的「實體」，正是佛學所極力要加以破斥的那個常恆自立的「自性」，也就是唯識宗所說的「法執」和「我執」。

壹　變化中之不變者

　　「實體」觀念，在西方可說根深柢固，源遠流長，其淵源至少可以上溯至古希臘的亞里士多德。自從亞氏在其「範疇論」中認定「實體」為一大基本範疇以後，兩千年來，這

---

❸　同上，頁77。

觀念深入人心，牢不可拔。懷氏在《自然的概念》(Con-
cept of Nature)一書中，談到亞氏「實體」概念之要義與由
來說：

> 亞里士多德追問如下這個基本問題：「實體」意謂什麼？
> 在這裡，他的哲學與邏輯學發生了很不幸的互動。在他
> 的邏輯學中，肯定命題的基本型態，是由一個述詞來表
> 徵一個主詞的屬性。因此，在他分析「實體」這個術語
> 的眾多流行用法時，他便特別強調它「作為終極托體
> (ultimate substratum)，而不是其他東西的述詞」這個意
> 義。
> 毫不質疑地接受亞氏邏輯學的結果，終於導致一個根深
> 柢固的傾向，即傾向於假定在感官覺知中呈現的任何東
> 西都有一個托體，亦即總要在我們覺察到的任何東西底
> 下去找尋其實體，且視之為一個「具體事物」。這就是
> 近代科學的物質與以太諸概念的起源，……。❹

懷氏的這段話，必須略加說明。

一、依懷氏，亞氏「實體－屬性」的思想，正好與其邏
輯學中肯定命題的「主詞－述詞」構造相對應。「實體」對
應於「主詞」；「屬性」對應於「述詞」。這乃是其形上學與
邏輯學互相影響的結果。蓋「主詞－述詞」這種結構的命題
已預先假定了一個東西分為兩個部分：一個部分是各種屬性
或動作，一個部分是這些屬性或動作所依附的主體。這個思

---

❹　*Concept of Nature*, A. N. Whitehead, Cambridge, 1971, p. 18.

想，正好跟上述關於「實體」的思想相符。而上述關於「實體」的思想乃是一種形上學的思想。可見亞氏的形上學與邏輯學互相發生影響。正因為其形上學受了邏輯學的影響，所以當亞氏在分析「實體」這個術語在當時流行的各種用法時，才會特別強調它「作為終極托體，而不是其他東西的述詞」這個意義。蓋「主詞」只接受「述詞」之論述，而絕不去論述其他東西，猶如「實體」只被屬性等所依附，而絕不依附其他東西。

　　二、「托體」(substratum) 這個概念，顯然在亞氏當時已經普遍流行。「托體」之希臘文 "ὑποκείμενον"，有「在底部」或「在背後」之意。「在底部」，意謂其為事物之基礎條件；在「背後」，意謂其為變化中之不變者❺。而類似的意義，也為「實體」所具有。因此，在上引懷氏話語的最後幾句，乃將「托體」等同於「實體」。懷氏在《自然的概念》中，談到「托體」這概念的由來。這涉及他對「自然」及人類有關「自然」的知識的看法。他首先把「自然」界定為「我們透過感官而在知覺中所觀察的東西」。這東西，在這感官知覺中被覺知，但它不是思想，它獨立於思想之外❻。懷氏接著指出，人類對「自然」的知識，包含三種成分，即「事實」

---

❺　見鄺芷人〈對懷德海所謂「自然二歧性」問題之論衡〉，《中國哲學與懷德海》，東大圖書公司，1989，頁97-98。

❻　*Concept of Nature*, p.3. "Nature is that which we observe in perception through the senses. In this sense-perception we are aware of something which is not thought and which is self-contained for thought."

(fact)，「成素」(factors)，與「事物」(entities)。「事實」,就是未經區分（渾淪一體）的「感官覺知之所對」(undifferentiated terminus of sens-awareness)。「事實」一旦被區分為諸多部分，這些部分，便叫做「成素」。「成素」如果成為「思想之所對」(terminus of thought)，便是「事物」❼。這就是說，當自然作為感官覺知之所對而呈現於感官覺知中的時候，它是作為一個完整的整體而呈現的。這是自然的本來面目。但當我們把自然作為思想對象而加以思量的時候，就會把它區分為眾多部分，而針對各部分加以思量。作為一個整體而被認知到的自然，懷氏稱之為「事實」；這整體的各個部分，懷氏稱之為「成素」；作為思想對象的「成素」，懷氏特稱之為「事物」。懷氏說，「事物」本來也是「事實」之「成素」，只是當一個「成素」成為思想之所對時，都會被人把它跟其他「成素」分開，當作一個獨立的東西，而單獨加以考量與論述，這時它就被稱為「事物」。把自然區分為眾多部分而針對各部分加以思量，乃是思想的功能使然，蓋思想如果不這麼做，便無法順利運作。其原因，本書第十章第一節會有充分說明，現在暫且不談。要之，思想把自然區分為眾多「事物」，原只是一種工作上的方便施設，並非自然真的區分為互相分離

---

❼　Ibid., p. 13. "Thus there are three components in our knowledge of nature, namely, fact, factors, and entites. Fact is the undifferentiated terminus of sense-awareness; factors are termini of sense-awareness, differentiated as elements of fact; entities are factors in their function as the termini of thought. The entities thus spoken of are natural entities."

隔絕的眾多「事物」， 但希臘人不但沒有看清這點，而且還從「事物」觀念滋生出「托體」的觀念來。懷氏敘述其滋生的過程道：

> 事物(entity)被人從成素(factor)分離出來(成素乃是感官覺知之所對)， 變成了該成素的托體，該成素則被降格為該事物之一項屬性。就這樣，本來根本沒有區別的自然竟被強加上一種區別。一個自然事物(entity)，原只是就其本身而單獨被考量一個成素。它之從事實(fact)的複合體分離出來，不過是一種抽象。它並非成素之托體，而是單獨呈現於思想中的成素本身。 ❿

依此，「托體」觀念之由來，乃是希臘人硬把「成素」一分為二的結果 —— 他們把一個「成素」分為兩個部分，一部分被視為「托體」， 另一部分則被視為依附在這「托體」上的一項屬性。其做法是，從「成素」中分離出「事物」，把「事物」視為「托體」，同時把「成素」視為「事物」（托體）之

---

❿ Ibid., p.16. "The entity has been separated from the factor which is the terminus of sense-awareness. It has become the substratum for that factor, and the factor has been degraded into an attribute of the entity. In this way, a distinction has been imported into nature which is in truth no distinction at all. A natural entity is merely a factor of fact, considered in itself. Its disconnexion from the complex of fact is a mere abstraction. It is not the substratum of the factor, but the very factor itself as bared in thought."

屬性。這分割，顯然是無稽的；在「成素」之外，又跑出一個「事物」，更是荒謬。因為原本只有一個東西，「事物」即是「成素」。「事物」並非「成素」之「托體」，「而是單獨呈現於思想中的成素本身」。

三、依亞里士多德在其《形上學》一書所說，「托體」這觀念，乃是愛奧尼亞思想之產物。他又在同書把希臘人的「實體」概念歸納為四種，那就是本質、共相、類及托體。據此，「實體」原本就有「托體」之意。正因為如此，他在分析「實體」之各種流行用法時，才會去強調「實體」作為「終極托體」這意義。

四、懷氏顯然認為亞里士多德的邏輯學乃是西方「實體」觀念之主要根源。他認為西方人在無條件接受了亞氏「主詞─述詞」結構的命題句型後，也不自覺地接受了它的預設，以為在可以知覺的各種屬性底下，還有一種無法知覺的「托體」或「實體」存在。這便是西方「實體」觀念之由來。他說，上述在思想中被孤立起來而單獨加以考量的「事物」(entity)，原只是存在於思想中的抽象物，但自希臘以來，人們卻在視之為「托體」的同時，還視之為真正存在於時空中的具體實物。這無疑是一種錯誤。後來他把這項錯誤也歸於他所謂的「具體性誤置的謬誤」(fallacy of misplaced concreteness)。在《科學與現代世界》這本書中，他說，「我認為實體與屬性是具體性誤置的另一個例證。」 ⓭ 至於「事物」為什麼是抽象物，原因在於它原是「事實」的眾多「成素」之一，與其他成素之間有著種種內在關聯，但在成為思想之

⓭ *Science and the Modern World*, p. 68.

所對時，卻被切斷這些關聯而單獨加以考量，亦即被人從整體「事實」中抽取出來，當作一個孤立對象看待，這便使它失去其具體性而成為一個抽象的東西。關於這點，我們一定還記得懷氏剛剛才在上引的一段文字中說道：

> 一個自然事物，原只是就其本身而單獨被考量的一個成素。它之從事實的複合體分離出來，不過是一種抽象。它並非成素之托體，而是單獨呈現於思想中的成素本身。⓴

「事物」原本也是「事實」之「成素」，當它成為思想之所對時，被人從整體「事實」中抽離出來，單獨加以考量，這時，它才叫做「事物」。而如此被單獨抽離出來的東西，也就成為一個抽象物。如果把這麼一個東西當作「托體」，又認為它實際存在於時空中，便是把它看成一個具體的實物。西方傳統思想中的「實體」，正是這麼一個東西。懷氏曾以物質「實體」之例，說明這種「實體」觀念之形成過程說，

> 我對科學物質學說的形成，有如下的一個看法：首先是哲學不當地把事物 (entity) 轉變為形而上的托體，而事物，原只是為了便於思想而不得不然的一個抽象物。第二步則是，科學家（包括身兼哲學家的科學家）有意或無意地不理哲學的本意，而預設這托體（種種屬性所依附的托體）是存在於時空中。⓵

⓴ *Concept of Nature*, p. 16.

依此，「實體」觀念的形成，顯然經過兩個步驟：第一，哲學家把「事物」轉變為「托體」；第二，科學家再把原本只存在於思維中或想像中的東西（「事物」、「托體」）當作存在於時空中的具體實物。因此，「實體」觀念形成的過程，正是一個抽象物（甚至是想像之物）成為一個具體實物的過程。把抽象物誤認為具體實物，正是懷氏所謂的「具體性誤置的謬誤」。「具體性誤置的謬誤」是懷氏科學哲學中非常重要的一個概念。在他看來，西方傳統的哲學與科學中，幾乎到處存在著這種謬誤。他在其檢討及反省科學知識的著作中，曾經不斷地指出這種謬誤。大體而言，所謂「具體性誤置的謬誤」，除了上述誤把抽象概念當作具體實物之外，還有另外一種情況，即以抽象解釋具體，或以較抽象者解釋較具體者。懷氏認為這兩種情況普遍存在於西方傳統哲學與科學中，都是嚴重的謬誤。

貳　除了事件，還是事件

「實體」觀念在西方思想史上的影響，一直延續到近代。在笛卡兒的思想中，它呈現而為物質實體和精神實體兩種獨立自存的實體：前者在空間中占有簡單的位置，其特徵為「擴延」；後者在時間中占有簡單的位置，其特徵為「思維」。後來休謨把笛氏的精神實體化整為零，成為一個一個孤立的「印象」，每個印象仍然在時間中占有一個簡單位置。笛氏的物質實體，則在機械唯物論者霍布斯手上成為構成宇宙的終極材料，以物質點的形態按照牛頓三大定律機械地運行著，每

㉑ Ibid., pp. 20–21.

個物質點仍然在空間中占有一個簡單位置。

　　這個情形一直到二十世紀相對論與量子論物理學出現後，才有根本的改變。

　　當然對「實體」觀念的排斥，在西方思想史上，懷德海並不是第一個人。在他之前，至少柏克萊已試過要把物質實體取消，而將「外在世界」視為上帝心中的「觀念」。休謨更認為「實體」純屬哲學家的虛構，實際上根本不存在，因為人的知覺中只有「印象」(impressions)，而沒有「實體」；傳統上大家把「實體」視為色、聲、香、味等性質或屬性所依附的主體，視為變化中之不變者，但色、聲、香、味等性質並不需要依附任何東西才能存在；設想有一個東西被它們所依附，完全多餘。

　　柏克萊的主張非但不夠澈底（仍肯定精神實體的存在），而且與常識距離太遠，難以為人所接受。休謨以「印象」代替「實體」，在懷德海看來，也不盡妥當。因為休謨所說的「印象」，乃是一個個孤立的東西，「既無依傍，又無接續；無端而生，無端而滅，邏輯上找不到它們之間的任何關係，更談不上它們與外在事件、空間的關係。」❷❷在懷氏看來，這種東西只能是一種高度抽象的產物，而不是現實世界中的具體事物，不能視為終極實在。我們由上節的論述得知，懷氏心目中的真實事物都是互相涵攝，互相依待，彼此密切相關，絕不會像休謨的「印象」這樣互相分離隔絕，各自獨立自存。所以懷氏在否定了「實體」的同時，並斷言「事件」才是構成世界的基本元素，最後更以「現實事物」代替「事件」，作

---

❷❷　《懷特海》，頁71。

為世上的終極事實。不用說，在他心目中，「事件」或「現實事物」都是互相涵攝、互相依待的。

「現實事物」(actual entity)這概念，是由「事件」(event)概念發展而成的，它當然比前者更為完善、更能圓滿說明相關的現象。但「現實事物」畢竟是比較陌生的一個概念，不容易與我們的生活經驗關聯起來，而且其相關的理論非常繁複，很不容易把握，所以為了理解的方便，姑且從「事件」談起。

懷氏的「事件」理論，與他的科學哲學密切相關。事實上這個理論就是在他對科學施行批判的期間所發展出來的。它的關照範圍主要還是在自然界，同時也深受當代自然科學的影響，相對論物理學對它的影響尤深。

相對論物理學，雖然還用到空間、時間與物質三個概念，但它對這三者的看法，卻已迥異於古典物理學。在牛頓力學中，空間、時間與物質乃是各自獨立的三樣東西：即使世上的物質都消失了，空間照舊存在，時間依然向前流動，甚至空間與時間也可以分開存在。另一方面，物質固然佔有空間，但它與空間的關係純然是一種「外在關係」，也就是不影響雙方之本質的一種關係。至於時間，不管時間如何流逝，物質永遠是同樣的物質，絲毫不因而改變。時間與空間是原本存在的框架，物質的質點只是偶然分佈其間，彼此並無內在的關聯。

但在相對論物理學的概念中，與時間及物質分離的空間，與空間及物質分離的時間，與空間及時間分離的物質，都不過是一個抽象概念。世上真正存在的，惟有合此三者為一的

具體事物，而最基本的具體事物就是「事件」。 空間、時間與物質，都不過是它的一個側面。

受到相對論物理學的啟發，懷氏乃在《相對論原理》(*The Principle of Relativity*)一書中寫道：「自然界的終極事實就是事件。用相關性進行認識的本質，就是借助時間與空間來說明事件的能力。」[23]

依懷氏，凡是在自然界實際發生的，都是事件。事件是構成宇宙的基元；除了事件，宇宙中再無任何東西，連時間和空間都沒有。因為時間和空間不過是事件的關係；沒有事件，也就沒有時間和空間。

請看懷氏如何談論事件。在《自然知識原理的探討》中有一段很重要的話：

> 本質上，事件是具有現實性與生成性的構成成分。現實事件被剝奪了一切可能性。它就是生成於自然界的那個東西。它不會再度發生，因為本質上它恰恰就是它自身——存在於該時該地。一件事件恰恰就是它所是的那個東西，恰恰就是那樣與其他事物關聯著的東西，而不是別的東西。[24]

這段話雖然很簡短，但言簡意賅，涉及事件的好幾項特徵。綜觀懷氏有關事件的論述，可以看出事件至少具有以下

---

[23] 《懷特海》，頁57。

[24] *An Enquiry Concerning the Principles of Natural Knowledge*, A. N. Whitehead, Dover Publications, 1982, p. 61.

幾項重要特徵：

一、事件是純粹的現實，而不是潛能。蓋事件本來就是指實際發生在自然界的東西，這種東西必定是現實的東西。現實的東西，就是已經實現了的潛能。在它身上，原來的潛能都已成為現實，再無任何殘餘。所以上引懷氏的話才說「現實事件被剝奪了一切可能性」。「被剝奪了一切可能性」，就是指它不再帶有任何潛能。

二、每一事件都是獨一無二的，不可重複的；它一成過去，即永不再返。這是它的一次性、唯一性。上引懷氏的話說「它不會再度發生，因為本質上它恰恰就是它自身——存在於該時該地」，就是指這點而言。「它不會再度發生」，表示的是它的一次性。「它恰恰就是它自身——存在於該時該地」，則表示它是唯一的。因為發生在特定的一個時間點和空間點的事件，只能有一件。下次在同一個空間點發生的事件，已經不是同一件事件了。不過，過去的事件並不消滅，它還可以成為後來事件的一部分而繼續存在。這與事件的「擴延」(extension)有關，等到下文談到事件的「擴延」時再細說。

三、事件是最具體的。上文提到，被抽取出來而單獨看待的空間、時間與物質，都只是一種抽象物，它們都不過是事件的一個側面，事件才是具體的終極實在。在懷氏看來，非但空間、時間和物質是抽象物，即連被相對論認為比物質更基本的「能量」(energy)，也還是帶有抽象性的東西，也還只是事件的一個側面。他說：

　　能量是一種活動，它只是所發生的事件結構中量的

側面的一個名稱，它不是事件發生的全部，它必須依
靠一個機體的發生作用這一概念才能解釋。㉕

　　這段話除了說明「能量」也是一個抽象概念之外，也把
事件才是具體終極實在之意，表示得很清楚。

　　四、事件與事件具有一種「擴延」的關係。互相擴延到
的事件，即互相包含，作為對方的部分而存在於對方之中。
互相擴延不到的事件，則互相外在，各自存在於特定的時空
點上。「每一事件擴延到作為其部分的其他事件；每一事件
也作為其他事件的部分而被它們擴延到。」㉖這是就第一種情
況而言。「如果沒有一件事件作為其他兩件事件共有的部分，
則這兩件事件就是互相外在，或『分離』。」㉗這是就第二種
情況而言。「外在性與擴延性是事件的標記；一件事件存在
於那裡而不是這裡（或存在於這裡而不是那裡），存在於那
時而不是這時（或存在於這時而不是那時），它是某些整體
的部分，又是擴延到某些部分的整體。」㉘這是總括兩種情況
而言：事件可能互相外在，所以每一事件各自佔據特定的一
個時空點——存在於此時此地，就不能存在於彼時彼地；存
在於彼時彼地，就不能存在於此時此地。事件會互相擴延，

㉕　譯文，《現代形上學的祭酒——懷德海》，朱建民編譯，允晨書局，
　　1982，頁62。原文，*Science and the Modern World*, pp. 102–103.

㉖　*An Enquiry Concerning the Principles of Natural Knowledge*, p.
　　61.

㉗　Ibid., p. 61.

㉘　Ibid., p. 62.

所以一件事件可以同時既是部分又是整體。上文說到過去的
事件成為後來事件的部分而繼續存在，那情況，就是過去的
事件被後來事件擴延到而被它所包含。

　　五、事件只流過而不變化 (events pass but do not change)。
這點不太容易了解，難免令人感到迷惑。暫且不妨這麼說：
「流過」是指事件經過一段由發生到完成的歷程；「不變化」
則指它一旦完成，便即結束，不會變成另外一件事件。（變
成另外一件事件，與上文所說，成為後來事件之一部分而繼
續存在，不同。）依懷氏之意，蓋有兩種不同意義的「變
化」。「事件不變化」這句話中的「變化」，應是第二種意義
的「變化」。這種意義的「變化」，正是我們習見的那種，如
一部車子由新變舊，一個人由年輕變老。這種意義的「變化」，
懷氏不認為會發生在「事件」身上，他反倒以事件之系列來
說明這種意義的「變化」。但除了這種意義的「變化」之外，
還有另一種意義的「變化」，這種意義的「變化」，懷氏認為
必定在事件身上發生。這種「變化」，就顯現在事件由發生至
完成的歷程上。換言之，事件之「流過」本身就是這種「變
化」。這種「變化」，是懷氏所不否認的。不但不否認，而且
認為必定發生，因為它就是事件之「流過」本身。懷氏在《自
然知識原理的探討》中說道：

　　　就事件e成為事件e'之一部分，事件e'包含了e（亦即擴
　　延到e）且擴延到e以外的未來，就這點而言，可以說大
　　自然會發展。如此，則就事件e與後來在大自然創生
　　進程中才變成現實事件的那些事件之關係而言，可

以說事件e會變化。就這個意義而言的事件e之「變化」，可稱為事件之「流過」。這時這個意義的「變化」一詞就不宜再用。㉙

這裡就講到可以適用在事件身上的那種「變化」。這種「變化」，其實就是指事件之「流過」。懷氏說，就一件事件與後來事件之關係而言，可以說事件會變化。他所說的該一事件與後來事件之關係，就是指該一事件「流過」而進入後來事件，成為它的一部分。就這情況而說事件會變化，這「變化」，其實就是指「流過」而言。

六、每一事件都具有一個固定的時空。上引懷氏的話「它不會再度發生，因為本質上它恰恰就是它自身——存在於該時該地」，已表明了這一點。這幾乎是不待言的，因為一個具體事物必定帶有時間性與空間性，而且佔有特定的時間和空間，時間和空間是它的兩個側面。上文說過，被單獨看待的時間或空間，乃是從具體事件身上抽離出來的抽象物。依懷氏，空間乃是對事件之「擴延」的抽象所得，時間則是對事件之「流過」的抽象所得。㉚

七、每一事件都是一個完整的單元。它自成一個單位，當它完成的時候，必定是一個完整而統一的東西，而且它也

㉙　Ibid., p. 62.

㉚　*Concept of Nature*, p. 34. "These two factors, namely the passage of events and the extension of event over each other, are in my opinion, the qualities from which time and space originate as abstractions."

必定一開始就朝著這個目標而發展。因此，每一事件都有其「個體性」與「同一性」。儘管它們彼此之間互相擴延，互相包含，但彼此仍然界限分明，差別歷然。宇宙便是由無數這樣的事件所構成。

以上是事件的幾項基本特徵。這幾項特徵也為後來取代事件作為宇宙構成基元的「現實事物」所具有❸。

懷氏既然認為這樣的事件才是宇宙的基元，自然不能再容許傳統意義的「實體」作為宇宙的基元，因為傳統意義的「實體」概念幾乎完全和上述「事件」的概念相牴觸。

參　既變又不變

這裡，有一個問題產生了！

當年亞里士多德提出「實體」觀念，除了想彌補柏拉圖理型論的邏輯漏洞，主要還是為了解決當時希臘哲學上的一個難題，即如何調和「變」與「不變」、「動」與「靜」、「一」與「多」、「生成」與「存有」之對立。蓋當時希臘的形上學分為敵對的兩大陣營，一者主張真實存有為一、為靜、為不變，而多、動與變乃是幻象；一者剛好相反，主張真實存有為多、為動、為變，而一、靜、不變並非真實。前者為愛奧尼亞學派，後者以赫拉克利特為代表，雙方針鋒相對，互不相讓。但一與多、靜與動、變與不變，都是我們經驗中的事實，天天呈現在我們眼前，不容我們任意否認。如何調和兩者的對立，使之各得其所，便成為當時迫切的一個問題。亞氏提出「實體」觀念，就是為了澈底解決這個問題。

---

❸　見《懷德海哲學》，楊士毅著，東大圖書公司，1987，頁113。

他的做法是，把一個物體分為兩個部分：「實體」與「屬性」，將其一元的、靜的、不變的成分歸於「實體」，將其多的、動的、變的成分歸於「屬性」，宣稱「實體」乃是變化中的不變者。這樣，既能說明一、靜、不變的所以然，又能說明多、動、變的緣由，可說左右兼顧，面面俱到，基本上滿足了大多數希臘人理智上的需要❸。

如今懷德海一舉把「實體」取消，他將如何說明一與多、靜與動、變與不變諸現象呢？

這個問題，在其「現實事物」理論中有圓滿的解答。

首先，懷氏反對歷來把真實存有視為變化中之不變者的看法。他在《歷程與實在》中明白宣示：「機體哲學的形上學主張，基本上就是要完全摒棄這種把現實事物看作變化中之不變者的想法。」❸相反的，他認為真實存有與變化根本分不開，它們是互相預設的。這牽涉到他形上學的三大基本原則之一，他把這項原則稱為「存有原則」(ontological principle)。這項原則可以說是歷史上所有偉大的形上學家共同承認的，那就是「離開現實事物，沒有任何東西可以存在」。所謂「現實事物」，就是個別的特殊的事物，亦即具體而非抽象的事物。只有這種事物才是一種完全的存在物。所謂「完全的存在物」，就是其存在具有「存在」這個名詞的完全意義，它們本身獨立存在而不依靠它者。舉例而言，一朵紅花，就是一個完全的存在物，而「紅」則不然。因為「紅花」可

❸　見《懷特海》，頁85。

❸　*Process and Reality*, A. N. Whitehead, Harper & Row, 1960, p. 43.

以獨立存在，而「紅」本身不能獨立存在，它只能附托在花上；沒有花，它就不能存在。懷氏承認除了現實事物這層意義的存有，還有其他意義下的存有，例如形式、性格、思想、觀念，以及上述「紅」等抽象物，它們都可以稱為最廣意義的事物，但它們卻不是完全的存在物。惟有個別的特殊的具體事物，才是完全的存在物。「存有原則」肯定有些事物是完全的存在物，這些事物就是現實事物。接著這原則肯定現實事物形成一個基礎，一切其他類型的存在都由這個基礎導出並抽離出。如此，根據「存有原則」，現實世界乃是由現實事物所構成，而任何其他事物，不論以何種存在意義存在，都由現實事物抽離而導出❸❹。懷氏以"entity"（事物）這個詞稱呼一切類型的存在物（完全的與不完全的），而以"actual entity"（現實事物）這個詞稱呼現實事物（完全的存在物）。

根據「存有原則」，「變化」的存在，必須預設「現實事物」(actual entity)的存在。因為「變化」不是完全的存在物，它本身不能獨立存在，它必須依托於「現實事物」；沒有「現實事物」，就沒有「變化」。

這是一方面，另一方面，「現實事物」的存在，也預設「變化」的存在。這又牽涉到懷氏形上學的第二項原則：「歷程原則」(principle of process)。這項原則說，「現實事物的『存有』是由其『生成』構成的。」❸❺「生成」(becoming)，就是一種「變化」。在這裡，「生成」是指「成為存在」而言，也就是指現實事物之成為存在。「現實事物的『存有』是由其

---

❸❹　以上見《現代形上學的祭酒──懷德海》，頁79-82。

❸❺　*Process and Reality*, p. 335.

『生成』所構成」，並不是說：現實事物的「存有」(being)開始於現實事物之「生成」；　其「存有」在「生成」之後，一直持續下去。這句話的真正意思是，現實事物之「生成」，即現實事物之「存有」；現實事物由不存在成為存在的這個歷程本身，就是現實事物之「存有」；除了這個歷程，別無現實事物之「存有」。一個現實事物之「存有」，不外乎一個現實事物之生成歷程。依懷氏，一個現實事物只存在一剎那 (moment)；它一生成，就消逝了。它的存在，只存在於由不存在成為存在的這個歷程中，這歷程只持續一剎那。上面說過，「生成」就是一種「變化」。照現在所說，「變化」無疑乃是現實事物之存在的必要條件。所以說，現實事物之存在，已預設了「變化」之存在。

在這裡，有一個疑問產生了。

現實事物既然就是生成的歷程，而生成乃是一種變化，則現實事物無疑即是一種變化的歷程。現實事物既然就是一種變化的歷程，那麼，懷氏要如何說明「不變」這因素的存在呢？

這的確是一個問題。因為照上文所說，懷氏認為現實世界乃是由現實事物構成的；現實世界除了現實事物之外，別無他物，如今懷氏又主張現實事物就是變化的歷程，那麼，「不變」如何可能在這個世界存在呢？

如果這個世界上沒有「不變」的東西，我們將如何說明事物之「自我同一性」、「單一性」、「個體性」、「自足性」呢？

懷氏的答覆是，「變化」有兩種，上述內在於現實事物的那種「變化」（即現實事物之生成歷程），乃是第一種意義的

「變化」。 就這種意義的「變化」而言，現實事物即是「變化」的歷程。但除了第一種意義的「變化」之外，還有第二種意義的「變化」；這種意義的「變化」，才是平常我們所說的「變化」。就第二種意義的「變化」而言，現實事物是不變的。懷氏說：「現實事物消逝而不變化；它們仍是它們。」❸⑥他的意思是說，一個現實事物一旦完成，便即消逝，不會變成另外一個現實事物。請注意他最後的一句話：「它們仍是它們」。 這正表示它們沒有變成別的現實事物。基本上，懷氏認為每一個現實事物都是一個完整的東西，每一個都自成一個單元。它的存在雖然只持續了一下，但這存在乃是一個整體。固然由於它的存在在時間上有所延續，因而在理論上是可分的，但它卻是可分而未分的一個東西。此外，它又是獨一無二的，各具特性的，原則上前文在論述「事件」時所提到的「事件」之各項特性它也都具備。職是之故，它自有其「自足性」、「單一性」、「個體性」與「自我同一性」❸⑦。

事物之「自我同一性」、「單一性」、「個體性」、「自足性」，代表的是存有之為「一」、為「靜」、為「不變」的一面。所以懷氏的「現實事物」理論除了可以說明第一種意義的「變化」與「動」、「多」諸現象，即存有之「變」、「動」、「多」的一面，也可以說明存有之「不變」、「靜」與「一」的一面。

至於第二種意義的「變化」， 亦即我們習見的那種「變化」， 懷氏同樣可以用這理論予以圓滿的解釋。依他， 這種

---

❸⑥　Ibid., p. 52.

❸⑦　以上見《現代形上學的祭酒──懷德海》，頁85。

「變化」實係接續而相似的一串現實事物所構成。這種「變化」並不是如亞里士多德以來眾所以為的，發生在持久存在的同一事物（即所謂的「變化中之不變者」）身上，而是由一系列接續而相似的現實事物所顯示：這一系列的現實事物，一個接著一個發生，相鄰的兩個，高度相似，但越是後起的一個越是不同於最先發生的那個，這情形看在我們眼裡，就在我們腦中形成「變化」的印象。其道理，和一格一格的電影影片連續放映在銀幕，就會使觀眾形成物像在「運動」的印象，完全相同。所以要說明這種「變化」，並不需要假設一個自始至終一直存在的單一事物（即傳統意義的「實體」），作為變化的主體。這種「變化」，可以說只有「變化」，而沒有「變化者」，猶如佛學所說的只有「受」，而沒有「受者」；只有「想」，而沒有「想者」。

　　這種「變化」，當然也可以說是一種「歷程」，但這種「歷程」顯然不同於前述內在於現實事物的那種「歷程」。這種「歷程」可以說是引申義的「歷程」，內在於現實事物的那種「歷程」才是根本義的「歷程」。引申義的「歷程」，是由一串根本義的「歷程」連接而成的。引申義的「歷程」，和第二種意義的「變化」一樣，都不是現實事物之根本的形上特性。

　　以上懷氏有關「實體」的種種立論，從本書的立場看來，其最大的意義當然是在於印證了佛學無「自性」的世界觀。它在這點上，確實與佛學完全契合無間。它在否定了「實體」之後，以剎那生滅的「事件」或「現實事物」來說明世界之構成，也與佛學之以剎那生滅的「念」（心識之基本單元）

來說明世界之構成，非常相似。最難得的是，懷氏的世界觀
（包括本節所論有關「實體」的部分，以及上節所論有關事
物之「互入相因」的部分）， 並非來自純粹的玄想，或直覺
的洞見，而是來自研習尖端科學理論之心得。他的立論有力
地證明了科學研究與佛學證悟之殊途同歸。如前所說，懷氏
不但熟悉各種科學理論，而且能夠指陳科學之缺失，所言切
中要害，令人由衷信服。他建立的形上學，由於立基於淵博
而精確的現代知識，即使在反形上學氣氛空前濃厚的二十世
紀，也沒有人敢予輕忽。佛學的世界觀能夠獲得其印可，其
意義自是非比尋常。

　　除此之外，懷氏有關的某些看法，也很有助於我們對佛
學的了解，這些看法或可以澄清佛學的概念，或可以補佛學
之不足，均有他山之石的功用。譬如他對「事件」或「現實
事物」的一些論斷，如認為它們都是具體的、唯一的、獨特
的、完整的、圓滿自足的，而且其存在持續一點點時間……
等等，這些看法，個人覺得都可以適用在佛學的「念」上，
因此，可以幫助我們更正確、更完全地認識「念」這個概念。
再如他認為現實事物的「存有」即是「歷程」，根本義的「變
化」內在於現實事物本身，引申義的「變化」則不發生在現
實事物身上，這種說法，極有助於我們解決佛學上「事物到
底變遷或不變遷」的問題。這點，只要我們把僧肇的〈物不
遷論〉拿來和懷氏的說法比較一下，就可以看得很清楚。

　　〈物不遷論〉有兩個論點與懷氏「現實事物」的概念相
符。第一，僧肇認為，所謂的一個事物，並不是自始至終一
直存在的單一事物，而是前後相續的一連串相似事物，其中

每一事物都只存在短暫的時間。過去的事物已經消滅，現在
的事物是一個全新的事物；過去的事物沒有來到現在，現在
的事物也不會去到過去❸。這點，跟懷氏認為每一「現實事
物」都只存在一剎那，完全一致。第二，僧肇認為過去的事
物雖然消逝，卻會留下長遠的影響，這影響會成為現在事物
的原因和條件❸。這點，也與懷氏所謂已完成的「現實事物」
被後起的「現實事物」所「攝受」而成為它的一部分，完全
一致。

但僧肇竟由事物都只存在一剎那，過去的事物沒有來到
現在，進而否定「變遷」的存在，認為「變遷」只是一種假
象❹。這點，卻與懷氏大不相同。如上所言，懷氏既指出「事
件」或「現實事物」之存有本身即為第一種意義的「變化」
之歷程，又以「現實事物」之系列圓滿說明了第二種意義的
「變化」之所以然。可見他是承認「變遷」之存在的──不
但承認「變遷」之存在，而且認為「變遷」就是「實在」；除

---

❸ 〈物不遷論〉說：「是以梵志出家，白首而歸，鄰人見之，曰：
『昔人尚存乎？』梵志曰：『吾猶昔人，非昔人也。』」過去的梵志
已經過去了，現在的梵志並不是過去的梵志，不過相似而已。

❸ 〈物不遷論〉說：「是以如來功流萬物而常存，道通百劫而彌固，
成山假就於始簣，修途托至於初步，果以功業不朽故也。」 過去
的影響常在，是謂「功業不朽」。 也因此，才有事功的累積：一
筐筐的土累積起來，終於成為一座山；一步步的路累積起來，終
於到達遙遠的目的地。

❹ 〈物不遷論〉所謂：「旋嵐偃嶽而常靜，江河競注而不流，野馬
飄鼓而不動，日月歷天而不周。」

了「變遷」，別無「實在」。僧肇的思想，接近於前述愛奧尼亞學派芝諾(Zeno)的思想，這種思想早經認定為不妥。相形之下，懷氏的看法，顯然較為可取。

以上依次就懷氏之主張事物相依互入，及擯斥「實體」觀念，論述了他與佛教徒在世界觀上的相契。由這番論述可以看出，懷氏對事物所持的看法，實不外乎佛學一貫所持的「緣起性空」思想。他主張的「事物相依互入」說，實即佛學的「緣起」說；他對「實體」的否定，則相當於佛學對「自性」的否定。即此兩點，已決定了他的世界觀之與佛學同調，而與西方的傳統殊途。因為這兩點儘管只是兩點，卻是非常關鍵性的兩點，僅此兩點，已足以使其看法迥異於西方傳統哲學、科學與常識的看法。

但這並不是說懷氏的世界觀完全與佛學的世界觀無異。相反的，它們之間還是存在著許多明顯的差異，只是這些差異之點並不像上述相同之點那麼具有關鍵性罷了！

懷氏思想與佛學最大的差異之點，蓋在於把基督教的「上帝」與希臘哲學中的「理型」引進了他的宇宙論，讓兩者在其間起著十分重要的作用：「上帝」透過祂的二性（先在性與後得性）或三性（先在性、後得性與超主體性），與其他「現實事物」互動，而引導它們向理想的境地前進；「理型」則化身為「永恆對象」而以純粹潛能的樣態存在於「上帝」，以為一切「現實事物」之模型(patterns)、結構(structures)和價值(value)。這是佛學中所沒有的。

其次，懷氏雖然多方指摘傳統哲學、科學與常識所提供的世界圖像之謬誤，但他卻視當前的現實世界為無比實在。

這自與佛教（特別是印度佛教）基本上視當前世界為虛幻，大異其趣。

即以兩者有關事物相依互入之論而言，儘管其主旨大體相同，其細節也多所歧異。譬如依懷氏，事物之相互涵攝，有所謂「積極攝受」與「消極攝受」之分，又有所謂「物理攝受」與「概念攝受」之別。佛學便無類此區分。懷氏又進一步以「共生」(concrescence)與「轉移」(transition)歷程，一與多交互轉換的關係，描述「攝受」的情形；其中「共生」又分若干階段或側面，「轉移」又分若干階段或側面；每一階段或側面又如何如何……其細密與複雜，殆已達到可能的極致。這也是在佛學中看不到的。

此外，雖然懷氏再三強調事物之互相關聯，卻只把個別事物視為機體(organism)，而不把整個宇宙視為一大機體。這也是和佛學不盡相同的。還有，佛教強調過去行為對未來行為的決定力，懷氏則強調個別事物的創造性。這也是兩者顯著不同的。

第九章　羅素與「性空」、「唯識」思想

　　選擇羅素作為比較對象，除了他也是二十世紀西方重要的哲學家之一，蓋有如下兩個原因：

　　第一，他澈底經過當代科學的洗禮，對各門科學有深入而確切的了解。跟懷德海一樣，他一生的工作有相當的一部分，是在闡釋最新科學理論（特別是現代物理學），與探討科學之本質、方法及發展模式。後者構成了他的科學哲學，對其後整體西方科學哲學的發展，有啟發、引導的作用。前者則表現為介紹科學新知的《原子入門》(*The ABC of Atoms*)、《相對論入門》(*The ABC of Relativity*)等書，及論述新自然觀的《心的分析》(*The Analysis of Mind*)、《物的分析》(*The Analysis of Matter*)、《我們對外在世界的知識》(*Our Knowledge of the External World*)、《哲學大綱》(*An Outline of Philosophy*)諸作。

　　第二，他是西方經驗主義在二十世紀的承先啟後人物。他上承洛克、柏克萊、休謨、穆勒的傳統，下啟卡納普以後新實證論思潮，其澈底經驗主義立場，使他堅持感性經驗為人類唯一所知，並據此否定傳統的「實體」觀念，這看法與佛學一貫的主張隔洋遙相呼應。他又主張感性經驗非心非物，而比心物更根本。物我、能所、主客、內外原本合一；心外之物、物外之心、物外之我、我外之物，只是抽象思維的產

物，並非實在。這看法更與唯識宗關於「我執」、「法執」的看法若合符節。因此，拿他的思想與佛學比較，可以收互相發明之效。

第一節 「實體」只是幻象

茲從他的否定傳統「實體」觀念談起。

如上所說，他之否定傳統「實體」觀念，乃是他堅守經驗主義立場的結果。依經驗主義，人的認知不能超出經驗之外，而經驗則是透過感官獲致的。因此，感覺與料(sense data)便是人類對於世界的唯一所知。但感覺與料隨著知覺它們的感官之不同而不同，更隨著知覺它們的人之不同而不同。通常人們都假定在感覺與料背後還有一種實在事物存在，它乃是感覺與料之所以呈現的原因，雖然這種事物的存在，完全出於推想，而無法予以直接證明。在早期，羅素還主張必須承認這種事物的存在，以便說明感覺與料之所以然，但後來他改變看法，認為世界就是由邏輯地互相連結的感覺與料所構成，除此之外，別無其他事物。如此，他便把上述假定的事物否定掉了❶。否定上述事物，也就否定了傳統的「實體」觀念。因為傳統所謂的「實體」，就是類似上述假定事物的一種東西。而他之否定上述假定事物，主要就是因為那個東西是不可知的。這自是他向澈底經驗主義的更進一步靠攏。

---

❶ *Our Knowledge of the External World*, B. Russell, George Allen & Unwin Ltd., 1961, pp. 110–112.

壹　「實體」觀念來自想像

　　既然否定了傳統「實體」觀念，他遂在1945年出版的《西
洋哲學史》(*A History of Western Philosophy*)，對向來所謂的
「實體」發表了自己的一番看法。他首先談到傳統「實體」
觀念之由來。

> 當我們在描述這個世界的時候，把若干數目的事件說成
> 「蘇格拉底」的生平事跡，而把另外若干數目的事件說
> 成「史密斯先生」的生平事跡，的確頗為方便。但這種
> 做法卻導致我們誤以為「蘇格拉底」或「史密斯先生」
> 這名稱指涉著一個一直存在了若干年月，且在某方面比
> 與他有關的那些事件更「牢靠」、更「真實」的東西。
> 當蘇格拉底生病的時候，我們就想到蘇格拉底在其他時
> 間是健康的，因此，蘇格拉底乃是獨立於他的病之外的
> 一個存在，而如果沒有蘇格拉底這個人，便不會有生病
> 這件事。❷

　　照這個說法，傳統所謂的「實體」，無疑是因為事物的名
稱而生起的。「蘇格拉底」這個名稱，原只是用來概括相關的
若干事件的一個名稱，但由於它是一個單一的名稱，遂使得
人們誤以為在相關的那些事件背後還有一個一直存在幾十年
的單一的東西，它才是該名稱所指涉的對象。儘管這個東西

---

❷　*A History of Western Philosophy*, B. Russell, 新月圖書公司翻印，
1965, p. 211.

並不能為我們所認知，但人們卻以為它還比那些可知的事件更「牢靠」、更「真實」。傳統所謂的「實體」，便是這個想像出來的東西。這個想像，顯然是因為事物的名稱而生起的。因而羅素認為傳統的「實體」觀念，乃是「轉移到形上學的一個名言方便」(a transference to metaphysics of what is only a linguistic convenience)❸。

所謂「名言方便」，是指事物的名稱，這名稱原是為了思維與論述的方便，而用以概括相關的一串事件的一種工具，但人們卻以為它代表某種不可知而無比真實的神秘事物。這就是把一個名言方便轉移到形上學裡面，使它變成一個形上學的概念。這形上學的概念，不用說就是代表那個「不可知而無比真實的事物」的概念。

羅素對「實體」觀念之由來的這種看法，與佛教空宗認為「自性」觀念係來自「隨名起執」，完全一致❹。

---

❸ Ibid.

❹ 「隨名起執」，就是說，關於某一事物的「自性」的觀念，乃是由該一事物的名字所引起的：我們從它的名字，不自覺地推想真有一個常恆自立的東西在那裡被這個名字所指涉。《大智度論》說：「如車以輻、輞、轅、轂和合為車，若離散各在一處，則失車名。五眾（按即『五蘊』）和合因緣，故名為人，若別離五眾，人不可得。諸法合集，故有名字。凡夫隨逐名字，生顛倒染著。佛為說：法當觀其實，莫逐名字，有無皆空。」這就是龍樹對「自性」觀念產生過程的說明。其關鍵就在於「凡夫隨逐名字，生顛倒染著」。「隨逐名字，生顛倒染著」，就是「隨名起執」。人們以為有一個單一的東西對應著一個名字，被這個名字所指涉，所以

在羅素看來，傳統的這種「實體」觀念，當然是錯誤的，所以他在隨後的一段話中便提出自己對「實體」的不同看法：

「實體」，實際上，不過是用以集合眾多零散事件的一種方便施設。以史密斯先生來說，關於他，我們能知道些什麼呢？當我們看著他的時候，可以看到一堆顏色；當我們聽著他的時候，可以聽到連串的聲音；當然他也和我們一樣有思想和情感。但除了這些事件（按指顏色、聲音、思想、感情等的呈現），史密斯先生還剩下什麼呢？頂多不過一個被想像為在背後掛住這些事件的想像中的掛鉤罷了！但這些事件實在並不需要有一個掛鉤來掛住它們，就像大地不需要有一頭大象在底下頂著它那樣。以地理事物為喻，「法國」這個名稱，只是一個名言方便，除了構成法國這個國家的各部分之外，並無一個東西叫做「法蘭西」的。「史密斯先生」這個名稱亦然。它也不過是用以稱呼若干數目的事件的一個集合名詞(collective name)。如果我們把它當作超乎這個以上的任何東西，那麼，它所指涉的便是一個不可知的東西，

便想像在一堆剎那生滅的現象（如人之「五蘊」）背後，有一個單一的東西持續存在，作為其指涉對象。有關這個東西的這個觀念，便是「自性」觀念。這個觀念，完全是虛妄的，卻被人牢牢地執取不放，故指其為「顛倒染著」。實際上，人除了「五蘊」（五眾）之外，並沒有「自性」，猶如車除了輻、輞、轅、轂之外，也沒有「自性」。因此，佛便告誡我們：應該看清事物的真相（實），不要隨著名字團團亂轉。

因此，便不是在論述可知事物時所需要的。❺

依這段話，「實體」原不過是一種方便施設，目的是用以概括經驗中的若干事件。這些事件如果不是用一個單一的符號加以概括，而一一加以列舉，勢必不勝其煩。但它除了用以概括這些事件之外，並不代表任何不可知的神秘事物。所以一個「實體」的名稱（如「史密斯先生」），事實上就像一個國家的名稱（如「法蘭西」），乃是一個「集合名詞」。所謂「集合名詞」，就是用以指涉一組事物而非一個單一事物的名詞，譬如所謂的「班」，就是編在一起的一組人，除了這組人，並沒有一個叫做「班」的東西。

照羅素的這個解釋，所謂的「實體」，就某一個意義而言，也可以說只是一個空名，因為根本就沒有一個相應的單一對象被它所指涉，傳統「實體」觀念所指的那個不可知的東西，根本不存在。它的存在，完全出於想像。關於這點，他說：

> 一般人都認為一個「實體」乃是一個被種種屬性所依附的主體。但當我們撥開這些屬性，而試著單獨去想像這個主體本身的時候，一定會發現，剩下的實在一無所有。❻

依羅素，一個實體，充其量也只能代表一串連續發生的事件，其中每一事件都只存在短暫的片刻。它並不代表一個

---

❺ *A History of Western Philosophy*, pp. 211–212.

❻ Ibid., p. 211.

一直存在的單一事物。在他的另一部著作中，他曾以樂曲的曲調(tune)為喻，來說明這點：

> 如果一個曲調需要五分鐘才能奏完，我們並不把它看成在五分鐘之間一直存在的單一的一個東西，而是把它看成一串連續的音符(notes)，這些音符因為以某種方式連結在一起，以致成為一個單元（按指曲調）。❼

　　一個「實體」，猶如一個曲調。一個曲調是由一串音符所構成，演奏時，一個音符持續一拍或半拍的時間，這些音符連接起來，就構成那個曲調。並不是在這些音符之外，另有一個東西自始至終一直存在，叫做「曲調」。「實體」亦然，它由連續的一串事件構成，每個事件只存在短暫的一段時間，這些事件連接起來，就形成該一「實體」。並不是在這些事件背後，另有一個一直存在的神秘事物，叫做「實體」。

貳　世界觀的大翻新

　　以上羅素的思想，終於導致整個世界觀的激底大翻新，即由事件取代傳統意義的實體，作為世界的基本成分。這就是說，照羅素上述的看法，這世界便不是由傳統意義的那種實體所構成，而是由一串又一串的事件所構成。在羅素眼中，傳統思想中那種跟其他物體分離隔絕而長久獨立存在的一個又一個的物體，完全消失不見了！他所看到的，盡是一串又一串的事件。而其所謂的「事件」(event)，也跟懷德海所說

---

❼ *An Outline of Philosophy*, B. Russell, p. 118.

的一樣，就是平常大家所謂的「事件」，並不是什麼稀奇古怪的東西。輪胎爆破是一件事件，打一個噴嚏也是一件事件，一場世界大戰還是一件事件。

> 炸彈爆炸，閃電一閃，光波從原子發出，光波傳抵某人身體，這些，無一不是事件。❽

世界既不外乎事件，那麼，通常所謂的「物體」又是什麼呢？依羅素，通常所謂的一個「物體」，實不過是一串或幾串事件。

> 某幾串事件，構成所謂的一個物體的歷史，另幾串事件則構成一道光波的進程。一個物體，不過是一段歷史。一個物體，猶如一個曲調——一個曲調可以演奏幾分鐘，但並不是整個曲調自始至終存在於每一瞬間。存在於每一瞬間的，乃是一個個的音符。物體的情況亦然，存在於每一瞬間的，乃是個別的事件。❾

一串的音符，連接起來，構成一個曲調。同樣的，一串的事件，連接起來，構成一個物體。因此，一個物體並不是一個傳統意義的「實體」，而是由若干事件串連而成的一個「歷程」。世上只有事件，只有由事件串連而成的歷程，而沒有傳統意義上的那種實體。

---

❽　Ibid., p. 116.

❾　Ibid.

這種看法，儼然懷德海思想的翻版。這也難怪，因為羅素有關的思想確是得自懷氏的傳授。羅素在自敘其思想之發展過程時說：

> 懷德海使我相信，不先假定點、瞬是世界的原料，我們就能夠研究物理學。他認為（在這一點上，我後來也同意）物理世界的要素可以由事件構成，每一事件占據有限量的空—時。❿

他又在《我們對外在世界的知識》序言中說道：

> 書中與《哲學問題》不同的看法，幾乎都是受惠於他（懷德海）的結果。我從他學到點的定義、如何處理瞬與物、以及「物理世界勿寧是一個建構，而不是一個推論所得」這整個的想法。⓫

可見羅素受懷氏影響，不但是一項事實，而且被他本人清楚意識到。這影響，包括繼承他的「事件」理論。

所謂「一個物體不過是一串或幾串的事件」，可以拿一個具體的實例加以說明。

這得從我們有關「物體」的知識談起。物理課本告訴我們，物體是由分子構成的；分子是由原子構成的；原子是由原子核和電子構成的；原子核是由質子與中子構成的。這並

❿　《懷特海》，陳奎德著，東大圖書公司，1994，頁56。

⓫　*Our Knowledge of the External World*, p. 8.

沒有錯，但這也只是一種權宜的說法而已。實際上，我們並不能知覺到這些分子、原子、電子，我們所知覺到的，只是與它們有關的種種事件。其實說「知覺到與它們有關的種種事件」，也不是很正確的說法，因為這種說法已經預設了分子、原子、電子等等的存在，這跟事實並不符合。事實是，我們只知覺到種種事件，而分子、原子、電子等等，乃是我們根據這些事件而在我們心中建構起來的。這就是說，在我們的認知裡，本來並沒有所謂的分子、原子、電子這些東西呈現，而只出現種種事件，但這些事件並非雜亂無章，它們不但可以依特徵加以分類，而且連串、連串地出現，於是我們為了思維與論述的方便，就把同具某些特徵而連接出現的一串事件叫做「電子」，又把同具另外某些特徵而連接出現的另外一串事件叫做「中子」，再把同具第三組特徵而連接出現的第三串事件叫做「質子」。我們又發現某些「電子」和「中子」、「質子」總是以某種特定的方式結合在一起，於是為了同樣的理由，便合稱它們為某一種「原子」；另外一些「電子」和「中子」、「質子」則總是以另外一種方式結合在一起，我們於是又合稱它們為另一種「原子」。所謂「分子」、「原子」、「電子」等等，便是這樣形成的。所以說它們乃是出於「建構」。「分子」、「原子」、「電子」等等既出於建構，可想而知，「物體」也一樣是出於建構。物體、分子、原子、電子被建構出來之後，我們便拿它們來概括相應的一群群事件，如以物體來概括相應的一大群事件，以分子來概括其中較小的一群事件，以原子來概括更小的一群事件。實際上，不管是物體也好，分子、原子、電子也好，都不外乎

一群事件。茲以電子為例，如上所言，物理課本告訴我們，原子是由原子核和電子構成的，原子核則是由中子和質子構成的。它又告訴我們，電子總是以高速循著一定軌道，環繞原子核旋轉，而其軌道有好幾層，但它們總是傾向於在最靠近原子核的一層旋轉；不過當它們吸收了外來的能量時，就會跳到比較外層的軌道去旋轉；而一旦外來能量的供給中斷，它們又會回到最內的一層；當它們從比較外層的軌道跳回最內層的軌道時，會把原來吸收到的能量釋放出來，我們也就是在這個時候，而且也惟有在這個時候，才由它們放出的能量得知有「電子」存在（放出的能量，可以由儀器測出）。放出能量，就是一件事件。關於「電子」，我們所知道的，就是放出能量這事件。我們是由不時放出能量去構想出所謂的「電子」及其旋轉的軌道，而不是知覺到「電子」之後才去跟蹤它，從而得知它如何旋轉，如何放出能量。所以「電子」不過是用以概括不時發生的類似事件（放出能量）的一個概念，它代表的是一串的事件，而不是一個一直存在的實體。教科書上所說的「電子循一定的軌道旋轉，它在某種情況之下會放出能量」云云，不過是為了陳述與理解的方便而採取的權宜說法。這種說法，自有其方便，但也會導致一個結果，就是使人誤以為有一個一直存在的「電子」在環繞著「原子核」旋轉。甚至更進一步把它圖像化，把它想像成像一粒豆子或一顆沙子那樣的東西。但這絕不是它的真相。

> 電子不再具有常識中的「物體」的屬性，它不過是一個會放出能量的地方。⑫

依羅素，電子倒很像一幢鬧鬼的房子，放出的能量則像那作祟的鬼魅❸。

參　無「實體」，與無「我」

從以上的陳述可以看出，羅素的世界觀與佛學一貫的世界觀實在非常相似，相似到幾乎完全等同的地步。他所否定的傳統意義的「實體」，也就是佛教空宗所謂的「自性」，亦即事物之常恆自在的自體。他在論述「史密斯先生」時所說的：「除了我們所知覺到的『史密斯先生』的顏色、聲音、思想、感情之外，並無任何東西在背後掛住這些顏色、聲音等等」，這說法，簡直就是「五蘊論」的翻版。他所說的「史密斯先生」的顏色、聲音、思想、感情，相當於「五蘊論」所說的五蘊：色、受、想、行、識；他所否定的在背後掛住顏色、聲音等等的掛鈎，相當於「五蘊論」所謂的「我」。所以就其「有情觀」而言，羅素無疑也是個無我論者。他把任何一個東西都看成一串連續的事件，也與佛學把五蘊看成剎那生滅的現象系列全然無殊。唯一不同的，就是他沒有明白指出事件是因緣和合而成，進而闡明事物互為條件而成立的事實。這是他的不足之處，但並不表示他的思想與佛學有所扞格。

鑒於他的「事件」理論乃繼承自懷德海，而懷氏的「事件」理論原就含有「事件相依互入」的論點，可以推想羅素也應該持有類似看法。不過這看法卻是與他早年否定「內在

❷　*An Outline of Philosophy*, p. 112.

❸　Ibid.

關係」的立場相衝突的。波亨斯基的《當代歐洲哲學》提到
羅素之反對「內在關係」說：

> 羅素認為並沒有內在關係，現有的一切關係都是外在
> 的，附加於已存在事物的本質之上──所以這些事物的
> 本質，絲毫不依賴它們。⓮

　　這個看法，正與前文所述懷德海對事物關係的看法完全
背道而馳。因而也就與「事物相依互入」之說尖銳對立。好
在羅素一向勇於以今日之我否定昨日之我，類此矛盾也就不
足以為奇了！

第二節　世界只由一種基元構成

　　以上所說，是羅素思想與佛學相契的一點。接著再來看
看另一點。這跟他的「中立一元論」有關。

　　所謂「中立一元論」，當然是一種本體論的理論。這種理
論主張宇宙是由單獨的一種元素所構成，這種元素既非物質
性的，也非精神性，而是比物質和精神都更根本的一種東西，
物質和精神都是由這種東西所構成。這個理論並非羅素首創，
而是繼承自比他稍早的一位奧國自然科學家與哲學家馬赫
(Ernest Mach, 1836–1916)。馬赫和羅素一樣，也是一名經驗
主義者，主張人的認識不能超出經驗之外，感覺經驗就是我
們認識的範圍。依他，構成宇宙的唯一一種基本元素，就是

─────────
⓮　《當代歐洲哲學》，波亨斯基著，郭博文譯，協志工業叢書出版
　　公司，1972，頁36。

色、聲、香、味等感覺與料 (sense data)。這種東西,既不是物理的,也不是心理的,而是中性的。他稱這種東西為「要素」(element)。這種中性的東西,從物理的角度去考察,就是物理的;從心理的角度去考察,就是心理的 ⑮ 。

壹 非心非物,亦心亦物

羅素完全接受馬赫的看法,在其《哲學大綱》中,可以看到類似的一段論述:

> 構成世界的材料,可稱為物理的,或心理的,或既為物理的又為心理的,或既非物理的又非心理的,完全隨我們高興;事實上,名稱無關緊要。唯一無可反對的界說是,物理學所處理的那一面就是物理的,心理學所處理的那一面就是心理的。⑯

這就是說,這種材料,本來就同時具有兩個側面:一個可被視為物理的,一個可被視為心理的。就後者而說,可以說它是心理的;就前者而說,又可以說是物理的,但它本身並不就是心,也並不就是物。依羅素,所謂的「心」,與所謂的「物」,都是我們以它為材料而在我們思想中建構起來的。這就是說,我們把它上述的兩個側面分開來,取其可被視為心的一面,建構出所謂的「心」;取其可被視為「物」的一面,建構出所謂的「物」。當然這整個的過程都是在我們

---

⑮　《現代西方哲學教程》,夏基松,上海人民出版社,1990,頁130。

⑯　*An Outline of Philosophy*, p. 148.

思維中進行的，而其產物也只存在於我們思維中。所以所謂的「心」與「物」，可以說純然是我們思維的產物，是我們的思維經由抽象、推論與構築等作用，而在我們心裡建構出來的。它們只是一種抽象物，而不是存在於時空中的具體事物。對這類抽象物，羅素特賦予一個名稱——「邏輯結構」(logical construction)。羅素曾在其著作中，就如何建構這種「邏輯結構」做出漂亮的示範，這且留待下文敘述，現在請再看一段他有關「中立一元論」的論述：

> 當物理學證實物質並不具有向來以為的那麼多物質性時，心理學也證實心靈並不具有向來以為的那麼多精神性。我們在前文曾經把「觀念的聯結」(association of ideas)與「制約反應」(conditioned reflex)加以比較。如今後者業已取代了前者在心理學理論中的地位，而後者顯然比前者更具有生理性。就這樣，物理與心理正從兩端朝對方互相趨近，而使得威廉・詹姆士在批判「意識」時提出的「中立一元論」主張更有成立的理由。雖然心物之分從宗教輸入哲學已有相當時日，我認為心與物不過是把事件分組的方便施設。我承認有些事件只能歸屬物質的一組，但有的卻可以同時歸屬兩組，因此，既是精神的也是物質的。**⑰**

這段話有兩個要點。其一是從另一個角度談心物概念與事件的關係，其二是指出「中立一元論」之所以可取的理由。

---

⑰ *A History of Western Philosophy*, p. 787.

　　就第一點而言，羅素認為所謂的「心」與「物」，不過是各自用以概括某一類事件的概念。所以真正存在的只有各種事件，「心」與「物」並不存在，它們只是代表一類事件的符號而已。這個看法，可以跟上述視心與物為「邏輯結構」的看法互相補充。

　　就第二點而言，「中立一元論」之所以可取，在羅素看來，乃是因為當代物理學與心理學已經把心與物的距離拉近，證實兩者並不如向來以為的那麼不同，因此，構成世界的基本質料應是介於兩者中間的既是物又是心，或既非物又非心的東西。

　　心理學把心向物的一端拉近，如文中所說，是指它已經以「制約反應」代替以往的「觀念聯結」，以說明心靈現象之間的關聯，而「制約反應」無疑比「觀念聯結」具有更多生理作用的成分，因而也就更接近物的一端。

　　至於物理學把物向心的一端拉近，則是指相對論物理學以「事件」代替物質微粒，作為構成世界的基元；又指量子力學認為物理現象不連續，如原子中的某一事態持續了一段時間之後，會突然被完全不同的另一事態所取代。事件，無疑比物質微粒更近似心靈現象；事態的反覆無常，也彷彿人心的寫照。

　　關於「相對論」與「量子論」的這節陳述，見諸上引一段文字的前一段。它說道：

　　……愛因斯坦以事件代替（物質）微粒，……由此看來，物理世界的「材料」應該是事件，而不是微粒。向來被

認為是微粒的，不得不被認為是一串事件。事件固然具有不容忽視的物理屬性，但它們絕不比我們隨意選出的任何一種東西更具有實質性 (substantiality)。……量子論加強了這項結論，但它在哲學上的重要性，主要在於認為物理現象不連續，……⑱

照此說法，「中立一元論」應該具有可靠的科學依據。

貳 中性宇宙基元與前六識

羅素所持的「中立一元論」大抵如此。現在讓我們拿它與唯識宗相關的主張做個比較，看看其間有何異同。

一旦我們把注意力轉移到這個問題，一定會驚訝於兩者的高度相似。

首先，我們會發現羅素所謂構成世界的材料，實在像極了唯識宗的「識」。蓋羅素所謂構成世界的材料，其實就是感官知覺的內容，這大抵相當於唯識宗的前五識。其次，羅素說世界完全是由上述材料構成，唯識宗也說萬法不外乎「識」。羅素說這種材料有心理的與物理的兩個側面，唯識宗也說「識」有「見分」與「相分」。羅素說，這材料的一個側面被我們的思維用以構成「心」，其另外一個側面則被用以構成「物」，唯識宗也說，「識」的「見分」被第七識執以為「心」，其「相分」被第六識執以為「物」。雖然在細節上仍有不少出入，但從上面的初步比較可以看出，兩者在世界的構成這個問題上，有相當一致的看法，至少在以下幾個

---

⑱　Ibid., p.786.

基本論點上兩者是完全契合的：1.世界在本質上是一元的。2.構成世界的唯一基本元素，非心非物，亦心亦物，而比心與物更根本。3.心靈與物質、能知與所知、主觀與客觀、內在與外在，原本合一，惟人妄加分別。4.獨立於物外之「心」，與獨立於心外之「物」，獨立於世界之外的「我」，與獨立於我之外的「世界」，畢竟只是抽象的思維產物，不是本有的具體存在。5.如果把這些抽象的思維產物視為實在，特別是視為傳統意義的「實體」，就犯了莫大的錯誤。（依唯識宗，就是有了「我執」與「法執」。依懷德海，就是犯了「具體性誤置」的謬誤。）

羅素與唯識宗最大的不同，在於唯識宗把「識」分為八個部分，認為在前六識之外，還有第七與第八兩識，羅素卻只承認有五種感覺與一種理智（大抵相當於唯識宗的第六識）。這使他們在說明感性經驗（唯識宗的前五識，羅素的五種感覺）之由來時，有了很不一樣的做法：唯識宗以第八識之「相分」作為「前五識」之原因（諸緣之一），羅素則認為感覺與料已經是終極因素，再無更根本之物。

第十章　東聖西哲在認知問題上的偉大共識

　　以上兩章，主要是從形上思想看懷德海、羅素與佛學三者在世界觀上的異同。結果發現其間確有高度相契之處。但其相契，也可以從另外一方面去觀察，即從三者對認知問題的看法，特別是從三者對錯誤認知的論述去觀察。

　　懷德海與羅素對認知問題的看法，主要表現於其科學哲學的著作。懷氏對科學哲學的最大貢獻，就在於闡明以下一項事實：科學家為我們描繪出來的世界，只是一個邏輯結構，亦即在思維中以抽象概念構築起來的一個東西，它並不就是我們生活其間的這個具體的現實世界；但歷來包括科學家在內的大多數人卻以為它是，因此，他們對世界的認知帶有嚴重錯誤。懷氏稱這項錯誤為「具體性誤置的謬誤」，即誤把抽象的東西當作具體的實在。他還指出：邏輯結構乃是理智的產物，而具體的現實世界則只呈現於感官知覺的直覺中。羅素不但完全認同懷氏以上的看法，還進一步就如何建構這類的邏輯結構，為我們做了一次漂亮的示範。

　　懷氏與羅素的這些論述，非常有助於我們了解佛學的真義。因為懷氏有關人類錯誤認知的說法，跟佛學相關的說法，意旨非常接近，但他說得更詳細、更周全，除了可以與佛學互相參證之外，還可以補充佛學的不足。羅素對建構邏輯結

構之過程的描述，更是言佛學之所未言，可以作為佛學相關論述之註腳。

佛學關於認知問題的論述，特別是關於錯誤認知的論述，殆以唯識宗學說較為完備。該宗在這方面的論說，大抵見諸有關「八識」功能、「三自性」、「我執」、「法執」、「轉識成智」之說。概略而言，它也認為：1.一般人（凡夫）心目中的世界圖像並非世界之真相。2.這幅圖像乃是第六識與第七識認知錯誤的結果；其基本錯誤在於以想像或錯覺（幻覺）中的東西為實在。3.前文一再提到的那個「萬物並立對峙、彼此分離隔絕」的世界圖像，就是上述的錯誤圖像；彼此分離隔絕而獨立存在的個體，只是想像或錯覺的產物。4.這世界實際上乃是一個渾淪一體的東西；表面上彼此分離隔絕的個體，在根柢上乃是相連相通、融合為一的。5.但這麼一幅正確的世界圖像不會呈現於帶有「無明」的「識」，它只對「般若」（智）而呈現。6.「般若」（智）是一種直覺；在它之中，世界呈現而為一個完整的整體。7.第六識，則近似理智，其主要功能在於分辨、抽象、判斷、推論，它會製作概念，形成命題，建立理論。從以上粗略的陳述已經可以看出：懷氏、羅素與佛學對認知問題的看法，的確有很高程度的相似。下文再依次闡述三者的相關論點，以進行更詳細的比較。

先看懷德海的說法。

第一節　懷德海對認知的基本看法

懷氏對認知問題的討論，見於他的科學哲學。他的科學哲學主要表現於他對近代科學的檢討。他對近代科學的檢討

又集中於他對牛頓物理學的批判。他的批判以「具體性誤置」為中心標的。他對牛頓物理學的批判，則透過揭發與檢驗其設定(postulate)與預設(presupposition)而進行。他指出：牛頓物理學有兩大基本設定，與兩大形上預設。其兩大基本設定中，第一個設定是，認為宇宙是由各自獨立自足的眾多物質點所構成；第二個設定，則為絕對的時空觀。至於其形上預設，第一個是預設「自然二分」；第二個是預設事物的「簡單定位」。在懷氏看來，這些設定與預設，都是「具體性誤置」的結果。

下文就環繞這幾個設定與預設，談談懷氏相關的看法。

不過在談到懷氏對這幾個設定和預設的批判之前，必須先了解一下他對「認知」有怎樣的看法。因為我們現在要談的都是有關「認知」的問題。懷氏對「認知」本身的看法，乃是他對這個問題的一切看法之共同基礎。

認知，乃是成立於認知者與被認知者之間的一件事。從懷氏科學哲學的觀點來看，這被認知者就是自然(nature)，而認知者則為心靈 (mind)。就其科學哲學的觀點而言，研究認知，就是研究心靈與自然的一種關係。也正是因為從這樣的觀點去看，所以他才對自然做了如下的一個界定：「自然就是我們透過感官在知覺中所觀察的東西。」(Nature is that which we observe in perception through the senses.)請注意，他談「自然」，是把它關聯於「我們」的認知而談的；它是認知者所認知的對象，而不是離開認知者之認知而獨自存在的東西。

至於心靈的認知，懷氏認為心靈具有兩種認知作用，一

為覺知，一為思想。所以就心靈對自然的認知而言，就包括了心靈對自然的覺知，與心靈對自然的思想。

所謂心靈對自然的覺知，就是認知者在其感官知覺中覺察到自然的存在及其面貌。依懷氏，這時呈現於心靈中的自然，乃是作為一個整體而呈現，亦即作為未經區分的一個完整的東西而呈現。

所謂心靈對自然的思想，則是認知者對已覺察到的自然加以思慮考量。作為思想對象的自然，則已經不是原來那個渾淪一體的自然，而是經過區分了的自然。換言之，這時的自然，已經呈現而為眾多事物並列的世界。

覺知與思想，同屬心靈對自然的認知，但懷氏卻明顯加以區別，這點值得特別注意，因為這關係到我們要討論的錯誤認知的問題。

關於心靈對自然的覺知，懷氏是這麼說的：

> 自然，就是我們透過感官在知覺中所觀察的東西。在這感官知覺中，我們覺知某樣東西，它不是思想，它無待於思想而自足。❶

在這段話中，「我們覺知某樣東西」，原文作"we are aware of something"。其中「覺知」以 "be aware of" 這片語表示。和上下文連起來看，可知它指的是感官知覺(sense-per-ception)對自然的直接覺察。依懷氏，感官知覺所直接覺察到的，就是具體的東西，也是前章所說的具有最充足的存

---

❶ *Concept of Nature*, A. N. Whitehead, Cambridge, 1971, p. 3.

在性的完全存在物❷。而一切抽象的東西，則都是思想的產物。抽象的東西，照前章所說，乃是不完全存在物。依現在這段話，被感官知覺直接覺知到的，乃是自然。因此，自然是具體的完全存在物。為了突顯這一點，所以懷氏特別指出它「不是思想，它無待於思想而自足」(In this sense-perception we are aware of something which is not thought and which is self-contained for thought.)。

思想 (thought)，是對已經被覺知的自然加以思慮考量。它和覺知一樣，也是心靈的一種認知功能，但它跟覺知有一點明顯的不同，即當它在思慮考量自然的時候，它會把本來渾淪一體的自然區分為眾多個別事物，而針對個別的事物加以思慮考量。這是它的功能使然，因為思想的終極目的是下判斷，然後做成一個個有限內容的命題(proposition)。如果它不是針對一個個的個別事物而思慮考量，它就無法做到這一點，因為惟有個別事物其內容才有限。

> 在思想中，事物的區別歷歷分明。並不是形上學如此主張，而是進行思想時在方法上不得不然，因為非如此，無法做出個別命題的限定表達。離開個別事物，就不可能有限定的真相；個別的事物只是一種手段，藉此把不相干的因素排除於思想之外。❸

這是說，事物之區分，並非自然實際的本然。自然本來

---

❷ 請參看前章論及懷氏「存有原則」的一段。

❸ *Concept of Nature*, p. 12.

乃是一個渾淪的整體，把它分成紛紜並呈的眾多事物，是為了便於思想而不得不採取的一種措施。如果以為自然本來就是如此，那就錯了！所以說「並不是形上學如此主張」。 而之所以必須把自然化整為零才便於思想，則是因為思想無法在同時思量無限多的事情，更無法同時論斷無限多的事情，它在一個時間只能對有限的事情加以思量與論斷，所以只好把渾淪一體的自然區分為眾多個別事物，一個時間針對一項事物加以思量與論斷，然後藉著限定的命題揭示它限定的真相。

自然既然本為渾淪的整體，則感官知覺所揭示的自然，無疑比見諸思想的更接近真相。

關於呈現於感官知覺中的自然，懷氏曾這麼說道：

> （感官）覺知所對的直接事實，是自然這整體事件。它是作為一件事件而對感官覺知展現的大自然。❹
>
> 感官覺知所對的終極事實，是一件事件。這整體事件再被我們區別為眾多局部事件。❺

直接展現於感官知覺的，是一個渾淪一體的自然，它作為一件單一的事件而展現。這個渾淪一體的自然被我們覺知後再被我們所區分。

區分與辨別，則是思想特有的本領。所以懷氏就以感官知覺是否附帶區別作用，來判斷感官知覺中是否雜有思想：

---

❹　Ibid., p. 14.

❺　Ibid., p. 15.

> 如果感官知覺中雜有一種識別作用，在事實之成素身上
> 識別出它的個體性，它無疑雜有思想。如果感官知覺只
> 被當作一種感官知覺，覺知事實的一個成素，因而引發
> 情緒與目的性的行動，卻沒有進一步去進行識別，那麼，
> 它就不雜有思想。❻

　純粹的感官知覺，只覺察到對象的存在，卻不把它和其
他東西區別開來，當作一個獨立的東西。如果有後面這種情
形發生，就表示有思想摻雜在內。

　心靈認知自然的結果，就是獲得對自然的知識。由於認
知的能力不止一種，因此，知識的內容也不止一種：

> 我們對自然的知識，有三種成分，即事實(fact)、成素
> (factor)，與事物(entity)。事實，就是未經區分的感官知
> 覺之所對；成素，也是感官知覺之所對，惟為已經區分
> 為事實之眾多部分者；事物，則是成為思想之所對的成
> 素。❼

　「事實」，就是展現於感官知覺的整體自然；「成素」，就
是事實之區分而為眾多部分者；「事物」，則是成為思想對象
的成素。

　正如前文討論懷氏對「實體」的看法時所說的，「事實」
才是具體的，「事物」則已經是抽象的東西了！其所以為抽

---

❻　Ibid., p. 14.

❼　Ibid., p. 13.

象的東西，乃是因為它們已經被看作彼此分離隔絕的一堆東西。它們每一個都被人從整體自然抽離出來，當作一個獨立的東西。這樣的一個東西自是一個抽象物。依懷氏，普遍存在於西方傳統哲學與科學中的謬誤，就是把這些抽象的東西當作具體的東西。這些東西如果是具體的東西，則自然便是（彼此分離隔絕的）萬物對峙並立的世界了！

　　以上是懷氏對認知的基本看法。接著再看他對牛頓物理學兩大設定與兩大預設的批判。

　　茲從對兩大形上預設的批判開始。這兩大預設，如上所云，是「自然二分」與「簡單定位」。

　　「簡單定位」的問題，前文已有相當論述，現在先談「自然二分」。

第二節　傳統自然觀的根本錯誤之一：「自然二分」

　　所謂「自然二分」(bifuration of nature)，就是認為自然包含兩個不相融貫的部分，或有兩種實在系統。懷氏十分反對這種看法，他從兩個不同的角度來表述他反對的這種看法。

壹　何謂「自然二分」?

　　　我基本上反對的那種理論，是把自然分為兩種實在系統，而就其為實在而言，卻是不同意義上的實在。一種實在是如電子這樣的東西，它是理論物理學所要探究的。這是擺在那裡給人認知的實在，雖然根據這種理論

（按即「自然二分」理論），它們是絕不可能被認知的。
能被認知的，是另一種實在，它們卻是心靈的副產品。
如此，便有兩種自然，一為臆測中的自然，一為夢中的
自然。❽

照懷氏的表述，「自然二分」的理論把自然分為二種實
在：一種是所謂客觀的事實，它擺在那裡，等著人們去認知
它，但根據這個理論，人們卻永遠不能認知它。另一種實在，
是人們可以認知的，但它卻只存在於人的心中，因為它根本
就是人類心靈的產物，而非客觀事實。第一種實在，因為無
法為人所知，所以只能加以猜測；第二種實在，純屬人類心
靈的產物，與夢幻無異。因此，在懷氏看來，這個理論不啻
認為有兩種自然：一為臆測的自然，一為夢中的自然。

懷氏又從另一個角度來表述這個「自然二分」理論：

> 我所駁斥的這個理論，以另一種方式來表述，便是把自
> 然分為兩部分，一部分是覺知中所領略的自然，一部分
> 是作為覺知原因的自然。在覺知中作為被領略的事實的
> 自然，其中有樹之綠、鳥之歌、陽光之溫暖、椅子之堅
> 硬，與天鵝絨之觸覺。作為覺知原因的自然，則為臆測
> 中的分子與電子的系統，它們影響心靈以產生對自然表
> 象的覺知。這兩種自然的交會點是心靈，原因的自然為
> 輸入物，表象的自然為輸出物。❾

---

❽　Ibid., p. 30.

❾　Ibid., pp. 30–31.

　　照這表述，「自然二分」理論則把自然分為「原因的自然」(causal nature)和「表象的自然」(apparent nature)。「表象的自然」是在感官覺知中所呈現的自然，其中有聲、有色、有香、有味、有冷熱、有軟硬，就是我們每天生活其間的這個自然。「原因的自然」則只有分子、原子、電子等等，沒有我們熟悉的那些色、聲、香、味、觸。但「原因的自然」卻是「表象的自然」產生的原因。「表象的自然」產生於心靈之中，是心靈受到分子、原子、電子（即「原因的自然」）的衝激而後產生的，所以它只存在於心靈之中；分子、原子、電子才存在於心靈之外。前者是純粹主觀的，後者才是客觀的。

　　以上兩種說法，是懷氏從不同的角度對「自然二分」理論的表述。這種「自然二分」理論，乃是從希臘以來一直存在於西方主流哲學與科學中的一種自然觀，也就是與傳統「物質」觀念長相左右的那種自然觀。懷氏也正是在回顧西方「物質」觀念之歷史時，談到這個「自然二分」的思想。就他所直接提到的而言，這「自然二分」思想至少包括希臘人首創的「實體─屬性」思想，與近世洛克的「初性─次性」思想。此外，他雖然沒有提到，但站在他所屬反康德哲學的英倫新實在論立場，必然也會把它包括進去的，應該還有康德的「現象界─物自體」思想。推而廣之，舉凡一切「現象─本體」二元論，乃至「已知自然─未知自然」、「感覺對象─科學對象」等二元論，也應該都在所指之列。

　　這些思想的共同點，就是認為自然分為兩部分，其中有一部分不為人類所覺知。上述懷氏反對的諸多理論中之「實

體」、「初性」、「物自體」、「本體」、「未知自然」，及「科學對象」等等，依各該理論，就是不為人類所覺知的東西。懷氏在論及「自然二分」理論的另一段話裡，就提到這點：

> 自然二分理論企圖表明：自然科學是對知識之原因的一種研究，也就是說，它企圖表明：表象的自然是由於原因的自然才在心靈中產生的。這個想法，部分基於如下的一個假設：心靈只能認知它自身所產生且保留在自身之中的東西，雖然它須要有一個外在的東西來引發其活動，並決定其活動的特徵。❿

依「自然二分」理論，心靈只能認知在它裡面由它自己製造出來的顏色、聲音、香氣、冷熱等等，卻不能認知在它外面的「實體」、「初性」、「物自體」等等。而顏色、聲音、香氣等等卻是心靈受「實體」、「初性」、「物自體」等等之刺激才產生的。

這一點，為懷氏所極力反對。對自然，他有兩點基本看法：第一，我們知覺到的自然，就是自然本身。第二，自然是一個整體，其中各部分互相融貫，絕不斷裂。

貳　科學知識不在感覺知識之外

關於第一點，他說：

> ……以至於我們必須反對區分真實的自然與純粹心理

---

❿　Ibid., p. 32.

學意義上的對自然的經驗。我們對外觀世界的經驗就是
自然本身。⑪

　　據此，我們所經驗到的自然，也就是自然本身，「對自然
的經驗」與「自然本身」是同一件東西，並沒有在經驗之外
的自然。所謂「經驗」，當然包括科學知識與感官知覺之所知，
而這兩者也不是可以分開的兩樣東西。依懷氏，科學知識並
不在感覺知識之外，科學知識並不是關於感覺知識以外的什
麼東西的知識。

　　　我認為這是一項自明之理：科學並非神仙故事。它所從
　　事的，絕不是拿一些任意想像的屬性去裝飾一個不可知
　　的東西。那麼，科學在做什麼呢？我的答案是，它在決
　　定已知事物的特徵，即表象的自然之特徵。但我們儘可
　　省去「表象的」這個詞，因為只有一個自然，即當前知
　　覺知識中呈現的這個自然。⑫

　　科學的工作，就是弄清楚已知的事物有什麼特徵，而不
是如「自然二分」理論所以為的去研究知識之原因（所謂「原
因的自然」）。這所謂的「已知的事物」，自是指呈現於感官
知覺中的自然。呈現於感官知覺中的自然，就是上述「表象
的自然」。而依懷氏，除了這個自然，並無另一個自然。知

---

⑪　*The Principle of Relativity*, A. N. Whitehead, Cambridge, 1922, p.
　　62.

⑫　*Concept of Nature*, p. 40.

覺到的自然，就是自然本身。科學要研究的還是這個「表象
的自然」，它的工作就是弄清楚出現於「表象的自然」裡的
事物各自具有什麼特徵。科學知識，還是有關「表象的自然」
的知識。

懷氏認為科學研究的對象，如上述分子、原子、電子等，
乃是從感官直接知覺到的具體事物身上抽象得來的。它們都
只是一種抽象物，並不能離開具體事物而單獨存在，當然更
不是在知覺到的事物之外的另一種事物。相應於這個看法，
他曾把事物分為「事件」(event)與對象(object)二類。「事件」，
就是直接呈現於感官知覺的事物，它們是具體的。「對象」，
則為抽象物。「對象」又分為「感覺對象」(sense object)、「知
覺對象」(perceptual object)，與「科學對象」(scientific object)。
這三種「對象」，都是從具體「事件」身上抽離出來的東西，
都不能離開「事件」而單獨存在。

> 對象乃是從具體事件中經過抽象思維推理而認知的產
> 物。❸

「感覺對象」，如「紅」，是我們在比較過各種紅色東西
和其他東西的異同之後，從個別具體的紅色東西，如一朵紅
花、一個紅球身上，抽象得來的。「紅」，是所有具體的紅色
東西共同的一項因素，並不能離開這些東西而單獨存在。

「知覺對象」，如「桌子」，則是我們在比較過各種桌子
與其他東西的異同之後，從個別具體的桌子，如一張圓型木

---

❸　Ibid., p. 3.

質書桌，或一張方型石材飯桌身上，抽象得來的。「桌子」，是各種具體桌子的共同模式，也不能離開這些桌子而單獨存在。

「科學對象」，又和「知覺對象」不同。以電子為例，依懷氏，它既不像「感覺對象」之為某些具體事件的共同因素，又不像「知覺對象」之為某些具體事件的共同模式，而是一項系統性的相互關係(a systematic correlation)，並且不是事件的相互關係，而是事件之「特徵」的相互關係。懷氏在《自然的概念》專論「對象」的一章論及「科學對象」時，這麼說道：

> 一個科學對象，如一個電子，乃是全自然界所有事件之特徵的一項系統性的相互關係。(A scientific object such as a definite electron is a systematic correlation of the characters of all events throughout all nature.) ⑭

這句話當然不是很容易了解，但有一點卻可以確定無疑，即它告訴我們：所謂的「電子」必然也只是一個抽象物，也不能離開經驗中的具體事件而單獨存在，更不會是在具體事件之外的另一種東西。因為照懷氏所說，它乃是一項「相互關係」，而如眾所知，「關係」只能成立於「關係者」(relata)之間（如夫妻「關係」，只能成立於夫與妻之間），它本身是不能單獨存在的。再者，事件之「特徵」，也不能離開事件而單獨存在。所以儘管我們一時之間還不能完全了解懷氏這

---

⑭ Ibid., p. 158.

句話的意思，但我們儘可據以斷定「科學對象」絕不在經驗
中的具體事件之外。

　　總之，「對象」都是抽象物，它們都是從具體事物身上抽
象而得的，它們都只能附托在具體事物身上，絕不能離開具
體事物而單獨存在。而依懷氏所說，以上三種「對象」，還
有一種階層關係，「感覺對象」最根本，其次為「知覺對象」，
再其次才是「科學對象」：「科學對象」之存在，必須預設「知
覺對象」之存在；「知覺對象」之存在，必須預設「感覺對
象」之存在❶。

　　照懷氏的這個說法，則「自然二分」思想中的那個「原
因的自然」，或電子等科學研究對象所構成的第一種「實在」，
實不過是一堆抽象概念。它並不是在有聲、有色、有冷暖、
有軟硬的這個自然之外的另一個自然，它只是從當前這個有
聲、有色、有冷暖的自然抽象而得的抽象物。「自然二分」
思想把它當作跟這個有聲有色的自然一樣的一個具體世界，
正是犯了懷氏所謂的「具體性誤置的謬誤」。

參　自然只有一個

　　除了認為知覺到的自然就是自然本身，懷氏還堅持自然
是沒有斷裂的一個整體。他認為只有一個自然，這個自然就
是呈現於心靈的那個自然。自然原本就是一體的，並不是在
心靈之外有一個自然，而心靈之內又自成一個自然。為了說
明這點，他特地比較了兩種因果關係。一種是自然界之一部
分和另一部分的因果，另一種則為「自然二分」思想中「原

---

❶　Ibid., p. 149.

因的自然」與「表象的自然」之因果。他說這兩種因果有很
大的不同。舉例而言，火燃燒，其熱經過空間而傳播，以致
人體與其神經及大腦因而以某種方式發生作用，在這歷程中，
火與熱為因，人體的作用為果，這種因果，就是第一種因果。
這種因果是自然界內部的互動。但「自然二分」思想中的因
果，卻不屬這種因果。「自然二分」思想，以上述自然界內
部的互動為因，以該自然界之外的心靈受這互動之刺激而知
覺到紅色與溫暖為果。這種因果，乃是該自然界內部事物與
該自然界外部事物（心靈）之間的因果。換言之，在這種因
果觀念中，心靈乃是存在於該自然界之外的一個東西。心靈
中呈現的種種，則為另一個自然；第一個自然為因，第二個
自然為果。這種因果觀念，就是「自然二分」思想所持的因
果觀念。

懷氏在《自然的概念》第二章，論述「自然二分」思想
的這種因果觀念說：

> 原因的自然，對心靈發生影響，它是使表象的自然由心
> 靈產生的原因。以上有關原因的自然的這種看法，可不
> 要跟另一種看法相混淆。後面這種看法，是有關自然界
> 的一部分為因而另一部分為果的看法。例如火的燃燒，
> 與熱之經由空間而傳播，乃是身體及其神經與大腦因而
> 以某一方式發生作用的原因。這是自然界內部的互動。
> 這種互動所涉及的因果，與下面的一種不同，後面這種
> 因果，是指上述自然界內部之互動對該自然界外面的心
> 靈發生影響，使它因而知覺到紅色與溫暖。❶

　　照「自然二分」思想的這個看法，自然便不只是一個，而是兩個。第一個自然為第二個自然產生之原因。在第二個自然中呈現的許多東西，都不是第一個自然本來具有的，而是心靈所附加上去的。這種看法，深為懷氏所反對。依懷氏，自然只有一個，就是呈現於心靈的那一個。心靈所知覺到的紅色與溫暖，絕不在自然之外。

　　　　對自然哲學而言，知覺到的每樣東西都在自然之內，不
　　　　容取捨。對我們而言，夕陽之紅光，與科學家用以說明
　　　　該現象的分子和電波一樣，都是自然之一部分。自然哲
　　　　學之任務，正在於分析自然的這些不同成分如何關
　　　　聯。⓱

　　「自然二分」理論認為自然獨自存在於心靈之外，它原本就有自己的面貌；心靈與它接觸時，受到它的刺激，因而在心靈裡面形成它的一幅圖像，但這幅圖像卻與自然本來的面貌不符合：心靈的這幅圖像中有顏色、聲音、香味、冷熱、軟硬，而自然本身卻沒有，自然本身不過是一堆飛舞的分子、電子等等。懷氏否定這樣的看法。第一，他不認為在呈現於心靈中的自然之外，還有一個自然。第二，他不認為除了呈現於心靈中的自然之面貌，自然還有自己「本來」的面貌；他堅持自然之面貌就是呈現於心靈中的那個面貌。至於「自然二分」理論所謂的心靈外的自然，與心靈外的自然之本來

⓰　Ibid., p. 31.

⓱　Ibid., p. 29.

面貌，在懷氏看來，都不過是一種抽象物，都是從呈現於心靈中的那個自然抽象得來的，並不是獨立存在於心靈之外的東西。「自然二分」理論把它們看作獨立於心靈之外的東西，正是誤以抽象概念為具體事物，犯了「具體性誤置的謬誤」。

以上是懷氏對「自然二分」理論的批判。

「自然二分」，是懷氏指出的牛頓物理學兩大形上預設之一。懷氏指出的另一個形上預設，就是「簡單定位」。關於「簡單定位」，上文論述懷氏「緣起」思想時已經談了很多，懷氏有關該題目的主要論點大半已為我們所悉，以下再作必要的補充。

第三節　傳統自然觀的根本錯誤之二：「簡單定位」

前文論述懷氏「緣起」思想時，已經說到懷氏完全不以「簡單定位」為然。照他的看法，世上根本沒有這種「簡單定位」的東西。在現實世界中根本找不到只存在於一個空間點和時間點上的東西。世上的事物無不以某種方式互相存在於對方之中。其結果是，世上任一事物都以種種方式存在於其他所有事物之中，其他所有事物也各以某種方式存在於該一事物之中。這也就是華嚴宗所說的「一在一切，一切在一」。

那麼，「簡單定位」究竟是怎麼一回事呢？

壹　抽象物的邏輯結構

首先，懷氏認為「簡單定位」乃是對事物的一種極端簡化的看法。其情形，猶如以一個人的剪影代表那個人，或以

地圖代表實際的山河大地。不用說，這種極端簡化了的面貌，絕非事物的真實面貌。以懷氏的話來說，這種極端簡化了的面貌，乃是「高度抽象物的精緻邏輯結構」(elaborate logical constructions of high degree of abstractions)。這就是說，它們是以非常抽象的概念在人的思維中精心建構起來的東西，而非現實世界中的具體事物。懷氏在《科學與近代世界》論及這點時說道：

> 當然，實體與屬性，正如同簡單定位，都是人類心靈非常自然地產生出來的觀念。唯一的問題是，當我們透過這些觀念去考量自然的時候，我們的思想是具體到什麼程度。我的看法是，這時我們給自己提供的，乃是當前事實情況的一種簡化版本。只要我們對這類簡化版本的基本要素略加考察，就會發現：它們實在只能算是一種高度抽象物的精緻邏輯結構。 ❶

這類簡化的東西，對於科學的思考與論述而言，當然有其方便性。但如果我們忘了它們原不過是抽象概念的邏輯結構，而把它們當作現實世界中的具體事物，我們就錯了。懷氏指出，這個錯誤也是「具體性誤置的謬誤」之一種。他談到牛頓物理學中瞬間物體的「簡單定位」時說道：

> 瞬間物體的這種簡單定位，正是柏格森一直所反對的，

---

❶ *Science and the Modern World*, A. N. Whitehead, The Macmillan Company, 1958, p.53.

……他說那是因為理智把事物空間化而導致的對自然之扭曲。……這空間化，就是以非常抽象的邏輯結構來表述比較具體的事實。其中自有錯誤，但那也只是一種誤以抽象為具體的錯誤。這正是我所謂具體性誤置的謬誤之一例。⑲

那麼，這種抽象的邏輯結構是怎麼樣的一種邏輯結構呢？它是如何建構起來的呢？

關於這些，羅素在《我們對外在世界的知識》一書中，為我們提供了很清楚的說明。

所謂「簡單定位」，是指「事物」的「簡單定位」而言。所以「簡單定位」是與「事物」分不開的：談「簡單定位」一定要與「事物」連在一起談。談這個題目，除了要談到「事物的簡單定位」，也必然要談到「簡單定位的事物」。事實上，這乃是一件事情的兩面。

什麼是「事物的簡單定位」和「簡單定位的事物」呢？舉個例子來講，「存在於某一空間點上的一部紅色跑車」這片語所涉及的那部紅色跑車，便是一個簡單定位的事物；而說那部跑車存在於某一空間點，便是對事物的簡單定位。

「存在於某一空間點上的一部紅色跑車」這片語，對任何人而言，都是再自然不過的一個片語，大家都會以為它表述的是我們在知覺中直接經驗到的一項事實。豈知真相並非如此。它表述的實際上乃是一個複合的邏輯結構。其中包含三個成分，每一個都各自為一個邏輯結構。第一個成分，是

⑲　Ibid., p. 52.

那部紅色跑車；第二個成分，是該跑車所在的空間；第三個是該跑車被定位的那個空間點。以上這三個成分，都是邏輯結構，而不是我們直接經驗到的東西。為了了解這一點，我們不妨反省一下：關於這所謂的紅色跑車，我們直接經驗到的，到底是始終同樣形狀與同樣大小的一件紅色的東西呢？還是隨著我們身體的移動而不斷改變其形狀與大小的許多紅色東西？紅色東西所在的空間，是同一個空間呢？還是不同的許多空間？紅色東西所佔的空間點，是同一個空間點呢？還是不同的許多個空間點？

　　第一個問題的答案比較明顯。因為我們很容易就會發現：我們直接經驗到的，乃是隨著我們身體的移動而不斷改變其形狀和大小的許多紅色東西，而不是始終同樣形狀和大小的一件東西。（隨著我們的前後左右走動，我們腦中會呈現有關該跑車的不同印象。）　第二個問題的答案，則須要深入一點探討，才能找到。依羅素（懷德海亦然），那許多不同形狀和大小的紅色東西所在的空間，並不是同一個空間；這些紅色的東西，每一個都各自存在於個別的一個空間。因為這些紅色的東西，每一個都是作為我們腦中的一個印象而呈現於我們頭腦中，我們身體每移動一下，我們頭的位置也必然隨之移動一下，因此，呈現於不斷移動中的頭腦中的每一個印象，其所在的空間也必然各不相同。至於第三個問題的答案，則可以從第二個問題的答案推想而知：那些紅色東西所佔的空間點，絕不會是同一個空間點，因為它們各自所在的空間不同。

　　依羅素，前述「存在於一個空間點上的一部紅色跑車」

一片語中的那部紅色跑車，乃是以呈現於不同地點的頭腦中的那許多不同的紅色印象為材料而建構起來的。那部紅色跑車所在的空間，則是以諸多紅色印象所在的諸多空間為材料而建構起來的。那部紅色跑車所佔的空間點，則為建構起來的這個空間上的一點。所以那部紅色跑車、其所在的空間、其所佔的空間點，三者都是邏輯結構，都不是我們直接經驗到的東西。

貳　在心中建構「物體」

以下請看羅素的詳細說明。

羅素是在陳述如何有意識地建構「外在世界」(external world)時，談到這些的。

正如前文討論羅素思想時所說，羅素是一個澈底經驗論者，依他，人類的認知不能超出經驗之外，而經驗則是透過感官獲致的，因此感覺與料(sense-data)便是人類對於世界的唯一所知。世界包括我們自己的身心，以及其他所有東西。這其他所有東西及我們自己的身體便是所謂的「外在世界」。對這「外在世界」的存在，一般人都不會加以懷疑。但關於它，我們所知的，也只限於感覺與料。感覺與料總是零碎而雜亂，為了更方便論述與說明它，羅素認為我們可以用感覺與料為材料，在思維中去建構它的一個完整的模型。於是他就在其名著《我們對外在世界的知識》中，做了一次漂亮的示範。他說構成世界的三大基本要素為時間、空間與物體。如果就當前瞬間的世界而言，則可以暫且拋開時間不談。因此，他就在他書中談起「外在世界」的物體與空間的建構。

先看他如何建構「物體」。

他還是從人的認知說起。他說人都從自己的觀點去認知世界。而一個人有一個人的觀點，在同一個時候，兩個人不可能有同一個觀點。從不同的觀點去認知世界，世界所呈現的面貌也不同。從一個觀點可以覺知世界的一幅「景象」(perspective)；有多少觀點，便有多少幅景象。觀點可以多到無數，因此，景象也可以多到無數。鄰近的觀點所覺知的景象，彼此相似。但任何兩幅景象，不管多麼相似，總還可以有一幅景象介於它們兩者之間。景象可以依其相似的程度連續地排列起來。相鄰的景象既然相似，呈現在其中的東西也必然相似。如果在某一個時候，在景象 A，及其鄰近的景象 B、C、D……之中，都呈現一個相似的形相（如上述紅色跑車的形相）， 我們便可以把呈現於各景象中的那些相似的形相，以及（依理推想）可能呈現但未呈現的其他無數形相，有秩序地排列起來，組成一個系統，而把這系統視為一個「物體」， 而把那些形相看作該一物體在不同景象中所呈現的不同「面相」(aspect)——一個形相，就是一個「面相」。這樣，我們便在自己心中建構起了一個「物體」。

> 由於相鄰景象的相似，某一景象中的東西，可以跟其他景象中的東西（即與它相似的東西）互相關聯起來。把一個景象中的一個東西，和其他一切景象中與那東西互相關聯的一切東西，組成一個系統；這系統，便可以被視同常識中所謂的瞬間的「物體」。❷⓿

---

❷⓿ *Our Knowledge of the External World*, B. Russell, George Allen

羅素在這段話所說的，正是剛才陳述的歷程。

這個「物體」，自是一個邏輯結構。因為它並不是直接呈現於我們經驗中的東西，而是我們以已經呈現與可能呈現於我們經驗中的東西（即不同景象中的不同形相）為材料而在自己的思維中建構起來的，它也只存在於我們的思維中。

> 這一切面相都是真實的，該物體則只是一個邏輯結構。 [21]

「面相」，是呈現於景象中的形相，所以是真實的。「物體」，則是我們在思維中建構起來的，所以只是邏輯結構。

羅素所描述的，固然是有意識地建構「物體」時的歷程，但只要我們反省一下，就會發現：其實我們自己心目中的「物體」也差不多是經由類似的歷程而形成的，只不過其間有如下幾點不同：

第一，羅素所描述的建構工作，是在充分自覺之下進行的，而我們一般人卻是在不自覺的情況下進行。

第二，羅素自知其心目中的「物體」只是一個邏輯結構，只是一個抽象物，而我們大多數人卻不然，我們大多數人都誤以為那是一個直接呈現於感官知覺中的具體事物。因此，羅素並沒有犯下「具體性誤置的謬誤」，而我們大多數人卻犯了這個錯誤。

第三，羅素只把無數形相組合成一個系統而視之為一個

& Unwin Ltd., 1961, p. 96.

[21] Ibid., p. 96.

「物體」，而我們卻還想像在這些形相背後還有一個常住的「實體」存在，羅素則認為根本不必要假定有這麼一個東西存在 ❷。

誤把抽象物的「物體」當作具體事物，會產生什麼後果呢？最嚴重的後果，就是把世上本來相涵相攝、相依相待的萬物，看成互相分離隔絕而各自獨立存在的東西；把本來遍在於宇宙每一點上的一個東西，看成只存在於宇宙一個時空點上。這是因為我們在建構「物體」時，已把原來呈現於無數景象中的無數相似的形相，拼湊成存在於「一個」時空點上的「一個」物體。如果我們把這樣的一個物體看作具體事物，就會誤以為一個東西真的只存在於一個時空點上；一個東西真的與其他東西分離隔絕而獨立存在。這自與事實之真相不符。因為如上所言，本來呈現於無數景象中的無數形相，乃是一一作為腦中的印象而呈現於不同地點的頭腦中，而依懷德海，一個東西作為腦中的印象而呈現於腦中，便是以一種「樣態」存在於那頭腦之中。

以上是羅素有關「物體」之建構的說明。

那麼，這「物體」所在的「空間」，又是怎麼建構起來的呢？

參　在心中建構「空間」

羅素首先區別兩種空間。一種是他所謂的「私有空間」(private space)，一種是他所謂的「景象空間」(perspective space) ❸。後來在《哲學大綱》，他又稱「私有空間」為「知

---

❷ Ibid., p. 110.

覺空間」(perceptual space)，稱「景象空間」為「物理空間」
(physical space)❷。所謂「私有空間」或「知覺空間」，就是
呈現於個人知覺中的空間，這種空間作為知覺的內容而存在，
只有知覺者本人覺知它，所以說它是私有的。它也就是懷氏
所謂直接呈現於感官知覺中的空間，因此，乃是具體的。這
種空間，一點都不難懂，它就是我們日常經驗中的空間。譬
如我們看到黑板上畫了一個圓圈，這圓圈有上半與下半之分，
有左半與右半之分，圈內的部分異於圈外的部分，這上下、
左右、內外，就構成了空間。這空間只呈現於看到這圓圈的
人的知覺中，這就是「私有空間」或「知覺空間」。「景象空
間」或「物理空間」， 則是「私有空間」或「知覺空間」之
系列所構成的空間，這種空間不呈現於知覺中，只存在於思
維（想像）中，是我們在思維中建構起來的，因此是抽象的。
要說明這一點，得先回想一下剛才論述景象的話。剛才說一
個人有一個人的觀點,從一個觀點可以覺知世界的一幅景象；
觀點可以多到無數，景象因而也可以多到無數；相鄰的景象
可以連續地排列起來。「景象空間」或「物理空間」，便是景
象排列起來所形成的空間，也可以說是觀點排列起來所形成
的空間。這種空間，自與「私有空間」或「知覺空間」不同。
羅素曾經區別這兩種空間說，「私有空間」或「知覺空間」
是景象內的空間；「景象空間」或「物理空間」則是景象與
景象間的關係。

---

❷ Ibid., p. 97.

❷ *An Outline of Philosophy*, B. Russell, p. 144.

如果兩幅景象的相似性很高，我們就說這兩幅景象的觀點在空間中鄰接；但它們在其中鄰接的這個空間，完全和內在於這兩幅景象的空間不同。這空間，是這兩幅景象間的一種關係，而不是內在於這兩幅景象。沒有人能知覺到這空間，我們只能透過推論而知道它。㉕

「私有空間」或「知覺空間」，呈現於景象中，作為景象的內容，它是我們直接知覺到的。「景象空間」或「物理空間」，則是我們想像出來的、用以容納所有景象的空間。我們在這想像的空間中，把所有景象，按照其相似的程度，順序排列起來。這個空間不是我們直接知覺到的空間。它表示的是景象與景象間的關係。

「景象空間」或「物理空間」怎麼建構呢？

羅素以一個銅板所在的景象為例來說明。上文說過，鄰近的觀點所看到的景象彼此相似；在其中呈現的東西彼此也相似。現在假設有一系列的景象，每幅景象之中都呈現一個銅板的形相，這形相是銅板正面的形相，所以是圓形的。呈現在各幅景象中的銅板形相，形狀相似，但大小有異。相隔越遠的景象，其形相差別越大。依順序，在景象$_2$中的形相比在景象$_1$中的形相略大，在景象$_3$中的形相又比在景象$_2$中的略大，……在景象$_n$中的形相最大。羅素說，在這情況下，只要我們畫一條線把這一系列的景象串連起來，這條線便是「景象空間」或「物理空間」的一向度(dimension)。接著我們再

㉕ *Our Knowledge of the External World*, p. 96.

在與這條線成九十度的方向找出另一系列的景象，我們會發現在這系列的每幅景象中，都呈現一個銅板的側面形相，其形狀（略有厚度的一小段直線）相似，大小不同。如果我們再畫一條直線把這一系列的景象連貫起來，這條線便是同一「景象空間」或「物理空間」的另一向度。有了這兩條線，我們便可以建構出這「景象空間」或「物理空間」的平面（無數縱線與橫線交織起來，就可以形成面）。再以同樣的方法，得出一條垂直線，就可以建構出立體的「景象空間」或「物理空間」❷⑥。

這個空間，當然也是一個邏輯結構，也只存在於思維（想像）中。幾何學與物理學的空間，就是這種空間——這也正是羅素稱這種空間為「物理空間」的原因。

這種空間，自與「私有空間」或「知覺空間」大不相同。它完全自出我們思維的建構。其構成，則如上文所說，乃是由一個個孤立的點（一個景象或觀點之所在）串連而成線，再由線與線交織而成面，最後由眾多的面堆積而成體。其中的點跟點，可以分離而獨立，彼此之間看不出有任何關聯的存在。這跟懷德海所描述的現實具體空間各部分相涵相攝、相依相待的情形截然不同。在「景象空間」或「物理空間」中，每個空間點既然都可以各自獨立，各空間點既然無內在關聯，也不互相包涵，物體當然可以在其中簡單定位。問題是這種空間並非現實的具體空間，而是出自思維的抽象物，因此，物體可以在這種空間中簡單定位，並不表示它真正可以簡單定位。但一般人（包括歷來絕大多數科學家與哲學家）

---

❷⑥ Ibid., pp. 97–98.

卻沒有覺察到這一點，而以為實際的情形就是如此，這就誤把抽象當作具體了！

此外，這種空間與「私有空間」或「知覺空間」還有一個很顯著的不同。那就是「私有空間」或「知覺空間」可以有無數個，而「景象空間」或「物理空間」卻只有一個。這是因為有一個觀點就有一幅景象；有一幅景象，就有一個「私有空間」或「知覺空間」；而觀點可以有無數個，因此，「私有空間」或「知覺空間」也就可以有無數個。「景象空間」或「物理空間」，　則是我們想像的容納上述無數「私有空間」或「知覺空間」的一個公共空間。它的三個向度，是串連互相垂直的三系列景象或觀點而成的，故這種空間只有一個。既然這種空間只有一個，物體當然可以在其中簡單定位。──如果空間有無數個，物體如何簡單定位？

從以上兩點可以看出：作為邏輯結構的一個簡單定位的物體，其所在的空間，也一定是作為邏輯結構的一個「景象空間」或「物理空間」。　也只有在這種空間中，物體才能簡單定位。

那麼，一個簡單定位的「物體」，其在「景象空間」或「物理空間」上所佔的那個空間點，是哪一點呢？

以前述銅板為例，該銅板在其所在「景象空間」或「物理空間」所佔的那個空間點，就是前述正面銅板形相系列，與側面銅板形相系列交會的那一點。這兩系列形相交會的那一點，就是該銅板在其所在空間的位置。它只在該空間佔據那一個位置，所以它的定位乃是一種簡單定位。這個位置，既然是作為邏輯結構的空間上的一個位置，其本身當然也是

屬於邏輯結構。

以上借助羅素的論述約略說明了「簡單定位」思想之由來。了解了這種思想之由來，對「簡單定位」的真相也就了然於胸了。

「簡單定位」與「自然二分」，是牛頓物理學的兩大形上預設。看清楚這兩大預設的真相，牛頓物理學的兩個基本設定錯誤出在哪裡，也就很容易看出了。因為這兩個設定是根據上述兩大形上預設而建立的。

以下簡單說明一下這兩個基本設定的錯誤。

肆　以兩大預設為根據的兩個設定

如前文所述，這兩個設定，一個是認定宇宙由各自獨立的眾多物質點所構成，一個是認定時空為絕對。透過上文對「自然二分」與「簡單定位」的討論，很容易就可以看出：牛頓這兩個設定也是「具體性誤置」的結果。因為很清楚地，其所謂的「單獨的物質點」與「絕對的時空」，都只是抽象物。

「絕對的時空」，乃是牛頓所代表的傳統主流時空觀的時空概念。這種時空觀，包含兩個要點：第一點，認為即使世界上的一切事物都消失了，空間和時間本身還是照舊存在，而且空間和時間是各自獨立的一種東西；空間和時間本來就存在：空間宛如宇宙固有的一個框架，時間則如不斷從我們身邊流過的一條河流。第二點，認為事物的空間長度和時間長度是固定的，也就是說，一個東西有多長，就是多長，其經歷的時間有多久，就是多久，不管在什麼情況之下都一樣，

這是因為有一個彷彿固有框架似的客觀空間在那裡作為衡量的尺度，又有一條客觀的時間之流在那裡作為衡量的尺度。這樣的時空觀，遂產生了兩組時空概念。一組是「固有的獨立的時間」和「固有的獨立的空間」這兩個概念。另一組是「固定的長短」和「固定的久暫」這兩個概念。這兩組概念中的時間和空間，就是「絕對的時空」。所謂「絕對」，就是指它們本來如此，一直如此，不會隨著情況的改變而改變。這便含有它們是完全靠自己而如此如此之意。

如前文所述，這種時空概念已被「相對論」物理學所推翻。關於第一點，「相對論」告訴我們：就物理層面而言，物質、時間和空間乃是物體的三個側面，或其不同的三種性質，三者永遠一起呈現，而且互為條件。因此，如果世界上的物體都消失了，時空也不會存在；時間和空間更不可能互相分開而單獨存在。它又告訴我們：每一個地方都有它自己的時間體系，並沒有一個可以適用於全宇宙的統一時間體系。關於第二點，「相對論」告訴我們：物體的質量會隨著物體的運動速度之增加而增加；物體的長度會隨著其速度之增加而縮短；物體所經歷的時間會隨著其速度之增加而延長。（依「相對論」，運動是相對的，所以物體的速度及其質量、長度、久暫之增減，都是相對於參考系統而言。）依照這看法，則離開物質與時間而單獨存在的空間、離開物質與空間而單獨存在的時間，無疑都是抽象物，它們都是人們在思維中從具體的「物體」身上之抽象所得，都只存在於人的思維中。物體之固定不變的長短與久暫，更是一種不符合事實的概念。照懷德海的看法，則不管是牛頓物理學中的空間或「相對論」

物理學中的空間，都是上述的「景象空間」或「物理空間」，而不是「私有空間」或「知覺空間」，它只是一種邏輯結構，是真實空間之簡化版，不是真實空間本身。其時間，也應是如此。牛頓及歷來絕大多數科學家與哲學家卻沒有覺察到這點，而誤以為它們是現實的具體空間與時間，無疑犯了「具體性誤置的謬誤」。

至於「單獨存在的物質點」，則更明顯是一種抽象物，一種邏輯結構。牛頓物理學中的「物質點」有兩項特徵：第一，它和時間、空間的關係，是一種外在關係，它們可以各自獨立存在；時間和空間本來就存在，物質點不過偶然出現其間，它也可以不出現；而不管物質點出現或不出現，都不影響時間和空間的存在與本質。第二，物質點與物質點彼此可以分離而各自存在。即使世界上其他一切物質點都消失了，僅存的一個物質點也可以照舊存在。這樣的一種「物質點」的概念，顯然不符合事物的真相。現實世界的具體事物絕非如此。相反的，它們乃是如懷氏所說的，互相涵攝、互相依待的，絕無所謂可以離開其他事物而單獨存在的事物。只有作為邏輯結構的抽象物才可能如此。「單獨存在的物質點」這概念，顯然是以「簡單定位」概念為基礎而建立起來的。牛頓等人以為真實的世界乃是由這樣的物質點所構成，在懷氏看來，顯然也是犯了「具體性誤置的謬誤」。

以上是懷氏透過對牛頓物理學兩大形上預設與兩大基本設定的檢討而對該物理學所做的批判。這番批判的最大意義，還不是在於指出牛頓物理學的根本錯誤，而是在於其所指出的錯誤，除了牛頓以外，也是歷來絕大多數科學家與哲學家

以及一般人所共犯的錯誤。這個錯誤，就是誤以抽象為具體，或以想像為實在。其結果就是把原本相入相因、相連相通的天地萬物，看成彼此分離隔絕、各自獨立存在的東西。這可以說是人類千古的一大迷妄。懷氏上述的一番批判，殆為西方世界對這項迷妄的首次揭發。這個歷史性的舉動，終於使東方與西方在基本世界觀上開始有了交集。

以佛教來說，關於世界觀的問題，它早在兩千年前左右，就已經對以下幾點，持有與懷氏近似的看法：1.一般人的世界觀是澈底錯誤的；2.這錯誤的性質；3.這錯誤的形成。

第四節　根深柢固的謬誤觀念

以下就來看看佛教的唯識宗如何論述這個錯誤。

依該宗，這個錯誤，主要就是把條件湊巧齊備而暫時呈現的虛幻現象，當作以自己為原因而長久存在的真實東西。它把關於事物的這種錯誤觀念叫做「我執」與「法執」。在其關於事物的「三自性」之說中，則把這種錯誤觀念，稱為「徧計所執自性」。

「法執」，是關於一般事物的錯誤觀念。眾生由於心靈固有的蒙昧性（無明），把原本依據種種條件而成立、因而無常虛幻的事物，當作憑自力而成立、因而可以長久存在的真實東西。這種憑自力而成立、因而可以長久存在的東西，用空宗的話來講，也就是有「自性」的東西。正因為有「自性」，才能靠自己而長久存在。眾生對一般事物的這個錯誤觀念，就是所謂的「法執」。「我執」，則是眾生對自己所抱持的一個錯誤觀念。本來眾生也是萬物之一，它們也跟其他事物一

樣依據種種條件而成立，因此，也跟其他事物一樣是無常虛
幻的。但眾生也對自己發生錯誤認知，以為自己是憑自力而
成立、因而是可以長久持續存在的一個真實東西。眾生關於
自己的這個錯誤觀念，就是所謂的「我執」。

依唯識宗，「我執」與「法執」都有生來具有的和後天形
成的兩種。前者叫做「俱生我執」與「俱生法執」，後者叫
做「分別我執」與「分別法執」。

關於「俱生我執」，《成唯識論》說：

> 俱生我執，無始時來虛妄熏習內因力故，恆與身俱，不
> 待邪教及邪分別，任運而轉，故名俱生。❷⑦

這是說，這種錯誤觀念是受到與無明有關的內在固有因
素影響，而不是因為外道邪說和錯誤知識的緣故而形成的，
它與生俱來，故稱「俱生我執」。

「俱生我執」又分兩種：一常相續；二有間斷。關於第
一種「俱生我執」，《成唯識論》說：

> 常相續在第七識，緣第八識，起自心相，執為實我。❷⑧

這是說，這種「俱生我執」是第七識對第八識認知錯誤
的結果。這結果就是形成錯誤的主觀印象（起自心相），以
為第八識是一個實在的東西，而這個東西就是「自我」。所

❷⑦　《大正藏》，卷31，頁2。

❷⑧　同上。

謂以為它是實在的東西，就是以為它是憑自力而成立，因而可以長久存在的東西。關於第八識的這個錯誤觀念，一直存在而不中斷，因為第七識從不中斷。

關於另一種「俱生我執」，《成唯識論》說：

> 二有間斷，在第六識，緣識所變五取蘊相，或總或別，起自心相，執為自我。㉙

這是說，這種「我執」，是第六識對眾生自己的身心，亦即色、受、想、行、識等「五蘊」認知錯誤的結果。其錯誤，就是把眾生無常虛幻的身心看成以自身為原因而長久存在的真實東西。至於眾生身心之所以為一種無常虛幻的東西，則是因為眾生的身心也是作為識的內容而存在，而識都是依據種種條件而成立的，因而必然隨著條件之變化而變化，隨著條件之失壞而失壞。這種「俱生我執」會中斷，因為第六識會中斷。

「分別我執」，則是後天形成的觀念。

> 分別我執，亦由現在外緣力故，非與身俱，要待邪教及邪分別，然後方起，故名分別，惟在第六意識中有。㉚

這種觀念並非與生俱來，而是後天受到錯誤學說和知識等外在因素（外緣）之影響才形成的。形成這種觀念的是第

㉙　同上。

㉚　同上。

六識。此中「分別」，即「認知」之意。這種觀念，是後天認知的產物，故稱「分別我執」。

「分別我執」，也有兩種：

> 一緣邪教所說蘊相，起自心相，分別計度，執為實我。
> 二緣邪教所說我相，起自心相，分別計度，執為實我。❸

第一種「分別我執」，是把外道所談的「五蘊」誤認為實在的「自我」。第二種則是把外道所談的「我」理解為實在的「自我」。這兩者都是第六識未能正確認知的結果。文中提到的「分別」，指一般的認知；「計度」，則指思慮考量。

「我執」的情形是如此，「法執」的情形也大體相似。

「法執」與「我執」的最大不同，就是「我執」為關於「自我」的錯誤觀念，「法執」則為關於一般事物（包括「自我」）的錯誤觀念。這兩種觀念都是錯誤觀念，它們的錯誤，同樣都在於把原本依據種種條件而成立、因而無常虛幻的東西，當作憑自力而成立、因而可以長久存在的真實東西。它們的種類和由來，也都一樣。

關於「俱生法執」之由來，《成唯識論》說：

> 俱生法執，無始時來虛妄熏習內因力故，恆與身俱，不待邪教邪分別，任運而轉，故名俱生。❸

---

❸ 同上。

❸ 同上。

這與關於「俱生我執」的說法無啥差別。

「俱生法執」也有常相續者與有間斷者兩種。關於第一種：

　　一常相續，在第七識，緣第八識，起自心相，執為實法。 ❸

常相續的「俱生法執」，也是第七識對第八識認知錯誤的結果。它與前述常相續的「俱生我執」不同的地方，只在於「我執」是把第八識看成實在的「自我」，而「法執」則把第八識看成一般實在的事物。這兩者並不衝突，因為「自我」也是一般事物之一種。

至於有間斷的「俱生法執」，《成唯識論》說：

　　二有間斷，在第六識，緣識所變蘊、處、界相，或總或別，起自心相，執為實法。 ❸

這種「法執」，是第六識把識所變現的「蘊」、「處」、「界」等等看成實在事物的結果。其中「蘊」，指「五蘊」；「處」，指「十二處」（「六識」：眼、耳、鼻、舌、身、意；「六境」：色、聲、香、味、觸、法）；「界」，指「十八界」（「六識」、「六境」與「六根」）。依唯識宗，萬物都是識所變現的，且作為識之內容而存在，「蘊」、「處」、「界」當然也是如此。

---

❸　同上。

❸　同上。

除了「俱生法執」，還有「分別法執」。

> 分別法執，亦由現在外緣力故，非與身俱，要待邪教及
> 邪分別，然後方起，故名分別，唯在第六意識中有。此
> 亦二種：一緣邪教所說蘊、處、界相，起自心相，分別
> 計度，執為實法；二緣邪教所說自性等相，分別計度，
> 執為實法。**㉟**

「分別法執」也是後天形成的，也是第六識認知錯誤的
結果。其中的一種是把邪教所說的「蘊」、「處」、「界」理解
為實在的事物；另一種是把邪教所說的「自性」等理解為實
在的事物。

以上是唯識宗在其有關「我執」與「法執」的論述中，
對人類錯誤認知的說明。

該宗有關錯誤認知的另外一種論述，則見諸其「三自性」
之說。

第五節 真實的存在與虛幻的存在

「三自性」，指三類東西。在這裡，「性」，意謂「體」；
「自性」，即「自體」，代表一個東西。

「三自性」之說，源自《解深密經》等大乘經典。這類
經典把宇宙一切存在體與非存在體分為三類，名為「三種自
性」，即「徧計所執自性」、「依他起自性」、「圓成實自性」。
唯識宗採用了這樣的分類與概念以建立自己的「三自性」之

㉟ 同上。

說。其說的主旨，是在說明這「三種自性」都不外乎識，以貫徹其「唯識」的主張，但連帶地也論及它們之為實為虛，以及如何產生等問題。

依其說，這「三種自性」之中，當以「依他起自性」為最基本；「徧計所執自性」，乃是以錯誤面貌而呈現的「依他起自性」；「圓成實自性」，則是以正確面貌而呈現的「依他起自性」。「徧計所執自性」，對凡夫的心靈而呈現，作為凡夫的心靈內容而存在；「圓成實自性」，則對聖人的心靈而呈現，作為聖人的心靈內容而存在。

「依他起自性」，指依據眾緣（條件）而生起的事物。一個事物據以生起的眾緣，對該事物自身而言，可以說是他物，所以這裡以「他」指事物據以生起的眾緣。「依他起」，就是依據眾緣而生起。而照唯識宗，乃至一切佛教宗派，宇宙萬物無不是依據眾緣而生起的，所以宇宙萬物無不是「依他起自性」。關於這點，《唯識三十頌》頌曰：

依他起自性，分別緣所生。❸

此中，「緣所生」，自是指「依他起自性」依據眾緣而生起。但「分別」，指什麼呢？《成唯識論》解釋說：

諸染淨心、心所法，皆名分別，能緣慮故。❸

---

❸　《大正藏》，卷31，頁61。

❸　同上，頁46。

這就是說，無論是有漏（煩惱）的凡夫，或是無漏的聖者，他們的八個識（心王）與相應的一切心所，以及識與心所的見分和相分，都叫做「分別」，因為它們都能從事認知（緣慮）。根據這個理解，該論於是解釋上引頌文說：

> 眾緣所生心、心所，及相、見，有漏、無漏，皆依他起，依他眾緣而得起故。❸

論中「心、心所」，指八識及相應的一切心所自身；「相、見」，指其見分與相分。這一切都能從事認知，所以都叫做「分別」。它們都是依眾緣而生起的。而依唯識宗，「萬法唯心」，心王（識）、心所，及其見分、相分，即已概括宇宙萬物。

「依他起自性」既是依據眾緣而生起的，則必然隨眾緣之改變而改變，隨眾緣之消滅而消滅，因而必然只是一時的、無常的、如夢如幻的。職是之故，唯識宗遂不承認其為真實。關於這點，《成唯識論》說：

> 眾緣所引自心、心所，虛妄變現，猶如幻事、陽焰、夢境、鏡像、光影、谷響、水月，變化所成，非有似有。❹

不過，在這裡，唯識宗持有一種不同於空宗的看法。即該宗並不像空宗那樣認為一切因緣所生之法都無「自性」，而

---

❸　同上，頁790。

❹　同上，頁46。

認為這「依他起自性」有其「自性」（自體），只是這「自性」虛假而不實罷了！上引論中所謂「非有似有」，即含有這個意思，卻沒有如下《佛性論》說的清楚：

依他性體，有而不實，由亂識根境故是有，以非真如故不實。❹

它的「有」，是相對於「徧計所執自性」之全然為幻象而言；它的「假」，則是相對於「圓成實自性」之為真實不謬而言。文中「真如」，即指「圓成實自性」。

在唯識宗，真假的「假」，有三種意義，因此，它所謂的「假法」（假的事物）也有三類：第一類叫「無體假」，如龜毛、兔角等，凡屬意識想像妄構而無自體的事物都是。第二類叫「和合假」，如眾多「極微」（物質的最基本單元）和合而成的瓶、鉢、桌、椅，或眾緣和合而成的各種事物，都屬於此類。第三類叫做「分位假」，如物體的長短方圓，或高下前後等，表示事物之狀態或關係的概念，均屬之。照此界定，「依他起自性」的「假」，應屬「和合假」。而如下文即將說到的，「徧計所執自性」，則屬「無體假」。

「依他起自性」，雖然不是真實的，卻是存在的。如果對「依他起自性」發生錯誤的認知，以為它是憑自力而成立、因而可以長久存在的真實事物，就會有「徧計所執自性」產生。「徧計所執自性」，是以錯誤面貌而呈現的「依他起自性」。「徧計所執自性」乃是對「依他起自性」而形成的幻象，

---

❹　同上，頁790。

上述「憑自力而成立、因而可以長久存在的真實事物」，就是這幻象。這幻象，是錯誤認知的結果，是一種錯覺的產物，根本沒有它的自體，當然更是一種虛假的東西，依唯識宗的界定，它應是一種「無體假」。

關於「徧計所執自性」，《唯識三十頌》說：

> 由彼彼徧計，徧計種種物，此徧計所執，自性無所有。**㊶**

《成唯識論》對此解釋道：

> 周徧計度，故名徧計；品類眾多，說為彼彼；謂能徧計，虛妄分別，由彼彼虛妄分別，徧計種種所徧計物，謂所妄執蘊、處、界等，若我若法自性差別。此所妄執自性差別，總名徧計所執自性。如是自性，都無所有，理教推徵不可得故。**㊷**

這兩段話，主要是在說明上述幻象的性質及其形成，包含以下幾個要點：

第一，這個幻象，是由能知者對所知者認知錯誤而形成。這能知者，就是文中所謂的「能徧計」；這所知者，就是所謂的「所徧計」；錯誤的認知，就是所謂的「虛妄分別」；所形成的幻象，就是所謂的「徧計所執自性」。

㊶ 同上，頁61。

㊷ 同上，頁45。

第二，這個幻象是怎樣的一個幻象呢？它就是關於蘊、處、界的錯誤印象。這個錯誤出在哪裡呢？它就出在把本來緣起而無常虛幻的蘊、處、界誤認為以自己為原因而長久存在的真實事物。緣起而無常虛幻的蘊、處、界，是「依他起自性」，能知者對它們產生錯覺，以為它們是自因常恆的真實事物。這「自因常恆的真實事物」，便是對它們而形成的幻象。準此，「依他起自性」無疑就是這裡所謂的「所徧計」。無著的《攝大乘論》正是這麼說的：「依他起自性，名所徧計。」❸

第三，這「徧計所執自性」的自體是沒有的，因為無論就事理而推論，或就教義而考證，都找不出其有自體的理由（理教推徵，不可得故）。

至於會產生錯覺的這個能知者到底是哪一個識，則有不止一種看法。無著的《攝大乘論》卷中說：「當知意識是能徧計，有分別故。」依此，只有第六識才是「能徧計」之識。安慧卻認為八個識都是「能徧計」之識。護法、難陀則認為只有第六識和第七識才是「能徧計」之識❹。關於這個問題，我們不妨參考一下《成唯識論述記》對《成唯識論》所謂「周徧計度」的解釋。它說：

> 今依正義，由此應作四句分別：有徧而非計，謂無漏諸識，有漏善等能徧廣緣，而不計執者。有計而非徧，謂第七有漏識。有亦徧亦計，謂有漏染污我法執第六識等。有非徧非計，謂有漏五識，及第八識等。❺

---

❸　同上，頁139。

❹　見《成唯識論》，卷8。

　　依照這段話，「徧計」的「計」，應該就是思慮考量之意；
「徧」，則意謂普遍；「能徧計」，就是能夠普遍以各種事物
為對象而加以思慮考量。依照這段話，「識」可以分為四類。
第一類，包括無漏（煩惱）的識，和有漏而屬善類的識。它
們可以普遍見照各種事物，但都只予以見照而不加以思慮考
量（能徧廣緣，而不計執）。第二類，惟有一個，那就是有
漏的第七識。它雖然會思慮考量，卻只施於第八識的見分，
因為這本來就是它唯一認知的對象。第三類，既能普遍見照
各種對象，又會加以思慮考量。那就是有漏的第六識。第四
類，則既不能普遍對各種對象加以見照，又不進行思慮考量。
它們就是有漏的前五識和第八識。

　　照這個說法，則「能徧計」的識，應該只限於第六識一
種，其他都不包括在內。

　　以上的分歧，固然難免令人困惑，但如果我們把此處有
關「徧計所執自性」的論述與前文有關「我執」與「法執」
的論述加以對照，就可看出：就「錯誤認知如何發生」這問
題而言，「徧計」一詞應該加以注意乃是「計」字，而不是
「徧」字。因為從上述兩節論述可以看出：對事物產生錯覺
的，是識的思慮考量作用。職是之故，為解決「錯誤認知如
何發生」這問題，我們要探究的重點，勿寧是什麼識會起思
慮考量作用，而不是什麼識會普遍認知各種事物。既然如此，
「能徧計的識是哪一個識」這問題，就不是那麼重要了！而
如果我們把探究的重點放在「什麼識會起思慮考量作用」，我
們立即可以發現：這識乃是第六識與第七識。

❹　《大正藏》，卷43，頁540。

「徧計所執自性」，是以錯誤面貌而對凡夫心靈呈現的「依他起自性」。它並不是在「依他起自性」之外的另一個東西。它只是有關「依他起自性」的一種幻象。「圓成實自性」，則是以正確面貌而對聖者心靈呈現的「依他起自性」。它也不在「依他起自性」之外。就一般人都是凡夫，聖者是經過辛勤修練而後成；凡夫存在於先，聖人形成於後，就這點而言，可以說，「圓成實自性」是在排除了有關「依他起自性」的幻象（徧計所執自性）之後，才顯現的。所以《唯識三十頌》針對「圓成實自性」頌道：

> 圓成實於彼，常遠離前性。❹

其中，「彼」，指「依他起自性」；「前性」，指「徧計所執自性」；「遠離前性」，就是擺脫「徧計所執自性」。整句話的意思，就是說，在面對「依他起自性」時，不再對它產生錯覺而形成幻象，「圓成實自性」就會顯現。《成唯識論》解釋該頌說：

> 二空所顯圓滿成就諸法實性，名圓成實。顯此徧常，體非虛謬。簡自、共相、虛空、我等。……此即於彼依他起上，常遠離徧計所執，二空所顯真如為性。❹

第一句說明何為「圓成實自性」。「二空」，指排除「實

---

❹　同上，卷31，頁61。

❹　同上，頁46。

我」與「實法」的幻象而言。依此說明,「圓成實自性」,就
是排除了有關「依他起自性」的兩類幻象而後顯現的諸法之
真實自體。這自體,有「普遍」(徧)、「常恆」(常)、「真
實」(非虛謬)三項特徵。所以說,顯現「圓成實自性」,就
是顯現普遍、常恆而真實的事物自體。這自體為什麼是普遍、
常恆而真實的呢?論文沒有加以說明,它只指出:普遍,是
區別(簡)於「依他起自性」的「自相」之有局限;常恆,
是區別於無常、無我等事物「共相」之生滅無常;真實,是
區別於小乘「虛空」及外道「神我」之虛謬。照《成唯識論
述記》之解釋,與一般的理解,「圓成實自性」,其實就是宇
宙真體。它是天地萬物共同的本體,天地萬物共同以它作為
自體。這才是它之所以為普遍、常恆而真實的緣故。它為什
麼是普遍的呢?這是因為相對於現象界的「依他起自性」而
言,「依他起自性」是作為與其他「依他起自性」有所差別的
個體而存在,作為特定的個體,當然有局限(它有其「自
相」)。但「圓成實自性」卻是一切個體的共同本體,這本體
便無局限。「圓成實自性」又為什麼是常恆的呢?這是因為
相對於「依他起自性」而言,「依他起自性」是依據眾緣而
生起的暫現之象,這暫現之象有生滅變化。但「圓成實自性」
卻是一切暫現之象的本體,這本體自身則無生滅變化。「圓
成實自性」為什麼是真實的呢?這是因為相對於「依他起自
性」而言,「依他起自性」是眾緣和合而成的事物,雖然有
其獨自的體性,但這體性畢竟是成立於眾緣和合之上的,有
其虛幻性,此其所以為「和合假」。「圓成實自性」則是個別
事物的終極本體,這本體沒有上述的虛幻性。論文的最後一

句，則在說明頌文「圓成實於彼，常遠離前性」的「彼」與「前性」是何所指。其所言，則正如上文所說，「彼」，指「依他起自性」；「前性」，指「徧計所執自性」。

以上是唯識宗關於「三自性」的論述要點。

比較該宗有關錯誤認知的兩種論述，即關於「我執」、「法執」的論述，與關於「三自性」的論述，可以看出：其對錯誤的性質與形成，說法相當一致。關於錯誤的性質，兩者都認為，那錯誤就是由不正確的判斷而形成事物的不實圖像。關於錯誤的形成，兩者也同意，那是出於識的思慮考量作用（計度）。

那麼，是哪一個識能起思慮考量作用呢？

很明顯的是第六識與第七識。

第七識，依唯識宗，一直都以第八識之見分為唯一認知對象。當其尚在有漏的狀態時，會不斷地起思慮考量作用，對第八識見分發生錯誤認知，把它看作實在的「我」和實在的「法」。但其進入無漏狀態時，它就變成「平等性智」，不再製造關於「我」與「法」的錯誤觀念。

第六節　錯誤知見的製造機關

第六識（意識）的功能比較複雜。這點，從它與前五識的異同，以及它與前五識的關係，可以清楚看出。

從它與前五識的異同來看，它們雖然都以「了別」為本領，但其了別對象之廣狹，卻有天壤之別：前五識各自只能了別一種對象，如眼識只能以色為對象，耳識只能以聲為對象，但第六識卻能以一切事物（萬法）為對象。從下文可知，

這所謂一切事物,不但包括直接呈現於感官的一切具體事物,而且包括前文所說的各種抽象物,如懷德海所說的「感覺對象」、「知覺對象」、「科學對象」,乃至想像、虛構、推測、錯覺、幻覺的內容。

不但了別的對象有差異,了別的功能本身也有很大的不同。例如前五識大抵只有見照的功能,而無辨認的功能(即只能知對象之為如何如何,而不能知其為何物); 意識才兩者兼有之。意識之所以有辨認的功能,則是因為它不但如前五識能見照對象,而且還能回憶過去、預想將來,更重要的是它還能思慮考量(計度)。

從它與前五識的關係來看,唯識宗告訴我們: 第六識乃是前五識成立的一項必要條件。而它之所以有這個資格,基本上還是因為它能思慮考量。

唯識宗為了詳細說明第六識的功能,以及它和前五識的關係,特地把它分為好幾類。第一步把它分為「五俱意識」與「不俱意識」兩大類:「五俱意識」,是與前五識同時俱起的意識;「不俱意識」,是不與前五識同時俱起而單獨生起的意識。第二步再把「五俱意識」分為「五同緣意識」與「不同緣意識」: 前者與前五識同時俱起、且以同樣對象為對象;後者雖與之同時俱起、卻不以同樣對象為對象。又把「不俱意識」分為「夢中意識」、「定中意識」與「獨散意識」三種。「夢中意識」,是做夢時的意識;「定中意識」, 是入定時的意識;「獨散意識」,既非在夢中,亦非在定中,而是在平時單獨生起的意識,它或追憶過去,或預想未來,或比較推度,或自由想像,或胡思亂想。前面說到意識能了別一切事物,

主要就是指這個「獨散意識」。

　　現在且把焦點放在「五俱意識」與「獨散意識」（「夢中意識」無認知意義，「定中意識」則無普遍性，可不予討論），看看第六識有什麼重要功能。

　　「五俱意識」，是與前五識同時俱起的意識。意識與前五識同時俱起，有什麼作用呢？唯識宗說，意識與前五識同時俱起，主要是作為前五識賴以生起的必要條件（緣）之一。前五識依賴於第六識的什麼呢？它們乃是依賴於第六識的「分別」。因此，該宗就把作為前五識生起之必要條件的意識稱為前五識的「分別依緣」。如眾所知，該宗認為諸識之生起都必須依據若干種條件（緣），如眼識必須依據九種條件，耳識必須依據八種，鼻、舌、身三識各自必須依據七種。而不管九種，或八種，或七種，前五識所依據的諸多條件中，都包括「分別依緣」在內。以眼識為例，它必須依據的九種條件為：根緣、境緣、空緣、明緣、作意緣、分別依緣、染淨依緣、根本依緣與種子依緣。其中就有這個「分別依緣」。

　　「分別」是什麼呢？廣義的「分別」，就是心的基本功能，即籠統的「認知」功能。這是八識與一切心所共同具備的功能。而狹義的「分別」，則只有第六識與第七識才具有。《雜集論》將「分別」區分為三種：「自性分別」、「隨念分別」與「計度分別」，並指出惟有第六識才全部具備這三種❽。前五識只具備「自性分別」，所以它生起時必須依賴第六識的「隨念分別」與「計度分別」。

　　「自性分別」，是單純對當前對象進行認知。「自性」的

---

❽　《佛家名相通釋》，熊十力，廣文書局，民國50年，卷下，頁17。

「性」，指「相」；「自性」，即「自相」，以區別於「共相」。
「自性分別」只直接見照當前對象之「自相」，而不取「共相」。「自性分別」的這種「分別」，且只屬於佛學所謂「三量」中之「現量」。這就是說，所謂「認知錯誤」的情況，絕不會發生在它身上。熊十力解釋「自性分別」說：「自性分別者，謂於現在所受諸行自相行分別。按此中自相，猶云自體。現在所受諸行自相者，如眼識現緣白色，即此白色自體，是名現在所受諸行自相。眼識緣此白色自體時，能緣入所緣，親冥若一，是即於白色自相而行分別。」❹照此解釋，所謂「自性分別」，應該就是直接對當前對象本身加以認知，不摻雜回憶、推度等作用，可說是「純粹感覺」。熊氏特別針對這點說明道：

> 此中分別一詞，與後二分別，名同義異。蓋由能緣識親冥所緣境之自體，絕不於境起憶念及推度等分別，但以親冥境體故（如前所云眼識親冥白色自體），說名分別。❺

這是說，能知（能緣識）與所知（所緣境）之間，沒有回憶、推度等等作用介入，兩者彌合無間。因此，頂多只照見對象之為如何如何，卻仍不知其為何物，亦即未達到「知覺」的階段。蓋如下文所說，要辨認出一個東西是什麼，即對它形成「知覺」，還必須有回憶、比較、判斷等參與作用，方才

---

❹　同上。

❺　同上。

可能。「自性分別」既不去斷定一個東西是什麼，也就不會有所謂「錯誤」的發生。

至於「隨念分別」，熊氏解釋說：

> 隨念分別者，謂於昔曾所受諸行，追念行分別。按昔曾所受諸行者，謂過去所緣境。念者，記憶。由憶念力，追憶曾更事，而行分別。(51)

依此，所謂「隨念分別」，不外回憶過去的事物而加以認知。

再看「計度分別」，關於它，熊氏說：

> 計度分別者，謂於去來今不現見事，思搆，行分別。按去來今不現見事者，即非五識所緣實塵境故，是諸法上種種差別義，所謂共相。（共相，故非五識所現見事。）由意識相應尋伺二數思搆力故，於諸法共相而行分別。(52)

這是說，「計度分別」是對事物「共相」的認知，不是對直接呈現於感覺中的具體事物的認知。這種認知，必須要有「尋」與「伺」兩種心所的作用伴隨，對過去、未來、現在的事物加以思慮考量，方才可能。而所謂「尋」與「伺」兩種心所，乃是隨著意識生起的兩種心靈作用，前者為對事理的粗略思考，後者為細密思考。《成唯識論》卷六云：

(51) 同上。

(52) 同上。

> 尋謂尋求，令心悤遽，於意言境，粗轉為性。❸
>
> 伺謂伺察，令心悤遽，於意言境，細轉為性。❹

熊氏又特別指出：「此中計度分別，與前隨念分別，相依俱有。常憶曾所已知，以與現所欲知事而相比度。無有計度不雜憶念故。」 ❺這幾乎是不待言的。如果不參考已知的事物，如何斷定當前事物是什麼？所謂參考已知的事物，就是把已知為某物的東西拿來與當前待決的東西相比較，看看它們是否有共同之點（共相），以決定當前的東西是否某物。

以上三種「分別」，前五識只具有「自性分別」，惟有意識才三種全部具備。前五識以意識為其「分別依緣」， 即是依賴意識特有的「隨念分別」與「計度分別」而生起。

以上是就「五俱意識」而言。「五俱意識」之外，還有很重要的一種意識，即「獨散意識」。

「獨散意識」，是不與前五識同時俱起的意識，其所以以「獨散」為名，「獨者，簡別五俱位。散者，簡別定位。」❻「獨」字，是用以與「五俱意識」相區別；「散」字，則用以表示其游移不定，可以任何事物為認知對象。依唯識宗，意識惟有在與前五識同時俱起時，才有「自性分別」。 然則「獨散意識」便只有「隨念」與「計度」兩種分別。

「隨念」與「計度」兩種分別，是錯誤認知之所由起，

---

❸ 《大正藏》，卷31，頁35。

❹ 同上，頁36。

❺ 《佛家名相通釋》，卷下，頁17。

❻ 同上，頁14。

對本章主題格外重要，以下再從《瑜珈師地論》之一節論述，進一步探討其功能❺。

該論卷52指出：意識由於具有「隨念」與「計度」兩種分別，所以除了能以實際存在的事物為其見照對象，還能以實際上不存在的事物為其對象。為了說明這點，該論曾舉出兩類實例。第一類實例比較普通，就是已滅的過去事物與未生的未來事物。它們都不存在於現在，但意識還是能以它們為見照對象。第二類實例，則很值得注意。該論第一個提到的，就是佛陀在教示中一向否定其存在的「我」。這個東西實際上並不存在，但意識還是能以它為見照對象。該論接著提到的是「飲食、車乘、衣服、嚴具、室宅、軍隊等事」，認為這些東西都是在色、香、味、觸等上面所安立的，離開色、香、味、觸等，便不存在，但意識還是能以它們為見照對象。該論又提到諸行本來就沒有常恆性與不變易性，但意識也能以諸行所沒有的這常恆性與不變易性為其見照對象。

論中提到的這些實際上不存在的事物當中，過去的事物，自是經過意識的回憶才成為其見照的對象；未來的事物則是出於意識的推想。佛陀所否定的「我」，如果認知者本來就不認為它存在，則其成為意識見照對象，便完全是出自意識的建構（猶如明知世上沒有「零」，卻建構出「零」的概念）。如果認知者真以為它存在，其成為意識見照對象，則應是出於意識的想像或錯覺、幻覺。至於它認為建立在色、聲、香、味、觸之上的「飲食、車乘、衣服、嚴具、室宅、軍隊等事」，用現代的話來講，應該就是一些抽象概念，約略等於懷德海

---

❺　《大正藏》，卷34，頁584。

所謂的「知覺對象」。前文討論懷氏思想時曾經說到，像「知覺對象」（如「桌子」的概念）這類抽象物都是對具體事物的抽象所得，它們本身並不能獨立存在，只能依附在具體事物身上。這點，也正是《大智度論》所主張的，該論認為它們離開色、聲、香、味、觸，便不存在，表示的正是這個意思。由此可見，佛家早已看出意識可以起抽象作用，從具體事物身上抽離出某些成素，以之建構抽象概念，作為見照的對象。論中接著提到的常恆性與不變易性，既然不具備在諸行身上，則作為意識之見照對象而呈現的這兩項性質，也只能是一種抽象概念，是意識在思維中建構起來的。

由以上有關意識的論述，可以看出：意識的「隨念分別」與「計度分別」，幾乎具有「直覺」以外我們當今所知的一切心靈能力。它們可以回憶過去，預想未來；可以想像、虛擬、揣測、聯想；可以分析、綜合、比較、辨認；可以進行抽象、建構概念、形成命題；可以從事思考、推理、判斷；也會產生錯覺與幻象等等。人類所有知識體系，都賴之以建立，人類關於世界的錯誤圖像也都是由之而來。

以上是唯識宗有關錯誤認知的看法。

第七節　古今心靈的默契冥合

從上面的陳述可以看出：佛學與羅素、懷德海等人的思想之相契，絕不是零星的巧合而已。

壹　宇宙觀的吻合

茲從懷氏對「自然」的看法談起。

首先，懷氏認為我們知覺到的自然，就是自然本身；「對自然的經驗」與自然本身是同一件東西，並沒有在經驗之外的自然。因此，他在界定「自然」的時候，即把自然關聯於認知而論述，說「自然，就是我們透過感官在知覺中所觀察的東西」。在他的心目中，自然乃是作為認知者的認知對象而存在的東西，並不是離開認知者之認知而獨立存在的東西。懷氏這項看法，與唯識宗之認為世界乃是識之相分，幾無不同。

其次，也是更重要的，懷氏認為自然原本渾淪一體，是一個不可分解的整體。這個自然，便是直接呈現於感官知覺中的自然。「（感官）覺知所對的直接事實，是自然這整體事件，它是作為一件事件而對感官覺知展現的大自然。」這個自然，才是真實的自然。它也是一件具體的事物。只是思想卻把這個渾淪一體的自然分解為萬物紛然並陳的世界。但這個世界只存在於我們的思維之中，並不是一個客觀真實的東西。而被分解為各自獨立存在的「個體」的天地萬物，也只是一種抽象物。懷氏的這項看法，也與佛學一貫的看法，包括唯識宗的看法，完全一致。佛學一貫主張世界是一個不可分解的整體，惟有這個整體才是真實的存在，所謂獨立的「個體」，只不過是一種幻象。類此看法，前文已再三提及，茲不復贅。就唯識宗而言，其「圓成實自性」，代表的便是那個渾淪一體的宇宙；其「徧計所執自性」，則是上述實際上並不存在的獨立「個體」。唯識宗的想法，和其他佛教宗派的想法一樣，基本上認為這世界上的一切事物都是因緣和合而成的事物。它把這種事物叫做「依他起自性」。這種事物，

講到最後，無論任何一個，無不是以其他一切事物作為它據
以成立的條件（因緣），同時也無不是以其他一切事物的內容
為其內容。而所謂宇宙，也不過是一切事物之總和，因此，
一個東西以自己以外的一切事物為內容，實無異以全宇宙的
內容為內容。這種思想反映在本體論上，便成為「現象界的
任何一個事物都以整個宇宙本體為其自體」的思想，或「現
象界的任何一個事物都是整體宇宙本體的一種表現」的思想。
因為所謂的「宇宙本體」，也不過是「宇宙本身」之意。此
所以「圓成實自性」一方面為普遍、常恆與真實不謬，一方
面又不外乎「依他起自性」，而與「依他起自性」「非異非不
異」。至於「徧計所執自性」的由來，唯識宗認為它是識之
「計度」的產物。這也與懷氏對「獨立個體」之由來的看法
一致。懷氏認為彼此分離而各自獨立的「事物」(entity)，乃
是思想的產物。而懷氏所謂的「思想」，實相當於唯識宗所謂
的「計度」。

　　懷氏除了認為自然是一個渾淪的整體之外，還堅持自然
只有一個；反對把自然截然分為內心與外物、主體與客體、
可知者與不可知者，視之為互相外在的兩個；並指出「自然
二分」思想以為存在於心靈外的那個自然，其實只是從其所
謂的心靈中的自然抽離出來的抽象物，其本身並不能獨立存
在。這思想，也與唯識宗關於識之見、相二分的看法，全然
相符。該宗認為見分與相分不過是識之兩面；作為相分的山
河大地，仍不外乎識。依該宗，包括認知者在內的整個世界，
原都是識之內容。這內容雖然有見分與相分兩面，但這兩面
乃是一個東西的兩個側面，根本不能分開。但由於「無明」，

識的「計度」竟把兩者分開，並視之為各自獨立的事物，一者（見分）目之為「我」，一者（相分）目之為「法」，於是有了內與外、主與客、能與所、心與物之分裂與對立。但這樣的一幅圖像，已經是一幅錯誤的圖像。唯識宗的這項看法，與懷氏的看法，有如下幾個相同之點：

一、包括「我」在內的整個世界，原本作為知識的內容而存在。懷氏把這個思想表達為「知覺到的自然，就是自然本身」；唯識宗則把它表達為「根身、器界均為識之相分」。

二、內與外、主與客、能與所、心與物的分裂與對立，只存在於思維中；這分裂對立的世界，根本就是思維的產物。懷氏把思維視為思想的作用；唯識宗則名之為「計度」。懷氏還進一步指出：把世界加以分化的那個心靈的作用，就是思想的抽象作用；唯識宗雖然沒有標明那個作用就是抽象作用，但從它認為「計度分別」以「共相」為認知對象，可見它已知「計度分別」能起抽象作用。

三、在思維中各自獨立存在的「內」與「外」、「主」與「客」、「心」與「物」，不同於直接呈現在感官知覺中的現實具體事物。懷氏名之為抽象物；唯識宗則名之為「我執」與「法執」。

以上懷氏有關「自然」的這幾項重要看法，合在一起，終於導致其「事件」理論的產生。這幾乎是必然的一個歸趨。因為在懷氏這樣的「自然」裡面，再也沒有彼此分離而各自獨立的「個體」之存在，也沒有「內在」與「外在」、「主體」與「客體」、「心靈」與「物質」的分裂與對立。要表述這樣的「自然」，用「事件」概念，無疑比用「物體」（實體）概

念，更為妥切。其所謂的「事件」(event)，就是我們平日所謂的「事件」。一場世界大戰固然是一件事件，打一個噴嚏，也是一件事件。事件，有大有小；大可以大到等於整個大自然，小可以小到電子內部的一點變化。而事件與事件之間，並沒有存在於物體間的那種相互「不可入性」。 相反的，事件與事件可以互相包含，而且必然互相包含。不但大事件可以包含小事件，小事件也可以包含大事件。事實上，事件與事件正是互相包含而互為內容的。事件，還超越了能知與所知的對立，也超越了心靈與物質的對立。因為它比上述對立的兩造更根本，可以概括對立的兩造。事件，才是構成世界的基本單元。事件，才是具體的事物。以上述涉及能知與所知的實例來講，認知，是事件；能知與所知，是認知的兩個側面；離開所知的能知，與離開能知的所知，都不過是對認知的抽象所得。就涉及心靈與物質的實例來說，事件，乃是一種非心非物、亦心亦物的東西；心靈與物質，是它的兩個側面；離開物質的心靈，與離開心靈的物質，也都只是對事件的抽象所得。

懷氏的「事件」，已經很近似唯識宗的「識」。蓋該宗的「識」，乃是最終極的事實，也是唯一的事實。世界作為「識」的內容而存在，其中本無能知與所知的分裂對立，也沒有心靈與物質的分裂對立，更沒有彼此分離而各自獨立的「個體」之存在。能知與所知、心靈與物質的分裂與對立，彼此分離而各自獨立的「個體」之存在，依該宗，乃是識之虛妄分別（計度分別）之所致。那並不是事實的本然。此外，識與識之間，依該宗，恰也存在著類似事件與事件之間那種互相包

含、互相依賴的關係。唯識宗對「識」的這種看法，與懷氏
對「事件」的看法，基本上是相通的。

　　根據以上的論述，可知懷氏對「自然」的看法，與唯識
宗對世界的看法，基本上十分吻合。除此之外，懷氏對認知
的看法，特別是對錯誤認知的看法，整體而言，也與唯識宗
的看法，沒有太大的出入。

貳　認識論的共鳴

　　首先，懷氏認為，知覺到的自然，就是自然本身；對自
然的經驗，與自然本身，是同一件東西。唯識宗認為世界乃
是識的相分；天地萬物作為識的內容而存在。兩者基本上都
認為，對事物的認知，與事物本身，乃是同一回事。

　　其次，懷氏把認知能力粗分為感官知覺與思想兩種。唯
識宗則把識細分為八部分，但也使它們分屬於能「計度」與
不能「計度」的兩類。懷氏認為呈現於感官知覺中的自然，
才是自然之原貌；作為思想對象的自然則不然。因為呈現於
感官知覺中的自然是一個渾淪一體的自然，而作為思想對象
的自然，則已是一個萬物並峙對立的世界。唯識宗也認為，
前五識只如其所如地呈現事物之「自相」，這「自相」就是
事物自己的本來面目。第六識（意識）與第七識的「計度」
才製造出事物的假相，這假相，就是彼此分離而各自獨立存
在的「個體」。此中，唯識宗的前五識（眼、耳、鼻、舌、
身識），相當於懷氏的感官知覺；唯識宗的「計度」，相當於
懷氏的「思想」。

　　第三，更重要的是，懷氏與唯識宗所認為的世界之真相，

完全一致；兩者所認為的世界之假相，也無不同。他們所認為的世界之真相，乃是萬物一體，彼此相連相通，形成一個不可分解的整體。他們所認為的假相，乃是萬物分離隔絕，並峙對立，各自作為獨立自足的「個體」。 而萬物之所以為一體，則是因為它們互為條件，互為內容，互相滲透，互相包含，根本無法離開對方而獨自存在。而世界之假相之所以為假相，則是因為其中充滿了實際上並不存在卻被誤以為存在的東西。唯識宗把這些東西叫做「我執」與「法執」， 或「徧計所執自性」。 懷氏等人則把它們叫做「實體」、「孤立的物質點」等等。這些東西與實際存在的東西，至少有以下三點不同： 1.實際存在的東西，無論任何一個，都無法離開其他東西而單獨存在；而這些東西卻被認為彼此分離而各自獨立。 2.實際存在的東西，無論任何一個，都存在於全宇宙的所有時空點上；而這些東西，卻被認為每一個都只存在於特定的一個空間點上與特定的一個時段上。 3.實際存在的東西，無論任何一個，都具有無限豐富的內容；而這些東西，卻被認為每一個都只具有非常有限的內容。其所以有如許差異，則是因為實際存在的東西乃是因緣和合而成的東西，而這些東西卻被想像為具有各自真實的自體。這些純粹出於想像而實際上不存在的東西，不妨統稱之為「幻象」。

　　第四，關於上述「幻象」的產生。唯識宗與懷氏等各有其說明。其主旨相通，卻有詳略深淺之不同。在這點上，懷氏等人之說，可以作為佛學最佳之註腳。唯識宗認為，這類東西乃是出於「計度分別」之錯誤認知，即「計度分別」對「依他起自性」發生錯覺，而產生「幻象」， 誤以原本眾緣

和合而生起的事物為具有真實自體的東西。至於這個錯誤是
怎麼發生的，上述「幻象」是如何形成的：實際上存在的任
何一個東西，既然都無法離開其他東西而單獨存在，「彼此
分離而各自獨立的事物」這觀念，是怎麼形成的？實際存在
的每一個東西，既然都存在於全宇宙的所有時空點上，「只
存在於一個特定空間點與一個特定時段的一個東西」這觀念，
是怎麼形成的？實際存在的每一個東西，既然都具有無限豐
富的內容，「只具有少許有限內容的一個東西」這觀念，是
怎麼形成的？對於這些問題，唯識宗並沒有詳細回答。在它
看來，這類錯誤觀念的形成，似乎是再自然不過的事；要獲
得有關的正確觀念，反而是一件非常困難的事。上文談到，
《唯識三十頌》論及「三自性」的關係時說，「圓成實於彼，
常遠離前性」，「彼」，指「依他起自性」；「前性」，指「徧計
所執自性」，頌文意謂，惟有排除了有關「依他起自性」的
幻象，即「徧計所執自性」，「圓成實自性」才能顯現。可見
在唯識宗的理解裡，「我執」與「法執」等「徧計所執自性」
是一開始就呈現於每個人心中的關於宇宙萬物的印象。其形
成可以說是不自覺的；依該宗所言，它們甚至是與生俱來的。
因此，對其形成的過程，該宗並沒有進一步加以追究。也因
此，對這點也就沒有多少相關的說明。

　　懷氏等人也認為「實體」之類的觀念之形成，是很自然
的事。但他們在這方面顯然有比唯識宗更多的反省。因此，
他們也發現了佛學所未發現的許多相關事實。這些發現，不
但非常有助於了解錯誤認知，也非常有助於了解世界真相。

參　佛學的最佳註腳

個人認為懷氏等人最有意義的發現是，第一，發現「科學對象」乃是對人們直接經驗（感官知覺）中的現實具體事物之抽象所得，本身只是一種抽象物，一種邏輯結構，而不是具體事物。第二，發現在「知覺空間」或「私有空間」之外，還有一種空間，即「景象空間」或「物理空間」；前者才是人們直接經驗中的現實具體空間，後者也只是一種抽象物，一種邏輯結構。第三，發現歷來包括科學家和哲學家在內的絕大多數西方人，都誤把上述抽象物，亦即邏輯結構，當作現實具體事物。這些發現，使懷氏得以建立一套有關「具體性誤置」的理論，而對西方思想傳統中最大最普遍的一項謬誤加以澈底批判。依據他的這套理論，唯識宗所謂的「我執」與「法執」等「徧計所執自性」，都是其所謂的「邏輯結構」，而佛陀所揭發的那個使眾生永世不得解脫的千古迷妄，就是犯了「具體性誤置的謬誤」。他們對佛學的最大助益，則在清楚說明了人們在思維中建構「物體」與「物理空間」的過程。有了這番解說，我們才真正完全明瞭「我執」與「法執」是如何形成。

羅素告訴我們：所謂「存在於某一特定空間點上的一個物體」，實際上乃是我們以無數觀點所見的無數景象中的無數相似形相拼湊而成的。而當我們把這「無數」相似的形相拼湊成「一個」物體的時候，我們也就把這物體定位於單一的「一個」空間點上。而當我們把這物體定位於「一個」空間點時，我們實際上已經在思維中建構好了一個邏輯結構的空

間，這個空間就是「物理空間」。有了這麼一個「物理空間」，我們才能把物體定位於單一的「一個」空間點上。建構「物理空間」，是與建構「物體」同步進行的；當「物體」建構完成時，「物理空間」也建構完成。職是之故，我們才能夠把一個「物體」定位於「一個」空間點，蓋惟有在「物理空間」中才能簡單定位。

羅素告訴我們：「物理空間」不是直接呈現於每個人知覺中的空間，亦即不是呈現於每個人所見景象中的空間。「物理空間」乃是我們想像中用以容納所有景象或觀點的一個公共空間。這個空間，是我們在思維中以上述無數景象或觀點為材料，連貫上述景象或觀點而建構起來的一個空間。它只是一個邏輯結構，一個抽象物。直接呈現於每個人知覺中的空間，或呈現於每個人所見景象中的空間，才是現實具體空間。

羅素的這番說明，為我們圓滿解答了以下幾個問題：1.為什麼原本存在於全宇宙每一個空間點上的東西，會被認為只存在於一個空間點上？2.為什麼原本互相滲透、互相包含的天地萬物，會被認為彼此分離而各自獨立？3.為什麼原本具有無限豐富內容的每一個東西，會被認為只具有非常有限的內容？

從羅素的說明可以看出：其共同的原因，就是原本分布於全宇宙的一群相似的形相（如在不同觀點所看到的「一部」汽車的不同形相），當我們在思維中建構「物體」時，被我們用以拼湊成「一個」物體，並把這個物體定位在「一個」空間點上！本來分布在全宇宙的一群形相（數目無限），既

然被用以拼湊成只存在於「一個」空間點上的「一個」物體，
則原來這群形相與其他各群形相在空間上互相重疊的那種情
形，便看不到了！（第一群形相分布於全宇宙，第二群形相
也分布於全宇宙，第三群形相也分布於全宇宙，……這樣，
形相與形相便在空間互相重疊起來。）因此，我們所能看到
的，便只是「一個」東西存在於「一個」空間點上；「一個」
東西與另「一個」東西完全分離；一個東西只具有一點有限
內容……這類景象了！（無數群的相似形相在空間上的層層互
相重疊，正是事物之所以互相滲透、互相包含的原因，也是
一個東西之所以會有無限豐富內容的原因。形相在空間上互
相重疊的情形，既然不復可見，則事物互相滲透、互相包含
的情形，與事物具有無限豐富內容的情形，也必然不復可見。）

　　羅素的這番說明，也使我們領悟到，為什麼我們平日所
理解的空間，會和懷氏在前章所描述的真實空間不一樣：懷
氏所描述的空間，乃是各部分互相涵攝、互相依待的一種空
間；而我們平日所理解的空間，卻沒有這種內在關聯，它頂
多在相鄰的兩個部分之間有一種接續的關係。羅素的說明，
也使我們終於明白：為什麼我們可以輕易把「一個」東西「簡
單定位」。原來我們平日所理解的那種空間，乃是「物理空
間」，而不是直接呈現於我們感官知覺中的現實具體空間。
「物理空間」，只是一種抽象物，一種邏輯結構。而我們所謂
的「一個」物體，也只是一種抽象物，一種邏輯結構。這種
空間和物體，都是一種極端簡化了的事物，所以我們可以很
輕易地把這樣的東西簡單地定位於這樣的空間。

　　這樣的物體和這樣的空間，是我們不知不覺地在自己心

中建構起來的。它們原只是一種抽象物，一種邏輯結構。但我們並沒有意識到這點，而以為它們是現實的具體事物，以為現實的具體世界就是由它們構成的。在這裡，我們犯了一個錯誤，它就是懷氏所謂的「具體性誤置的謬誤」。於是我們就有了一幅關於這世界的錯誤圖像。

羅素等人的說明，對我們陳述了以上這全部的事實。

結　語

　　該說的話都已說了。想要表達的意思，儘管有的複雜，有的隱微，也已盡量把它表達清楚。

　　經過這一番討論，應該可以看出：被討論的雙方見解，確實在根本上相契相通。個人相信：它們不約而同地揭示的世界面貌，才是世界的真實面貌。既是真實面貌，便只能有一個；既然只有一個，則不論古今中外，只要對之真有所見，其說便可不謀而合。佛門之所見，與當今科學、哲學之發現，時有千載之隔，地有東西之分，其取徑，一為直覺，一為知解，更是大不相同，然而兩者所言竟然相契若此，其原因應該就在這裡。

　　這個真實面貌，佛門述之於原始佛典，與法性、法相兩宗的論著，以及中土天台、華嚴二家學說。其要點，不外乎太虛大師所謂的「諸法眾緣生，唯識現」❶。「眾緣生」，故萬物相因互入而成為一體。「唯識現」，故無心外之物，而能所、主客、心物不分。然則世界便是一個不可分解的整體，而絕不可能有真正分離隔絕的個體；舉凡世上出現的現象，任何一個都應該是整體宇宙的一種表現（或一相）。這是關於這個世界的基本事實。基於這項基本事實，還有以下幾項事實：

---

❶　《太虛大師全書》，太虛大師全書出版委員會，民國48年，冊2，頁372。

世上每一事物都無所不在、無時不在；宇宙中的每一事物，其內容都相當於整個宇宙的內容；宇宙即一大化之流，世上無常恆之物。

「相對論」，在宏觀世界的物理層面證實了事物之「緣起」性質。蓋時空、質量，乃至運動之相對性，正意味著它們成立於條件之上；意味著它們與其他事物的關係，決定了它們本身的面貌。「量子物理學」，則提供了微觀世界的鮮活實例，證明上述各項事實之真實不謬，如沒有獨立於認知者之外的「客觀世界」；萬物一體；獨立的個體為幻象；諸行無常；萬物相因互入。

「相對論」與「量子物理學」所提供的諸多事例，殆已證實了佛學世界觀的大部分重要內容。

科學上如此震撼人心的新發現，不可能不在哲學界引起反應。

懷德海與羅素等當代哲學家，面對上述科學新發現，一方面澈底修正既有的世界圖像，一方面用心檢討傳統哲學與科學的缺失。結果除了提出一套全新的世界觀，還揭發了傳統世界觀的許多根本謬誤。這兩者都與佛學相關的論述如出一轍。

其新世界觀認為，世上根本沒有「實體」的存在；構成世界的基元，乃是事件；事件剎那生滅，互為條件與內容，且比心與物更根本，是心與物之所由構成。這看法，基本上與佛學之主張「緣起」；否定「自性」；認為一切唯識，「我執」與「法執」是出於識的虛構，識旋生旋滅……等等，完全契合。

　　懷氏等人檢討傳統世界觀的結果，對其錯誤之所在，錯誤之性質，錯誤之形成，做出了極其中肯的論斷，這論斷與唯識宗在一千多年前的議論互相呼應。它們同樣認為這錯誤是理智所造成；同樣認為這錯誤就是把思維中或想像中的東西當作客觀實物；並同樣認為諸多不實的觀念都是出諸思維的建構。懷氏等人超過佛門論師的地方，是他們還對思維如何建構上述觀念的過程做了詳盡的描述。這是對佛學非常有價值的補充。其中特別值得一提的是，他們有關「物理空間」（或景象空間）及「簡單定位的物體」觀念如何在心中形成的論述。這部分論述，不但發前人所未發，而且精闢允當，令人信服，甚有助於了解「我執」與「法執」之底細。

　　經過佛學、當代物理學與哲學的這一番互相印證與補充，我們應該可以比以往任何一個時候都更清楚地看出什麼是這個世界的真相，什麼是其假相，並且更透澈地了解該假相之由來。這真相是如此不同於大家一向之所知，它的揭露，終將產生極其深遠的影響，如澈底改變人們對人生、對社會、對自然的看法與態度，引發道德倫理、審美觀念和經濟、社會、政治制度的革命，刺激個人和集體的新理想之產生，導致學術研究工作在分工與合作上的調整，最後造成人類整體生活與文化的脫胎換骨。這是因為知識指導行為；知識不同，行為亦隨之不同。舉例來說，如果我們清楚看出：人的一生原來是由一連串事件或心念所構成；每一事件或心念都圓滿具足，自成一個單位；事件與事件，或心念與心念，則互為條件與內容，因此，每一事件或心念都以各種方式存在於其他一切事件或心念之中，其他一切事件或心念也各以某一方

式存在於該一事件或心念中；也因此，每一事件或心念的內
容都相當於整體宇宙的內容，每一事件或心念也都遍及宇宙
的每一時間點與空間點。一個人在對生命有了這樣的認知之
後，他還會像沒有這樣的認知以前那樣看待自己、對待他人、
處理事務嗎？他會不會因而覺得每一剎那都是一個新生命的
開始？覺得應該全心全意活在當下？會不會從此更珍惜、更
尊重自己和別人的生命，但在面對死亡時卻又不憂不懼？他
還會繼續把其他人、其他事物看成根本與自己隔離對立的東
西嗎？他對經濟事務和政治事務的觀念和主張會不會有所改
變呢？有人指出：西方近代的政治理念，是以牛頓物理學的
理念為模範而建立起來的。猶如中世紀的政治秩序是以當時
所認識的宇宙秩序為模範而建立起來的。依牛頓，世界是由
眾多獨立的物質點所構成，每個物質點地位相當，大家共同
遵循一套客觀的規律而活動。近代民主政治的理念，也把社
會成員看成一個個獨立的個體，每個人地位平等，而靠一套
普遍適用的法律和制度維持社會的秩序。政治理念與自然理
念之間，有一種明顯的對應。如今，宇宙觀整個改變了，政
治思想是不是也會有一種相應的變化呢？經濟的問題，情況
也類似。現在大家關於這個問題的想法和做法，也都是在舊
思想的影響之下形成的。這些思想改變了，有關的想法和做
法能不隨之改變嗎？譬如人對物我關係、人際關係的看法改
變之後，他對財富的意義、財富的佔有與分配……等等，也
一定會有新的看法。最後，在上述種種看法都已改變的情況
之下，他對理想人格、理想生活、理想社會的看法，也必然
會有所改變。至於學術分科與組合之重新調整，則是因為人

們既已看出世上某些事物（如心與物）的關係並不像過去所以為的那樣，則必然會想到有關的研究也不應該再像過去那樣的區分（譬如他們就可能會認為有必要把心理學與物理學加以整合），這樣，學術領域的地圖豈不是要重新繪過？

總之，世界終極真相的揭露，其可能產生的影響，或許會比目前我們所料想的還更深遠。它預示著一種全新人類的形成，一個全新世界的出現。

現在之所以還看不到這個局面，是因為這個終極真相還沒有對絕大多數的人呈現，他們心目中的世界圖像仍是過去的那幅舊圖像。儘管科學的許多新發現，已經對我們透露了一些新訊息；儘管哲學的若干新學說，已經為我們勾勒出一個新輪廓，但畢竟還沒有成為大家的共識。其原因殆有二端：首先，哲學所表達的看法，尚未普遍被了解與接受。其次，也是更重要的，則是目前大家對科學的新發現還沒有共同一致的詮釋。以「量子物理學」所發現的現象來講，這些奇異現象之存在，是大家都承認的，但對這些現象的說明，則眾說紛紜。據赫伯特(Nick Herbert)在 *Quantum Reality* 一書中所說，到那時為止，關於這些現象之所以然，亦即關於可能隱藏於這些現象之下的「實在」(reality)，至少有八種不同的說法。第一種說法，認為這些現象便是全部的實在；除了這些現象，別無更深一層的實在。(There is no deeper reality.)第二種說法，認為觀測的動作創造了實在。(Reality is created by observation.)（以上兩說，屬於所謂「哥本哈根詮釋」。）第三種說法，認為實在是一個不可分解的整體。(Reality is an undivided whole.)第四種說法，認為宇宙不止一個：實在，包

含不斷增多的許多並存的宇宙。(Reality consists of a steadily increasing number of parallel universes.) 第五種說法，認為量子自有其邏輯，其所遵循的邏輯，與人類思考時所遵循的並非同一套。因此，人類想掌握量子世界，光改變觀念還不夠，還必須改變思考方式。(The world obeys a non-human kind of reasoning.) 第六種說法，認為世界就是由平常的東西所構成。(The world is made of ordinary objects.)其所謂「平常的東西」，就是具有固有屬性的東西，即使不被觀測，其屬性也照常存在。第七種說法，認為意識創造了實在。(Consciousness creats reality.)第八種說法，認為現象是唯一實在，而現象乃是被觀測到的事物，當其尚未被觀測時，則作為潛能而存在，其真實的程度不如現象之高。就某種意義而言，可以說世界包含現實與潛能兩界。(The world is twofold, consisting of potentials and actualities.)❷這些說法，分別由不同的人所提出。它們有的可以互相融貫（如第一種與第二、第八種），有的則顯然互相衝突（如第一、二種與第四、六種），但都持之有故，言之成理，至今相持不下。由此可見，到現在為止，在西方世界還沒有一個統一的新世界觀。在這種情況之下，前述全體人類與整個世界完全為之改觀的那個空前大變遷，當然還不可能發生。

不過，從以上的敘述也可以看出：本書第七章在以量子現象印證佛學世界觀的同時，實際上也以佛學世界觀詮釋了量子現象。其詮釋，主要的倒不在對量子現象提出新的說明，

---

❷ 以上見 *Quantum Reality*, Nick Herbert, Anchor Books, 1985, pp. 15–27。

而勿寧在根據佛學世界觀對既有的幾種說明加以取捨與融貫。正如上文所說，現有對量子現象的八種說明，是由不同的人分別提出而彼此並峙對立的（除了同屬「哥本哈根詮釋」的第一、第二種），它們不可能全部都成立。究竟其中的哪幾種可以成立，現在還是一個問題。可以成立的說法當中，有哪幾種可以互相融貫，也是一個問題。佛學世界觀既是對世界的一種完整明確且自相一致的看法，自可以幫助這兩個問題的解決。根據其說法，可以看出：現有對量子現象的八種說明當中，第四與第六兩說，似乎較不可取。其餘六種則可以互相融貫。其可以互相融貫的理由，可以在本書Ａ部最後陳述的佛學世界觀共同要點身上找到。本書第七章即根據這個看法，舉出五組量子現象以印證佛學世界觀的相應要點。所以該章雖然表面上似乎只在以量子現象證實佛學世界觀，但事實上卻也對量子現象做了某一程度的詮釋，這對更正確了解量子現象，應該是有所幫助的。由此可見，佛學與量子物理學的對照，不但可以為佛學的學說找到新的例證，也可以使雙方互相發明，互相釐清。擴大而言，佛學與當代科學及哲學的比較研究，也應該有同樣的效應。本書的工作只是一個開端，期待來日還會有更全面、更深入的探討；更期待上述全人類、全世界澈底更新的新時代早日到臨。即此結束本書。

　　本書作者另有著作：《中國哲學現代觀》、《宋明理學研究》、《儒學研究論集》、《儒家在歷史上的雙重角色》，以及譯述《科學與人文的護法——杜威》、《柏拉圖》、《亞里士多德》、《黑格爾》、《啟蒙運動的哲學》、《自然法——法律哲學導論》、《西方近代思想史》等。

主要參引書目

甲、中文部分

1. 《大藏經》（大正版），新文豐書局影印，民國72年。

2. 《佛家名相通釋》，熊十力，廣文書局，民國50年。

3. 《佛教思想新論》，楊惠南，東大圖書公司，民國79年。

4. 《佛教哲學要義》，高楠順次郎著，藍吉富譯，正文書局，民國60年。

5. 《印度哲學史綱》，黃懺華，真善美書局，民國55年。

6. 《印度哲學宗教史》，高楠順次郎、木村泰賢等著，高觀廬譯，商務書局，民國68年。

7. 《印度佛學思想概論》，呂澂，天華書局，民國71年。

8. 《印度佛教思想史》，印順，正聞書局，民國77年。

9. 《原始佛教》，水野弘元著，郭忠生譯，菩提樹雜誌社，民國71年。

10. 《原始佛教思想論》，木村泰賢著，歐陽瀚存譯，商務書局，民國49年。

11. 《中觀今論》，印順，正聞書局，民國70年。

12. 《中觀論頌講記》，印順，正聞書局，民國62年。

13. 《中觀思想》，梶山雄一著，李世傑譯，華宇書局，民國74年。

14. 《龍樹與中觀哲學》，楊惠南，東大圖書公司，民國81年。

15. 《般若思想》，梶山雄一等著，許洋生譯，法爾書局，民國78年。

16. 《唯識思想要義》，徐典正，佛光書局，民國82年。

17. 《唯識學綱要》，于凌波，東大圖書公司，民國81年。

18. 《唯識思想》，高崎直道著，李世傑譯，華宇書局，民國74年。

19. 《唯識學概論》，韓廷傑，文津書局，民國82年。

20. 《唯識三十頌》，李潤生導讀，博益書局，1994年。

21. 《唯識二十頌》，李潤生導讀，博益書局，1995年。

22. 《成唯識論講記》，演培，天華書局，民國67年。

23. 《哲學論文集》，景昌極，中華書局，民國48年。

24. 《天台思想》，田村芳朗等著，釋慧嶽譯，華宇書局，民國77年。

25. 《天台性具圓教之研究》，尤惠貞，文津書局，民國82年。

26. 《天台緣起中道實相論》，陳英善，東初出版社，民國84年。

27. 《天台性具思想論》，安藤俊雄著，演培譯，天華書局，民國78年。

28. 《華嚴思想》，川田熊太郎等著，李世傑譯，法爾書局，民國78年。

29. 《華嚴哲學要義》，李世傑，佛教出版社，民國79年。

30. 《法藏》，方立夫，東大圖書公司，民國80年。

31. 《相對論》，吳大猷，聯經書局，民國74年。

32. 《相對論的意義》，愛因斯坦著，李灝譯，凡異書局，民

國83年。

33.《狹義與廣義相對論淺說》，愛因斯坦著，譯者不詳，豪華書局，民國75年。

34.《物理學的進化》，愛因斯坦、英費爾德合著，郭沂譯註，水牛書局，民國74年。

35.《愛因斯坦的時空觀念》，游漢輝，商務書局，民國72年。

36.《相對論入門》，L. Barnett著，仲子譯，今日世界雜誌社，民國54年。

37.《什麼是相對論》，L. D. Landau & Y. B. Rumer合著，文橋編輯部譯，文橋書局，民國76年。

38.《量子論與原子結構》，吳大猷，聯經書局，民國73年。

39.《物質結構導論》，李俊清等編，中國科學技術大學出版社，1990年。

40.《物理學與哲學》，海森伯著，譯者不詳，仰哲書局，民國85年。

41.《渾沌魔鏡》，John Briggs & F. David Peat合著，王彥文譯，牛頓雜誌社，民國82年。

42.《宇宙的創生》，方勵之、李淑嫻，曉園書局，1990年。

43.《哲學與物理學》，方勵之，牛頓雜誌社，1989年。

44.《時間簡史》，史蒂芬霍金著，許明賢、吳忠超譯，藝文書局，民國82年。

45.《當代歐洲哲學》，波亨斯基著，郭博文譯，協志工業叢書出版公司，1972年。

46.《現代西方哲學教程》，夏基松，上海人民出版社，1990年。

47.《西方近代思想史》，Franklin L. Baumer著，李日章譯，聯經書局，民國77年。

48.《中國哲學與懷德海》，東大圖書公司，1989年。

49.《懷特海》，陳奎德，東大圖書公司，1994年。

50.《現代形上學的祭酒——懷德海》，朱建民，允晨書局，1982年。

51.《懷德海哲學》，楊士毅，東大圖書公司，1987年。

52.《周易與懷德海之間》，唐力權，黎明書局，民國78年。

乙、外文部分

1. *Buddhism in Translation*, Henry Clarke Warren, Harvard University Press, 1963.

2. *The ABC of Relativity*, B. Russell, 新月書局翻印，民國47年。

3. *Physics and Philosophy*, Werner Heisenberg, Harper & Row, 1958.

4. *The Dancing Wu Li Masters*, Gary Zukav, Bantam Books, 1979.

5. *The Tao of Physics*, Fritjof Capra, Fontana /Collins, 1979.

6. *Quantum Reality*, Nick Herbert, Anchor Books, 1985.

7. *The Philosophy of Niels Bohr*, Henry J. Folse, North-Holland Physics Publishing, 1985.

8. *Concept of Nature*, A. N. Whitehead, Cambridge University Press, 1971.

9. *An Enquiry Concerning the Principles of Natural Knowl-*, A. N. Whitehead, Dover Publications, 1982.

10. *Science and the Modern World*, A. N. Whitehead, The Macmillan Company, 1958.

11. *Process and Reality*, A. N. Whitehead, Harper & Row, 1960.

12. *Understanding Whitehead*, Victor Lowe, Johns Hopkins, 1966.

13. *The Philosophy of Alfred North Whitehead*, edited by Paul A. Schilpp, Tudor Pub. Co., 1951.

14. *Our Knowledge of the External World*, B. Russell, George Allen & Unwin, 1961.

15. *An Outline of Philosophy*, B. Russell, George Allen & Unwin, 1965.

16. *A History of Western Philosophy*, B. Russell, George Allen & Unwin, 1961.

17. *The Basic Writings of Bertrand Russell*, edited by Robert E. Egner & Lester E. Denonn，璐茜書局翻印，1961。

現代佛學叢書

為你介紹佛學常識，探討今日佛學的新意義

臺灣佛教與現代社會　　江燦騰 著

作者以深入淺出的筆法，介紹臺灣佛教在現代社會中的變遷與
適應，以及各種相關的佛教人物所扮演的角色。全書共分三輯：
第一輯是佛教人物與社會變遷；第二輯是佛教信仰與文學創作；
第三輯是佛教思想與現代社會生活，讓讀者接觸到當代臺灣佛教
富饒的思想內涵，是兼顧知識性和趣味性的最佳佛教讀物。

菩提道上的善女人　　釋恆清 著

二千多年來的佛教史中，佛教婦女的努力和成就令人刮目相
看，而近年來臺灣佛教蓬勃發展，佛教婦女扮演了舉足輕重的角
色，更是有目共睹的事實。本書探究佛教的傑出善女人在男尊女
卑的社會意識形態下如何力爭上游，克服百般障礙，發揮慈悲和
智慧的特質，最後達到解脫自在。

人間佛教的播種者　　釋昭慧 著

本書是被譽為「玄奘以來不作第二人想」的一代高僧印順長
老之傳記。長老畢生專力研究佛法，好學深思，睿智過人，發
表質精而量多的論文著作，常獨發人之所未議；其思想一以貫
之，不外乎是「人間佛教」四字。時至今日，推展「人間佛教」
已是佛教界大多數人的共識，長老可謂是踽踽獨行的先知。

現代佛學叢書

為你介紹佛學常識，探討今日佛學的新意義

宋儒與佛教　　　　　　　　　蔣義斌 著

本書由山林佛教的建立，討論宋儒在山林間講學、建立書院的現象；從佛教與宋儒賦予蓮花、芭蕉的意含，說明宋儒受到佛教影響，而又不同於佛教的複雜情況；並比較佛教的「大雄」、「大丈夫」與二程的「豪雄觀」，展現儒佛理想人格的差異，呈現出宋儒與佛教對話的「錯綜複雜」關係。

唐代詩歌與禪學　　　　　　　蕭麗華 著

本書選取中國文學精華代表的唐詩，配合禪宗發展的歷史，分析詩歌與禪學交互作用下的唐代文學面貌。全書以詩禪交涉為主要路線，以重要禪法及重要詩人如王維、白居易等為觀察重點，並分別突顯唐詩在禪學影響下的多層側影，特別是宴坐文化、維摩信仰、宦隱朝隱觀念及以禪入詩、以詩示禪或以禪喻詩等問題。

禪與美國文學　　　　　　　　陳元音 著

美國文學中有禪嗎？美國有禪文學嗎？本書提供了嶄新且有學術根據的答案，所涉獵的作家有愛默生、梭羅、惠特曼、霍桑、梅爾維爾、馬克吐溫、海明威，以及近代禪文學作家如史耐德、與沙林傑等人。採「以觀釋經」觀照實相之法解讀美國文學與禪學之間的因緣，是本書絕無僅有的特色，相當值得一讀。